WESTEND

PATRICK KACZMARCZYK

# KAMPF DER NATIONEN

Wie der wirtschaftliche Wettbewerb unsere Zukunft zerstört

WESTEND

Mehr über unsere Autoren und Bücher:
www.westendverlag.de

Die Deutsche Nationalbibliothek verzeichnet diese Publikation in der Deutschen Nationalbibliografie; detaillierte bibliografische Daten sind im Internet über http://dnb.d-nb.de abrufbar.



MIX
Papier aus verantwortungsvollen Quellen
FSC® C083411

ISBN: 978-3-86489-360-5

Umschlaggestaltung: Buchgut, Berlin
Satz: Publikations Atelier, Dreieich
Lektorat: Philipp Hadermann
Druck und Bindung: CPI – Clausen & Bosse, Leck
Printed in Germany

# Inhalt


1. Einführung und Überblick 7

2. Wettbewerb als Entwicklungsmotor 21

3. Entwicklung und Wirtschaftspolitik nach Schumpeter 49

4. Darwin vs. Schumpeter 84

5. Die Hauptakteure im Wettbewerb: Die deutschen und französischen Konzerne unter der Lupe 110

6. Jeder gegen jeden: Darwin in Aktion 136

7. Entwicklungsfreundliche Wirtschaftspolitik 164

8. Ausblick 193

Danksagung 209

Anmerkungen 211

# 1. Einführung und Überblick

Konkurrenz belebt das Geschäft – so behauptet zumindest ein altbekanntes Sprichwort. Sei es beim Sport, in der Bildung, im Gesundheitswesen oder zwischen Staaten und Unternehmen. Je mehr Wettbewerb es gibt, desto besser wird die Qualität. In der Ökonomie, so glaubt man, reicht »Wettbewerb« per se aus, um ganze Volkswirtschaften zu entwickeln. Wenn die institutionellen Rahmenbedingungen stimmen, so könne der Staat sich zurückziehen und »dem Markt« den Rest überlassen, denn durch den Wettbewerbsdruck würden Innovationen automatisch folgen. Entwicklungsländer wurden unter anderem aufgrund dieser Denkweise dazu gezwungen, ihre Märkte für die Konkurrenz aus den industrialisierten Staaten zu öffnen, denn nur so würden sie auf natürliche Weise zu der Produktion der Güter finden, in denen sie einen komparativen Vorteil haben.

In den meisten Modellen, mit denen in der Ökonomie weltweit gearbeitet wird, gehört »vollständige Konkurrenz« (»perfect competition«) zu den Standardannahmen. In einer solchen Welt sind die Unternehmen allesamt Preisnehmer, das heißt, sie können die Preise nicht selbst bestimmen, sondern müssen sich dem vom Markt vorgegebenen Preis beugen. Sie setzen ihre Ressourcen dabei mit höchster Effizienz ein, weil sie ansonsten aus dem Markt ausscheiden, da ihre Produktionskosten den Marktpreis übersteigen. Ein solcher Wettbewerb führt zu niedrigen Kosten und Preisen, was gemeinhin als gut für die Verbraucher angesehen wird. Doch wie leicht lässt sich eine solche wettbewerbsverherrlichende Ideologie beziehungsweise Theorie verallgemeinern? Hält das Dogma auf lange Sicht? Schließlich war es gerade nicht der Wettbewerb, sondern vor allem die Kooperation zwischen Menschen, die unser Überleben als Spezies gesichert hat. Ohne Kooperation und Köpfchen hätten wir gegen Tiger und Löwen nicht die besten Überlebenschancen im Laufe der Evolution gehabt. Wo müssen oder sollten dementsprechend die Grenzen gezogen werden?

Wir werden in diesem Buch sehen, dass wir Wettbewerb anders denken müssen. Aber der Reihe nach. Wer über die letzten 20 bis 30 Jahre den politischen Diskurs verfolgt, der würde wahrscheinlich den Eindruck bekommen, dass es keine Grenzen der Wettbewerbsfähigkeit geben kann – und dass wir letztendlich alle davon profitieren. In den Zeiten vor Corona verging kaum ein Tag, an dem aus der Politik oder Wirtschaft nicht zu hören gewesen wäre, dass alle ihre Wettbewerbsfähigkeit erhöhen müssten. Die Welt sei durch den technologischen Fortschritt nun mal kleiner geworden, und sobald die Wettbewerbsfähigkeit einer Volkswirtschaft schwierige Bedingungen für die Unternehmen bietet – sei es durch hohe Steuern, hohe Löhne oder strenge Umweltregulierungen –, wird die Produktion eben woanders hochgezogen, zum Beispiel in Asien oder Afrika. Dieses Buch wird solche beziehungsweise ähnliche Argumentationslinien ins Reich der Märchen verbannen.

Das erste Problem ist, dass »alle« allein aus logischen Gründen ihre Wettbewerbsfähigkeit nicht steigern können. Bei der Wettbewerbsfähigkeit handelt es sich nämlich um ein relatives Konzept. Wenn alle Länder der Welt ihre Wettbewerbsfähigkeit verbessern wollten, gegenüber wem würden sie dann wettbewerbsfähiger werden? Schließlich sind wir noch nicht so weit, dass wir mit dem Mond oder Mars im Wettbewerb stünden. Was für die gesamte Welt gilt, gilt auch für große, eher geschlossene Volkswirtschaften wie die EU – auch wenn häufig das Argument dargebracht wird, die Welt wäre ein einziger Markt und man stünde deshalb mit den USA und China im direkten Wettbewerb. Wir werden in diesem Buch sehen, dass nichts ferner der empirischen Realität sein könnte als ein solches Verständnis der Globalisierung.

Es ist in dem Zusammenhang elementar zu begreifen, dass es einen Unterschied gibt zwischen dem, was »jeder« tun kann, und dem, was »alle« tun können. Vielleicht ist es Ihnen schon aufgefallen, dass in einem Flugzeug früher jeder seinen Sitz zurückklappen konnte, doch wenn alle dies taten, dann hat am Ende keiner dadurch mehr Raum gehabt. Da es viele Passagiere genervt hat, dass sie teilweise mit einer Rückenlehne vor dem Gesicht fliegen mussten, wenn sie ihren eigenen Sitz nicht zurückklappen wollten oder konnten, gingen Airlines vermehrt dazu über, dass die Sitze entweder gar nicht mehr (auf der Kurzstrecke) oder nur begrenzt (Langstrecke) zurückgeklappt werden können. Man hat begriffen: Ein Passagier kann seinen Komfort durch das Verstellen der Sitzlehne erhöhen. Wenn alle dies jedoch versuchen, hat niemand seinen Raum erweitern können – und viele blieben schlicht unzufrieden zurück.

Wenn es nun im Diskurs um die Wettbewerbsfähigkeit darum gehen sollte, dass alle ihre *Produktivität* erhöhen, das wäre theoretisch möglich. Analog dazu könnte man sagen, dass beim Fußball alle Mannschaften Tore schießen oder bei einem 100 Meter Sprint alle ihre Zeit verbessern sollten. Wenn es jedoch darum geht, die *Wettbewerbsfähigkeit* zu steigern, so bezieht sich dieses Konzept zwangsläufig auf die eigene Leistungsfähigkeit *in Relation* zu der eines anderen. Das heißt zu fordern, »alle« sollten wettbewerbsfähiger werden, käme der Logik gleich, dass beim Fußball jede Mannschaft mehr Tore schießen sollte als der Gegner. Oder jeder Sprinter schneller laufen müsse als die Konkurrenz. Es ist schlicht unmöglich. Ebenso unmöglich ist es in dem Zusammenhang, dass alle Überschüsse erwirtschaften mögen, wie es die schwäbische Hausfrau tut. Wenn die Ausgaben des einen die Einnahmen eines anderen sind, so sind die Überschüsse des einen zwangsläufig die Defizite des anderen. Es können in dem Sinne nicht *alle* Sparer sein.[1] Gegen diese einfachen Prinzipien darf keine Wirtschaftspolitik verstoßen, wenn sie nicht gerade große Schäden verursachen soll. Während wir uns über Theorien streiten müssen, um vorwärtszukommen, ist es müßig und unsinnig, sich mit Argumenten zu befassen, die allein aus logischen Gründen nicht haltbar sind.

Manchmal muss man deshalb für eine solide wirtschaftspolitische Analyse und Meinungsbildung die eigene Perspektive ändern und das große Ganze betrachten, das oft mehr ist als die Summe seiner Einzelteile. So wie man kein Buch lesen oder verstehen kann, in dem man jeden Buchstaben oder jedes Wort an und für sich liest – denn nur in ihrer Gesamtheit und im Zusammenhang erschließt sich ihr Sinn –, so muss man auch die wirtschaftlichen Zusammenhänge aus einer breiteren Perspektive betrachten. Die Medien und breite Öffentlichkeit mögen somit einer CDU oder FDP eine höhere wirtschaftliche Kompetenz zuschreiben, weil die Parteien stärker als andere für »solide Finanzen«, »schwarze Null« oder »Wettbewerbsfähigkeit« stehen. Doch wir werden in diesem Buch sehen, dass sich wirtschaftliche Kompetenz nicht dadurch messen lässt, ob eine Regierung ihre Finanzen so managt, wie es Opa Günter oder Oma Gertrud immer schon taten. Vielmehr geht es darum, die Gesamtzusammenhänge zu verstehen und zu begreifen, was eine Wirtschaft antreibt und wie man sie von innen heraus entwickeln kann. Schlicht die Löhne zu senken und den Arbeitsmarkt zu flexibilisieren, sind keine Maßnahmen, die die Entwicklung voranbringen – so viel darf man an dieser Stelle bereits verraten.

In Europa ist das Dogma des »alle müssen wettbewerbsfähiger werden« seit Beginn der Eurokrise 2010 wirtschaftspolitischer Alltag. Selbst die hohe Arbeitslosigkeit und die wirtschaftliche Stagnation, die eine direkte Folge dieser Politik sind, stellen die grundlegende Richtigkeit dieses Ansatzes nicht infrage. Wenn es wirtschaftlich nicht läuft, so muss es daran liegen, dass noch nicht genug gespart oder reformiert wurde. Ähnlich wie im Mittelalter, als die Ärzte annahmen, dass das Ausbluten der Patienten zu einer Genesung führt und jegliche Verschlechterung des Zustandes durch den Aderlass darauf zurückgeführt wurde, dass der Patient einfach noch nicht genug Blut verloren hat, so fordern heute viele konservative und liberale Politiker und Kommentatoren noch mehr Austerität, noch mehr Flexibilität und noch höhere Sparbemühungen.

Solche Argumente ignorieren jedoch grundlegende Faktoren. Sie ignorieren, dass der internationale Handel mit Geld abgewickelt wird und Wechselkurse deshalb eine entscheidende Rolle bei der Wettbewerbsfähigkeit spielen. Sie ignorieren außerdem, dass die

Entwicklung der regionalen Ökonomien eine viel höhere Bedeutung für die regionale Produktion und Beschäftigung hat. Aus diesem Grund werden Politiker und Experten, die die Welt als einen Markt betrachten, Europa vermutlich durch den Wettbewerb mit den USA und China als bedroht betrachten, wenn die Lohnstückkosten (Löhne im Verhältnis zur Produktivität) zu stark steigen sollten. In dem Fall vereinfacht man seine Sicht der Welt dahingehend, dass man Länder mit Unternehmen gleichsetzt, bei denen die Firmen, die nicht effizient und günstig genug sind, von den anderen plattgemacht werden. Die Wettbewerbspolitik der Europäischen Union (EU) wird bei einem solchen Verständnis als Grundpfeiler dafür gesehen, dass Europa im Wettbewerb mit anderen globalen Mächten bestehen kann. Nur, wenn »alle« Länder wettbewerbsfähig sind, so lautet die Logik, wird man im Wettbewerb mit dem Rest der Welt bestehen können.

Allerdings ist der Wettkampf der Nationen, der durch den Euro und die Binnenmarktregeln institutionalisiert ist, alles andere als entwicklungsfördernd. Wer eine große wirtschaftliche Zone wie die EU dadurch voranbringen will, dass sie gegenüber dem Rest der Welt ihre Wettbewerbsfähigkeit steigert, wie es die ehemalige Bundeskanzlerin Merkel in Davos 2011, also kurz nach Beginn der Eurokrise, forderte, der wird mit der Erkenntnis konfrontiert werden, dass es nichts weiter ist als ein Versuch, sich am eigenen Schopf aus dem Morast zu ziehen. Europa ist als Wirtschaftszone einfach zu groß, als dass ein solcher Versuch gelingen könnte. Die Datenlage ist hier völlig klar: Entwicklung, Produktion und Beschäftigung in der EU werden fast ausschließlich dadurch bestimmt, welche Wirtschaftspolitik in der EU gefahren wird. Anstelle des »alle müssen wettbewerbsfähiger werden« hätte Merkel genauso gut sagen können: »Ab sofort müssen im europäischen Fußball alle Mannschaften immer mit 1 zu 0 gewinnen.« Ob ihr die Medien und Politiker bei einer solchen Aussage im selben Ausmaß zugejubelt hätten, bezweifle ich. Aber da das Thema Wettbewerbsfähigkeit immer mit scheinbarer Wirtschaftskompetenz einhergeht und man nicht genug davon kriegen kann, haben wir uns aus »Alternativlosigkeit« angepasst. Das hieß: Löhne runter, öffentliche Ausgaben kürzen und was sonst noch im Rahmen der »Strukturreformen« oder »Hausaufgaben«, wie Wolfgang Schäuble es liebevoll nannte, »notwendig« war. Hätten wir dies nicht getan, so hätten uns die Kräfte der Globalisierung erdrückt. Als Folge traf uns die Covid-Pandemie härter, als es hätte sein müssen, wenn wir im Namen der Wettbewerbsfähigkeit nicht die öffentliche Infrastruktur und das Gesundheitswesen kaputtgespart hätten.

## Wettbewerb – ein integraler Bestandteil der EU

In keiner anderen Region der Welt ist der Wettbewerbsgedanke so fest verankert wie in Europa in den vier Grundfreiheiten des europäischen Binnenmarkts: der Freiheit des Waren-, Dienstleistungs- und Kapitalverkehrs sowie der Personenfreizügigkeit. Wettbewerb gehört zur EU wie die Kommission in Brüssel oder die gelben Sterne auf der Flagge. Und in vielleicht keinem anderen Land der Welt gibt es eine derartige Sympathie für Wettbewerbspolitik wie in Deutschland, der Heimat des Ordoliberalismus. Hierzulande dient der Ordoliberalismus – irrtümlicherweise[2] – als die Grundlage für das Wirtschaftswunder nach dem Zweiten Weltkrieg und wurde später die ideologische Grundlage für die Schaffung des Binnenmarkts. Der Name Ordoliberalismus hat seine Wurzeln im Lateinischen »Ordo«, was so viel wie Ordnung bedeutet. Der Ideologie zufolge muss der Staat den Ordnungsrahmen für einen funktionierenden marktwirtschaftlichen Wettbewerb setzen, sich aus den Wirtschaftsprozessen selbst jedoch raushalten. Das spornt Wachstum und Innovationen an. Kartell- und Wettbewerbsgesetze sind deshalb zum Beispiel zentrale Institutionen des Ordoliberalismus. In der EU haben sie eine neue Heimat gefunden.

Da es in der EU noch keine Lohn- oder Steuerkoordination zwischen den Staaten gibt, können wir hier von einem institutionalisierten Wettbewerb *par excellence* sprechen. Alle gegen alle, jeder gegen jeden. Insbesondere in der Eurozone, wo es keine Möglichkeit der Auf- und Abwertung der Währungen mehr gibt, kommt diese

Schärfe des Wettbewerbs zum Tragen, da sich alle Länder an das Niveau des Landes anpassen müssen, welches seine Löhne im Verhältnis zu seiner Produktivität am meisten drücken konnte. In der etwas mehr als 20-jährigen Geschichte des Euro war Deutschland der Europameister in dieser Kategorie. Da Deutschland zudem allein fast ein Drittel des BIP der Eurozone erwirtschaftet, ist die Tragweite der Lohnentwicklung hierzulande deutlich ausgeprägter als in den Niederlanden oder in Österreich, wo man dieselbe merkantilistische Politik gefahren ist. Es macht eben einen Unterschied, ob ein Pitbull einen Chihuahua beißt oder der Chihuahua den Pitbull. Seit der Eurokrise heißt es deshalb: Alle Länder auf Deflationsmodus, denn alle müssen wettbewerbsfähiger werden.

Wenn nun jeder gegen jeden im Wettbewerb steht und Wettbewerb der wirtschaftlichen Entwicklung förderlich ist, so müsste es in der Eurozone eigentlich einen Boom gegeben haben, der seinesgleichen sucht. Doch wie kommt es, dass sich Europa seit der Finanz- und Eurokrise so schwach entwickelte, wie kaum eine andere Region? Es scheint, dass es in Europa aufgrund dieser Wirtschaftspolitik, die verbissen »alle« zu mehr Wettbewerbsfähigkeit zwingt, statt Wachstum, Dynamik und Innovation nur Stagnation, Arbeitslosigkeit und Deflation gibt. Wer seit einigen Jahren nach ebenbürtiger Konkurrenz zu den amerikanischen Tech-Giganten sucht, der wird nicht nach Paris, Berlin oder London schauen, sondern nach Shenzhen, Shanghai oder Peking. Auch die ersten Tendenzen im Zuge der wirtschaftlichen Erholung nach der Coronakrise deuten eher darauf hin, dass die EU gegenüber den USA und China weiter ins Hintertreffen geraten wird.

## Wettbewerb und Entwicklung

In diesem Buch werden wir sehen, dass der wettbewerbsdogmatische Ansatz, der seinen Weg aus dem Freiburger Land in die europäischen Institutionen gefunden hat, in der Tat entwicklungs*feindlich* ist. Dabei werden wir keineswegs nur auf theoretischer Ebene bleiben, sondern am Beispiel der Automobilindustrie – einer Schlüsselindustrie in Deutschland und in Europa – ganz konkret die schädlichen Folgen des Wettkampfs der Nationen sehen.

Das Problem beginnt bereits mit den Fragen nach den Ursachen einer dynamischen wirtschaftlichen Entwicklung: Wie wird sie in Gang gesetzt? Wie kommt es, dass wir in den Industrienationen über die letzten 200 Jahre einen materiellen Lebensstandard aufbauen konnten, der seinesgleichen sucht? Was treibt Veränderungen voran, die wir jetzt im Hinblick auf den Klimawandel und immer noch erdrückender Armut in weiten Teilen der Welt so dringend brauchen? Im zweiten Kapitel werden einige Leser womöglich verblüfft feststellen, dass es keine dynamische Theorie der ökonomischen Entwicklung gibt. Zumindest nicht in den Standardtheorien, die in der EU und ihren Institutionen dominieren (der sogenannten neoklassischen Theorie). Hier werden nur statische Entwicklungen untersucht, bei der ein allgemeines Gleichgewicht mit einem anderen verglichen wird. Technologischer Fortschritt kann und wird in diesen Modellen nicht erklärt, sondern fällt per Annahme einfach vom Himmel. So langweilig und trocken diese Theorien sind, so wenig Beitrag leisten sie zu einem besseren Verständnis über die Entwicklungen der letzten 200 Jahre.

Um eine dynamische Theorie der Entwicklung zu finden, muss man sich den Arbeiten des österreichischen Ökonomen Joseph Schumpeter zuwenden, die, ähnlich wie die Werke Shakespeares, oft zitiert, aber nur selten gelesen wurden. Oft fällt im Zusammenhang mit Schumpeter der Begriff der »schöpferischen Zerstörung« – doch was dies für die Neoklassik und damit das Fundament des Ordoliberalismus bedeutet, wird nicht begriffen. Der Begriff stellt das konventionelle Gleichgewichtsdenken nämlich auf den Kopf. Für Schumpeter ist klar: Entwicklung ist kein Ergebnis dessen, dass Firmen ihre Produktion optimieren und effizienter werden. Also, mit anderen Worten, dass Firmen das tun, was sie schon immer taten, nur eben kostengünstiger und effizienter. Nein, Entwicklung ist ein Ergebnis von Innovationen, das heißt von der Schaffung von etwas Neuem, zum Beispiel neuen Produktionsmethoden, Organisationsformen oder Produkten. Formal kommt es dabei durch eine Neukombination der Inputfaktoren – Arbeit und Kapital – zu einem Vorteil für das Pionierunternehmen im Markt, das durch eine höhere Produktivität einen relativen Kostenvorteil gegenüber der Konkurrenz hat. Letztere wird nun versuchen müssen, sich an die neuen Produkte, Methoden oder Organisationsformen anzupassen, um nicht vom Markt zu verschwinden. Dadurch steigt das Produktivitätsniveau insgesamt, die neuen Produktionsstrukturen ersetzen die alten, und der materielle Wohlstand der Gesellschaft steigt. Schumpeter ist nicht so naiv zu glauben, dass dieser Prozess ein Selbstläufer ist. Er nennt in der Gesamtheit seiner Arbeiten eine Vielzahl verschiedener Bedingungen, die die Grundvoraussetzungen dafür bilden, damit Innovationen sich durchsetzen können. Dazu gehören: ein niedriges Zinsniveau, ein aktiver Staat, der die richtigen Rahmenbedingungen setzt, und ein unvollkommener Wettbewerb, der es den Unternehmen ermöglicht auch mal Projekte in den Sand zu setzen, ohne dass ihre Existenz gefährdet ist oder die Firma aufgrund leicht schlechterer Quartalszahlen direkt von den Finanzmärkten abgestraft wird.

Für Schumpeter ist es somit nicht »Wettbewerb« per se, der gut oder schlecht ist, sondern die *Art* des vorherrschenden Wettbewerbs ist entscheidend. Einerseits gibt es die Art des Wettbewerbs, die aktuell in der EU praktiziert wird. Diese Art setzt alle Akteure miteinander in Konkurrenz: Länder, Firmen, Arbeiter und so weiter. Hier werden die Unternehmen aufgrund der gesetzten Anreize zusehen, dass sie so kostengünstig und effizient wie möglich sein werden, was ja weitläufig gewünscht ist. Das Problem allerdings ist, dass es für Innovationen und neue Technologien keinen Platz gibt, da dies kurzfristige Ineffizienzen bedeuten würde, welche sich Firmen unter Druck und in einem wettbewerbsintensiven Markt mit geringen Margen nicht leisten können. Produktionsauslagerungen und Lohnsenkungen sind hier die wichtigsten Maßnahmen zur Steigerung der Wettbewerbsfähigkeit.

Die andere, schumpeterianische Art des Wettbewerbs würde hingegen dafür sorgen, dass Firmen ihre Wettbewerbsfähigkeit *nur* über Investitionen und damit eine höhere Produktivität steigern können, wie zum Beispiel durch einen Schritt in Richtung neuer Technologien und Produkte. Dadurch, dass letztere neu sind und entsprechend einen monopolistischen Vorsprung im Markt haben (schließlich ist die Konkurrenz hier weniger intensiv), lassen sie sich besser bepreisen. Die Margen sind höher, der Preisdruck geringer. Einfache Produktionsauslagerungen oder Lohnkürzungen helfen in einem solchen Wettbewerb nicht weiter, denn die Produktivitätsvorsprünge und damit die relativen Kostenvorteile des Pionierunternehmens drängen die etablierten Firmen aus dem Markt, selbst wenn diese noch so billige Arbeitskräfte einsetzen wollten. Wer beispielsweise heute versuchen würde, Autos in der Produktion per Hand zusammenschrauben zu lassen, der könnte Löhne von einem Cent die Stunde zahlen und würde trotzdem nicht mit Peugeot oder Volkswagen konkurrieren können, welche hochproduktive und fast vollautomatisierte Plattformen benutzen und damit mehr Autos in weniger Zeit, mit weniger Ressourcen und in besserer Qualität herstellen können. Die Löhne sind dort natürlich höher, aber dies ist aufgrund der höheren Produktivität gerechtfertigt. Wir sehen bereits, wer von Wettbewerbsfähigkeit spricht, muss die Löhne immer ins Verhältnis zur Produktivität setzen – und in einem schumpeterianischen Wettbewerb kommt es allein auf die Innovation, das heißt die neue Produktionsmethode, das neue Produkt, die neue Organisationsform an. Fixes Lohnniveau und flexible Profite, die sich aus den Produktivitätsunterschieden ergeben, heißt hier die Devise.

## Beispiel Autoindustrie: der desaströse Wettbewerb in der EU

Um die in mancher Hinsicht womöglich abstrakten und theoretischen Ausführungen an einem Beispiel zu veranschaulichen, werden wir uns in diesem Buch der Automobilindustrie in Europa zuwenden. Hier werden wir sehen, dass in Europa ein destruktiver und darwinistischer Wettbewerb die Norm ist. Die Entwicklungen in der Automobilindustrie machen uns deutlich, dass all die Elemente, die Schumpeter mit einem destruktiven Wettbewerb in Verbindung setzt – das heißt Lohnsenkungen, Auslagerungen, Preiskämpfe und technologische Stagnation – all diese Faktoren finden wir in der Industrie wieder. Um zu zeigen, wie sich die Entwicklungen dabei auf die nationale Produktion und Beschäftigung auswirken, werden wir die Dynamiken in Deutschland und Frankreich unter die Lupe nehmen.

Entgegen der in Deutschland weit geläufigen Meinung, die Autoindustrie wäre hierzulande in den letzten Jahrzehnten von Erfolg zu Erfolg geritten, sprechen die empirischen Daten eine andere Sprache. Erst durch die radikalen Arbeitsmarktreformen von Gerhard Schröder und die Produktionsauslagerungen in den Osten haben es die deutschen Hersteller geschafft, Marktanteile zu gewinnen und ihre Margen zu erhöhen. Das hat die Produktion im Land gesichert. Die auf diese Weise gewonnene Wettbewerbsfähigkeit hatte jedoch direkte Auswirkungen auf die Industrie in Frankreich, die sich zu Beginn der 2000er-Jahre noch sehr gut entwickelt hatte.

Die Gewinne der Marktanteile der Deutschen gingen mit den Verlusten der Franzosen einher, da der europäische Markt stagnierte und die Verschiebungen somit ein Nullsummenspiel waren. Die Auslastung der Werke in Frankreich fiel, was die Produktionskosten insgesamt in die Höhe trieb und die Margen in den Keller jagte. Unter dem Druck der Finanzmärkte, welcher im Rahmen zweier Krisen (Weltwirtschafts- und Eurokrise) zunahm, blieb den Franzosen nichts anderes übrig, als dem deutschen Model zu folgen. Das hieß: Lohnsenkungen in der Heimat und massive Auslagerungen. Nach den Reformen gab es im Hinblick auf die Profitabilität der deutschen und französischen Hersteller keine großen Unterschiede mehr. Im Jahr 2019, zum Beispiel, dem letzten »normalen« Jahr vor Corona, waren sowohl Renault als auch Peugeot deutlich profitabler als Daimler und ähnlich profitabel wie Volkswagen mit Margen im mittleren Bereich.

Profitabilitätsweltmeister und Exportweltmeister läuft in dem Fall nicht wirklich zusammen – und wenn die Qualität deutscher Autos doch so überragend ist, dass jeder Mensch auf der Welt eins haben möchte, wie es teilweise im öffentlichen Diskurs suggeriert wird, weshalb sind dann die Margen so schwach? Ein weiterer Punkt, der selten erwähnt wird, ist, dass die Absatzfinanzierung der deutschen Autos häufig über die eigenen Autobanken läuft. Die deutschen Konzerne BMW, Daimler und VW geben circa drei- bis viermal so viel Geld für den Betrieb ihrer Finanzierungsabteilung aus, wie sie in Forschung und Entwicklung stecken. Über die Hälfte der abgesetzten Fahrzeuge bei BMW und Daimler werden über Leasing oder durch Kredite der eigenen Hausbank finanziert. Zur Refinanzierung der Finanzabteilungen werden jährlich Milliardensummen an den Anleihemärkten angezapft – und da die deutschen hier deutlich günstigere Konditionen vorfinden als die Italiener und Franzosen, können sie billigere Kredite und Leasingraten an ihre Kunden weiterreichen, wodurch den anderen Herstellern wieder Marktanteile verloren gehen. Dieses Modell der Absatzfinanzierung ist auch der Grund dafür, weshalb die deutschen Firmen nominal hohe Profite vorweisen, der Cashflow hingegen – also der eigentliche Geldeingang auf dem Konto der Hersteller – extrem gering ist.

## Ein anderer politischer Rahmen wird gebraucht

Das Beispiel der Automobilindustrie veranschaulicht, dass es im europäischen Wettbewerb nur darum geht, wer am kostengünstigsten produzieren kann. Einen technologischen Umbruch, weg von den alten Verbrennungsmotoren, gab es nicht. Durch die Coronakrise wurde es mehr als deutlich, wie sehr die deutschen Hersteller über den Zeitverlauf hinweg ins Hintertreffen geraten sind – und vor allem Volkswagen versucht nun mit allen Mitteln, den Rückstand so schnell wie möglich aufzuholen.

Dass die Konzernleitungen ihre Vorteile in einer alten Technologie bis zum letzten Cent ausreizen wollten, kann ihnen nicht vorgeworfen werden. Kapitalistische Firmen sind keine Wohltätigkeitsorganisationen, sondern werden an den Finanzmärkten brutal abgestraft, sofern sie nicht liefern. Entsprechend nimmt man kurzfristig alles mit, was man kriegen kann. Dies muss sich ändern. Zwar wäre eine Reform der Finanzmärkte ein Schritt in die richtige Richtung, um etwas Druck vom Kessel zu nehmen und den Horizont etwas über die Quartalszahlen hinaus zu erweitern. Doch in diesem Buch wird es noch um etwas viel grundlegenderes gehen: Die Politik muss einen Rahmen setzen, der den Firmen keine andere Wahl lässt, als zu investieren. Dazu braucht es aber ein Verständnis dessen, was wirtschaftliche Entwicklung vorantreibt – und ein ganz anderes Verständnis dessen, wie ein Markt funktioniert.

Dieses Buch liefert ein solches Verständnis und wird, auch im Hinblick auf die anschaulichen Erkenntnisse aus der Automobilindustrie, drei wirtschaftspolitische Maßnahmen ausarbeiten, die als Minimalforderung verstanden werden sollen, um einen Wettbewerb zu institutionalisieren, der Qualität über Quantität priorisiert und die Entwicklung in Europa fördert. Selbstverständlich wird in den kommenden Jahren eine Unzahl weiterer Reformen nötig sein, um den vielseitigen Herausforderungen unserer Zeit gerecht zu werden. Doch werden wir uns in dem Buch auf drei Maßnahmen beschränken, um der Gefahr vorzubeugen, dass wir die Mücken aussieben und dafür Kamele verschlucken.

Bevor wir uns nun in die Analyse stürzen, so gestatten Sie mir noch einige Anmerkungen. Erstens bezüglich der Empirie. Hin und wieder werde ich auf Interviews verweisen, die ich für dieses Buch und für meine abgeschlossene Promotionsarbeit[3] geführt habe. Um die quantitative Analyse zu komplementieren, führte ich 38 Experteninterviews, unter anderem mit Finanzanalysten, Bankern, Ratingagenturen, Gewerkschaften, Managern der Autokonzerne, Beratern, Journalisten, Akademikern und Politikern. Wenn ich im Folgenden auf »Experten« verweise, beziehe ich mich auf diese Gruppe, doch aus Gründen der Anonymität, die ich den Teilnehmern im Rahmen der Forschungsarbeit gewährte, werde ich keine Namen nennen. Zweitens ist es mir wichtig klarzustellen, dass ich an einigen Stellen eine generische Pluralform ohne Gendersternchen (oder Ähnliches) verwenden werde. Da ich die meiste Zeit im englischsprachigen Ausland verbrachte, ist es für mich zur Gewohnheit geworden, in einer möglichst simplen und gleichzeitig dennoch inklusiven Form zu schreiben. Ich möchte an dieser Stelle unterstreichen, dass ich in meinen Ausführungen ausdrücklich *alle* Geschlechter miteinschließe, sodass der grammatikalischen Form im Text bitte kein Sexus zugeordnet werden sollte. Bei einigen Analogien, wie zum Beispiel dem Staat als dem »Manager« der schöpferischen Zerstörung oder der Zentralbank als der »Schöpferin« des Geldes, orientiere ich mich am Genus des jeweiligen Subjekts. Auch hier bitte ich Sie, dem Genus keinen Sexus zuzuordnen.

# 2. Wettbewerb als Entwicklungsmotor

Wettbewerb gilt weitläufig als ein Garant für Fortschritt. Jeder, der sich im Sport, in der Musik, Kultur oder Wissenschaft einem intensiven Wettbewerb stellen musste, wird die Erfahrung gemacht haben, dass er oder sie durch den Konkurrenzkampf einen Ansporn dazu hatte, sich kontinuierlich zu verbessern und neue Höchstleistungen abzuliefern. Viele Firmen werden eine ähnliche Erfahrung gemacht haben, wenn es darum ging, Marktanteile zu erhöhen, Margen zu verbessern, Einnahmen zu steigern oder auf eine sonstige Art zu wachsen. Doch lässt sich eine auf der Individualebene intuitive Erfahrung auf eine ganze Volkswirtschaft übertragen? Ist Wettbewerb per se eine gute Grundlage für erfolgreiche Entwicklung?

Die Idee des Wettbewerbs als Allheilmittel zur Steigerung der Wohlfahrt ist allen liberalen Denkschulen gemein. In keiner anderen Wirtschaftsregion ist der Gedanke jedoch so stark institutionalisiert wie in der EU. Deren Vorläuferin, die Europäische Wirtschaftsgemeinschaft (EWG), legte bereits zu Beginn der 1960er-Jahre den Grundstein für das, was im Laufe der Zeit die europäische Wettbewerbspolitik werden sollte. Kartelle wurden verboten, ebenso wie die Ausnutzung einer marktdominierenden Stellung. Die europäische Kommission wurde das zentrale Organ zur Überwachung des Wettbewerbs. Diese wettbewerbsorientierte Gestaltung des europäischen Marktes wurde über Jahrzehnte hinweg, insbesondere während der 1980er-Jahre, intensiviert und fand ihren vorläufigen Höhepunkt mit der Schaffung des Binnenmarkts und dem Vertrag von Maastricht 1992. Hier wurden die vier Grundfreiheiten festgelegt – die Freiheit des Waren-, Personen- und Dienstleistungsverkehrs sowie der Personenfreizügigkeit –, die vom europäischen

Gerichtshof (EuGH) immer wieder durchgesetzt wurden, wenn die nationalstaatlichen Regulierungen in einem Mitgliedsland dem Wettbewerbs- und Freiheitsgedanken widersprachen.

Warum ist die Wettbewerbspolitik solch eine Herzensangelegenheit für die EU? Die Kommission liefert dazu die folgende Erklärung: »Der Wettbewerb zwingt Unternehmen dazu, ihre Produktpalette und ihre Preise ständig konkurrenzfähig zu halten, da sich die Verbraucher ansonsten anderen Unternehmen zuwenden. In einem freien Markt herrscht ein freies Spiel der Kräfte – zum Wohle der Verbraucher.«[1] Es geht also um Effizienz, Kostenminimierung, günstige Preise, die am Ende den Verbrauchern zugutekommen – wobei hier natürlich auch hinzugefügt werden müsste, dass ein jeder Verbraucher (im Idealfall) nicht nur konsumiert, sondern durch eine eigene Anstellung ebenfalls produziert. Günstige Preise und Kosten für eine Seite bedeuten letztendlich geringere Einnahmen für die andere, weshalb ein allgemein niedriges Preis- und Kostenniveau weder »allen« nützt noch in irgendeiner Weise etwas über das allgemeine Wohlstandsniveau aussagen kann. Dazu bräuchten wir mehr Informationen unter anderem über das reale Pro-Kopf-Einkommen und über die Produktivität.

Für die EU-Kommission allerdings ist die Überwachung der Einhaltung der Verträge die primäre Aufgabe. Um »wettbewerbswidriges Verhalten zu verhindern beziehungsweise zu stoppen«, überwacht die Kommission in jedem Fall, ob Unternehmen »Kartelle oder andere unlautere Abmachungen« vereinbaren, die den Wettbewerb einschränken könnten, ob marktbeherrschende Stellungen missbraucht werden oder es durch Fusionen dazu kommen könnte. Auch staatliche Beihilfen, welche bestimmte Unternehmen gegenüber anderen bevorzugen könnten, werden kontrolliert.

## Der Ordoliberalismus – Ursprung der Wettbewerbsliebe

Die Form des Wettbewerbs und die Vorteile, die damit assoziiert werden, gehen auf den Ordoliberalismus zurück, der in Deutschland in den 1930er-Jahren entstand und als »Freiburger Schule« bekannt wurde. Eine der prägenden Figuren des Ordoliberalismus war der deutsche Ökonom Walter Eucken (1881–1950). Der ordoliberalen Ideologie zufolge ist es die Aufgabe des Staates, eine freiheitliche und marktwirtschaftliche Ordnung (»Ordo«) zu schaffen, die einen fortwährenden Wettbewerb sicherstellt. Aus den Wirtschaftsprozessen selbst solle sich der Staat jedoch raushalten. Wie es im Deutschland der Nachkriegszeit der Fall war und in der EU dann wettbewerbspolitisch zum Standard wurde, gehört eine Kartellaufsicht oder eine formal unabhängige Zentralbank zu den wichtigsten Institutionen eines ordoliberalen Regimes. Ebenso entscheidend ist die Einschränkung der industriepolitischen Aktivitäten eines Staates, die durch die Maastrichter Schulden- und Defizitkriterien (60 beziehungsweise 3 Prozent des BIP) und die Beihilferegelungen den Handlungsspielraum für nationale Regierungen begrenzen. Die Idee dahinter ist, dass sich, sofern für Wettbewerb auf dem Markt gesorgt wird, technologischer Fortschritt und wirtschaftliche Entwicklung von allein einstellen würden. Staatliche Eingriffe sind dabei hinderlich, da der Markt die Informationen in einer Wirtschaft viel besser verarbeiten kann. Das Resultat staatlichen Eingriffs sind Misswirtschaft und Ineffizienz.

Es gibt mehrere Schwierigkeiten mit diesem Ansatz, wie wir im Laufe des Buches sehen werden. Das erste Problem ist, dass hier offensichtlich eine strikte Trennung zwischen »Staat« und »Markt« geschaffen wird, die es faktisch nicht gibt. Die wichtigsten Preise in einer Wirtschaft, nämlich der Zins (Refinanzierungskosten der Unternehmen) und der Lohn (der gleichzeitig der wichtigste Block bei den Arbeitskosten der Unternehmen und die Nachfragedeterminante ist), sind ganz wesentlich vom Staat abhängig. Das zweite Problem ist, dass uns niemand aus der Freiburger Schule sagen kann, wie genau die gesamtwirtschaftliche Entwicklung »über den Markt« entsteht. In der ökonomischen Theorie fällt Entwicklung einfach vom Himmel.

## Der Markt als Ausgangspunkt

In der ordoliberalen Denkschule und in der EU ist »Wettbewerb« somit der Motor für wirtschaftliche Dynamik und Entwicklung. Doch was ist beziehungsweise wie funktioniert das »freie Spiel der Kräfte«, auf das die EU verweist? Der Ausgangspunkt findet sich in der neoklassischen Theorie – der Theorie, die in den Universitäten und öffentlichen Institutionen mit Abstand am weitesten verbreitet ist. Sie geht davon aus, dass Märkte die Lösung für alle Probleme sind, da sie über den Preis das Angebot und die Nachfrage der Güter wohlstandsmaximierend und ressourceneffizient ins Gleichgewicht bringen. Auch hier gilt: je mehr Wettbewerb, desto besser. Im Idealfall ergibt sich ein Zustand des allgemeinen Wettbewerbs oder, wie es in der Ökonomie heißt, der »vollständigen Konkurrenz«. In einer solchen Welt ist jede Firma so klein, dass sie den Marktpreis nicht beeinflussen kann und somit nur als Preisnehmer fungiert.

Doch nähern wir uns Schritt für Schritt der Funktionsweise eines Markts in der neoklassischen Theorie. In jedem Markt stehen sich Angebot und Nachfrage, Produzenten und Konsumenten gegenüber. Letztere maximieren der Neoklassik zufolge stetig ihren eigenen Nutzen, ganz wie ein Roboter es tun würde. Wenn der Preis des Guts oder der Dienstleistung, die auf dem Markt nachgefragt werden, unter dem Wert des Nutzens liegt, so wird es gekauft, woraus sich eine »Konsumentenrente« ergibt. Mit jeder zusätzlich konsumierten Einheit der Dienstleistung oder des Gutes nimmt der Nutzen allerdings ab. Man spricht in diesem Zusammenhang vom abnehmenden Grenznutzen. Vermutlich kann man es nachvollziehen, wenn man daran denkt, wie gut die erste Pizza im Vergleich zur zweiten oder dritten schmeckt. Liegt der Preis schließlich über dem Grenznutzen des Konsumenten, wird das Angebot nicht mehr nachgefragt, was dazu führt, dass entweder die Preise fallen oder andere Produkte angeboten werden müssen.

Die Produzenten hingegen müssen bei den gegebenen Präferenzen ihrer Konsumenten kontinuierlich ihre Produktion so anpassen, dass die Produktionskosten die Einnahmen nicht übersteigen. Mit anderen Worten: Jedes verkaufte Gut und jede verkaufte Dienstleistung muss einen Gewinn abwerfen oder zumindest die Kosten decken, die bei der Produktion entstehen. Dabei kann es aus Produzentensicht einerseits zu sinkenden Skalenerträgen kommen, also dem Phänomen, dass die Produktion eines Gutes oder einer Dienstleistung mit jeder zusätzlich in der Produktion eingesetzten Einheit von Arbeit und Kapital relativ teurer wird. Die Landwirtschaft ist ein klassisches Beispiel dafür: Ein Hektar Ackerland kann nur eine begrenzte Menge Getreide abwerfen. Sofern ich beginne, Arbeiter einzustellen und Maschinen zu kaufen, wird der zusätzliche Ertrag der Produktion den zusätzlichen Einsatz an Mitarbeitern und Maschinen übersteigen. Irgendwann jedoch wendet sich das Blatt und die zusätzlichen Kosten übersteigen die zusätzlichen Erträge. Im Extremfall habe ich so viele Arbeiter eingestellt, dass sie sich gegenseitig auf den Füßen stehen und die Produktion behindern.

Das Gegenteil sinkender Skalenerträge sind steigende Skalenerträge. In dem Fall reduzieren sich die Stückkosten mit steigender Produktion. Um ein Beispiel aus der Automobilindustrie zu nehmen: Da die Entwicklungskosten enorm hoch sind, ist es für die Hersteller vorteilhaft, wenn später einmal so viele Autos wie möglich verkauft werden. Egal ob ich ein einziges Fahrzeug eines bestimmten Modells verkaufe oder 10 Millionen – die Entwicklungskosten sind in beiden Fällen dieselben, nur teilen sie sich in letzterem Fall auf 10 Millionen Einheiten auf. Steigende Skalenerträge sind problematisch für das Zustandekommen vollkommender Konkurrenz, denn es kommt hier zu einer Monopol- beziehungsweise Oligopolbildung mit einer Marktmacht für einige Wenige, da Größe und Wettbewerbsfähigkeit sich hier gegenseitig bedingen. Dafür ist jedoch die europäische Wettbewerbsbehörde da, die in Fällen dazwischengeht, in denen die Produzenten ihre Marktmacht ausnutzen.

In einem funktionierenden, vollkommenen Wettbewerb mit sinkenden Skalenerträgen jedoch bieten die Produzenten ihre Produkte zu dem Preis an, der ihren Grenzkosten entspricht, das heißt den Kosten, die die Firma bei der Produktion einer zusätzlichen Einheit des Gutes oder der Dienstleistung hat. Solange jedes zusätzlich produzierte Gut nämlich einen noch so kleinen Gewinn abwirft, würde irgendjemand dieses Gut produzieren und auf dem Markt anbieten. Profite werden somit bei vollständiger Konkurrenz im Nu, ja praktisch noch in derselben Sekunde wegkonkurriert. Eine solche Wettbewerbssituation sei aus theoretischer Sicht wünschenswert, denn eine Manipulation der Marktmacht ist hier von vornherein ausgeschlossen. Es gibt keine effizientere Nutzung der vorhandenen Ressourcen und die Preise sind für die Verbraucher genau auf dem Niveau, das ihrem Grenznutzen entspricht. Um die Produkte zu dem Marktpreis anbieten zu können, müssen die Unternehmen den Einsatz ihrer Inputfaktoren, das heißt im weitesten Sinne Arbeit und Kapital, mit maximaler Effizienz einsetzen, denn ansonsten würden die Kosten den gegebenen Marktpreis übersteigen. Sie würden entweder mit Verlust verkaufen müssen oder blieben auf ihren Produkten sitzen, da die Konsumenten einen überhöhten Preis nicht zahlen würden. Beide Fälle sind für Unternehmen tödlich. Genau aus diesem Grund nimmt die in der EU vorherrschende wirtschaftspolitische Ideologie an, dass ein möglichst perfekter Wettbewerb die Unternehmen dazu zwingt, »ihre Preise ständig konkurrenzfähig zu halten«. Durch die Anpassungsprozesse, die auf dem Markt sowohl auf Konsumenten- als auch auf Produzentenseite entstehen, tendiert in der Theorie die Wirtschaft zum allgemeinen Gleichgewicht: Angebot und Nachfrage stimmen perfekt überein. Anders ausgedrückt: Alles, was auf dem Markt ist, findet einen Abnehmer (zu dem Preis, der den Grenzkosten entspricht). In der Fachsprache sagt man dazu auch, die Märkte werden »geräumt«. Der britische Ökonom John Kay verglich diesen Vorgang mal mit dem Zusammenbau eines IKEA-Möbels, bei dem sich das letzte Teil ideal in die bereits vorhandenen Strukturen einfügt und alles zusammen ein ideales, ganzheitliches und statisches Gefüge ergibt. So sieht die Welt der Neoklassik im Gleichgewicht aus.

## Märkte, die keine Märkte sind

Man kann die Bedeutung des Gleichgewichtdenkens nicht stark genug betonen, denn bis heute beruht der Großteil der ökonomischen Analysen und damit auch der Wirtschaftspolitik auf dieser Denkweise. Demnach kann es auf allen Märkten in allen Volkswirtschaften zu einer Zusammensetzung der Preise kommen, unter der das aggregierte Angebot die aggregierte Nachfrage ausgleicht. In den Fällen, wo der Markt nicht im Gleichgewicht ist, tendiert er gerade gen Gleichgewicht.

Der aufmerksame Leser mag sich bereits gefragt haben, wann er oder sie im eigenen Leben jemals für eine Kaufentscheidung so hochkomplexe Berechnungen durchgeführt hat, um herauszufinden, ob der Preis des Kaugummis dem eigenen Grenznutzen entspricht oder nicht. Ferner kann man womöglich nachvollziehen, dass die Funktionsweise von Märkten, in denen der Preis sich so anpasst, dass der Markt geräumt wird, eventuell das Geschehen auf dem Hildesheimer Wochenmarkt widerspiegelt, die wirkliche Welt aber oft anders funktioniert. Selbstverständlich wird der Bauer Marek den Preis seiner Kartoffeln senken, wenn er sie nicht loswird oder die Bäuerin Anke dieselben Güter zu einem geringeren Preis offeriert. Doch die Informationen, die es für ein solch reibungsloses Funktionieren eines Marktes braucht, gibt es in der realen Welt einfach nicht. Da sind Transaktionen nun mal mit viel Unsicherheit und Ungewissheit, teilweise sogar mit absichtlicher Täuschung und Betrug verbunden. Allein deshalb wird das allgemeine Gleichgewicht ein intellektuelles Spielchen bleiben, das mit der Realität nichts zu tun hat und zu den diffusen, unvorhersehbaren und dynamischen Entwicklungen der letzten 200 Jahre Kapitalismus nichts zu sagen hat.

Doch es gibt noch ein viel grundlegenderes Problem, wenn man die Welt als ein aggregiertes System von Märkten betrachten möchte: Die wichtigsten »Märkte« in einer Volkswirtschaft funktionieren gar nicht wie »richtige« Märkte. Nehmen wir zum Beispiel den Arbeitsmarkt. Für die neoklassische Theorie funktioniert der Markt für Arbeit genauso wie der Markt für Äpfel. Wenn Löhne steigen, das heißt wenn der Preis der Arbeit steigt, dann sinkt die Nachfrage. Die Folge: höhere Arbeitslosigkeit. Wenn Arbeit allerdings billig wird, steigt die Nachfrage nach Arbeit, wodurch die Arbeitslosigkeit sinkt. Soweit die Theorie. Doch was glatt übergangen wird, ist, dass Löhne eine eigentümliche »Doppelfunktion« besitzen: Sie sind auf der einen Seite ein Kostenfaktor für die Unternehmen, auf der anderen Seite bestimmen sie die Nachfrage. Durch diese Doppelfunktion kann es für den Arbeitsmarkt schlicht keine voneinander unabhängigen Angebots- und Nachfragekurven geben. Eine solche »Vereinfachung«, wie sie die Neoklassik vollzieht, fällt somit völlig aus dem Rahmen dessen, was noch als legitime »Vereinfachung einer komplexen Realität« durchgehen könnte. Sie ist grundlegend falsch.

Diese Doppelfunktion der Löhne erklärt auch, warum die Inflation (die jährliche Preissteigerung), ganz entscheidend von der Entwicklung der Löhne im Verhältnis zur Produktivität, das heißt der Entwicklung der sogenannten Lohnstückkosten, bestimmt wird. Wenn, wie es in Deutschland seit den 2000er-Jahren und in der gesamten Eurozone seit den 2010er-Jahren der Fall war, die Löhne unter Druck gesetzt werden, beobachten wir, dass die Preise unter Druck geraten, denn niemand kann oder will mehr sein Geld ausgeben. Daraufhin sinken die Einnahmen der Unternehmen, worauf letztere wiederum ihre Investitionen kürzen und Mitarbeiter entlassen. Die wirtschaftliche Dynamik nimmt ab. Anstatt dass Arbeitslosigkeit durch Lohnsenkungen sinkt, wie es die Neoklassik voraussagt, passiert das genaue Gegenteil: Sie steigt. Auf der anderen Seite kann es zu dem aus neoklassischer Sicht ebenfalls unerklärlichen Phänomen kommen, dass der Lebensstandard steigt, die Arbeitslosigkeit sinkt und die Wirtschaft an Dynamik gewinnt, wenn die Löhne steigen. Der Grund dafür ist, dass, wenn Menschen genug Geld verdienen, dieses Geld auch wieder ausgegeben wird. Die Nachfrage boomt, die Kassen bei den Unternehmen klingeln und es wird mehr investiert. Allzu oft vergessen die Ökonomie und die Politik leider, dass es für die Produktion auch irgendwo Abnehmer geben muss, die die Produkte kaufen müssen, die sie selbst herstellen.

Ein weiteres Beispiel für einen Markt, der sich gar nicht wie ein (neo-) klassischer Markt verhält, ist der Kapitalmarkt. Hier steht zwar noch in jedem Ökonomielehrbuch, dass es so etwas wie ein Angebot und eine Nachfrage nach Kapital gibt, die durch den Zins, den Preis für das Kapital, ausgeglichen werden. Allerdings haben sich mittlerweile alle Zentralbanken der Welt, darunter auch die Bundesbank, von dieser Theorie verabschiedet. Alles Geld der Welt, jeder einzelne Cent im Umlauf, wird in unserem Geldsystem per Kredit aus dem Nichts geschaffen. Die Bank braucht dazu weder irgendwelche Reserven noch Ersparnisse oder Goldbestände. Es reicht eine Tastatur, mit der die Zahlen in den Computer eingetippt werden.

Der Zins wird hingegen ausschließlich von der Zentralbank gesetzt. Sie setzt sich ein Inflationsziel und passt den Zins entsprechend an, wobei letzteres entweder durch sogenannte Offenmarktgeschäfte geschieht, das heißt den An- und Verkauf von Anleihen, oder über einen Korridor durch Einlage- und Kreditfazilitäten, bei denen sich die Banken Geld leihen oder ihre überschüssigen Reserven anlegen können. Die Details sind an der Stelle nicht wichtig. Was für den Moment wichtig ist, ist zu begreifen, dass es in der Welt, in der wir leben, zwar Märkte gibt, doch sie funktionieren bisweilen nicht annähernd so, wie die neoklassische Ökonomie sie konzeptualisiert. Anders ausgedrückt, während es auf dem Wochenmarkt sein kann, dass die Preise für Kartoffeln und Tomaten sich aus Angebot und Nachfrage ergeben, so funktionieren viele andere Märkte, darunter die für die Volkswirtschaft insgesamt zentralen Arbeits- und Kapitalmärkte, nach völlig anderen Prinzipien.

## Wie entsteht Dynamik in einer statischen Welt?

Trotz all der Probleme und Realitätsferne der Gleichgewichtsidee, nach der sich auf jedem Markt ein Preis zur Räumung des Angebots und der Nachfrage ergeben kann, solange Preisflexibilität gegeben ist, durchdringt sie die gesamte ökonomische Ausbildung. Auch in Entwicklungsländern ist es gang und gäbe, die Welt als ein großes, aggregiertes System von Märkten zu betrachten, die für jedes Problem die beste Lösung darstellen. Das Ziel ist es entsprechend, ein institutionelles System zu schaffen, in dem die Preise so flexibel wie möglich sind, um so dem scheinbaren Ideal des vollkommenen Wettbewerbs möglichst nahe zu kommen. Auf dieser Theorie baut das gesamte institutionelle Konstrukt des europäischen Binnenmarkts auf: Freiheit für alle Produktionsfaktoren, dort hinzugehen, wo es ihnen am besten gefällt. Flexible Arbeitsmärkte. Bloß keine Eingriffe in die »natürliche« Funktionsweise des Marktes.

Aber woher kommt eigentlich die Dynamik in einem System, das von Gleichgewicht zu Gleichgewicht wandelt? Ist etwa alles, was die Neoklassik zum Thema Dynamik zu sagen hat, der Verweis auf die Prozesse, die zwischen dem einen und dem anderen Gleichgewicht entstehen? Alfred Marshall, ein bekannter britischer Ökonom, der um die 20. Jahrhundertwende lebte, beschrieb auf diese Weise tatsächlich ein scheinbar dynamisches System, wobei er sich zur Erklärung zeitlicher Abläufe einer Analogie bediente. Er verwies auf zwei Kugeln in einer Schale, die immer wieder zur Mitte der Schale tendieren, nachdem sie durch einen Anstoß von außen in Bewegung gesetzt werden. So ähnlich verhält es sich seiner Ansicht nach mit einer jeden Volkswirtschaft: Gleichgewicht (also die Ruhephase der beiden Kugeln in der Schale) – Anstoß von außen – Anpassung – Gleichgewicht. Auf diese Abfolge lässt sich die neoklassische Theorie der Entwicklung herunterbrechen. »Theorie« müsste hier jedoch in Anführungszeichen gesetzt werden, denn *was* den Anstoß bewirkt, darüber hat weder Marshall noch sonst jemand in der neoklassischen Ökonomik eine Vorstellung.

## Aus »Wohlstand der Nationen« wird »Wettbewerb der Nationen«

Wenn Wettbewerb per se ausreicht, um Entwicklung in einer geschlossenen Wirtschaft voranzutreiben, dann muss das der gängigen Ökonomie zufolge auch für eine Welt gelten, in der es viele verschiedene, offene Volkswirtschaften gibt. Ansonsten würde aus der

»Liebe zum Markt«[2], wie es die ehemaligen Mitglieder des Sachverständigenrates formulierten, eine enttäuschte Liebe werden – und das kann schließlich nicht sein. Anstelle eines wissenschaftlichen Ansatzes, der sich nüchtern (also gerade nicht im Zustand des Verliebtseins) mit der Welt auseinandersetzt, setzen die Ökonomen auf einen Dogmatismus, bei dem »der Markt« und damit einhergehend ein möglichst vollkommener Wettbewerb als das höchste aller Ziele, das Summum Bonum, gelten.

So spielt es auch keine Rolle, dass hinter der Entwicklung eines jeden Industriestaates eine staatliche Industriepolitik stand. Alles wird in ein Marktkorsett gezwängt und die wirtschaftspolitische Empfehlung lautet immer gleich: Wettbewerb und Preisflexibilität. Da der Markt auf quasinatürliche Weise die Entwicklung antreibt, werden ganze Länder, vor allem Entwicklungsländer, dazu gezwungen, sich den »Spielregeln« des Marktes anzupassen. Das heißt Schuldenbremse für alle, Privatisierungen, Liberalisierung der Kapitalströme, Arbeitsmarktflexibilisierungen, Abbau vorhandener Handelsbarrieren und so weiter. Aus Adam Smiths Klassiker *Wohlstand der Nationen* wird auf diese Weise ein »Wettbewerb der Nationen«. Dass viele Länder gerade dadurch in noch größere Armut gestürzt werden, weil ihre Märkte von Produkten aus dem Norden geflutet oder ihre Kapitalmärkte durch Spekulationen massiv destabilisiert werden, ist bereits vor einigen Jahren auch in der Forschungsabteilung des Internationalen Währungsfonds (IWF) angekommen.[3] In der Praxis auf internationaler Bühne hat sich jedoch, allen Lippenbekenntnissen westlicher Politiker zum Trotz, bisher wenig geändert.

Auch in Europa sehen wir bisher wenig Tendenzen zu einem Umdenken des Modells des »jeder gegen jeden«. Solange der Marktfetischismus und das damit einhergehende Gleichgewichtsdenken in den Köpfen auf den höchsten Entscheidungsebenen verankert ist, ist es unwahrscheinlich, dass sich groß etwas ändert. Die internationale Entwicklungs- und Handelstheorie funktioniert nämlich nach denselben Prinzipien des Gleichgewichts, wie es bei einzelnen Märkten und Ländern der Fall ist. Für gewöhnlich werden die Ursprünge der modernen internationalen Ökonomie zwei großen

Denkern des 18. und 19. Jahrhunderts zugeschrieben: Adam Smith und David Ricardo. Ersterer steht für die Beobachtung, dass es durch Arbeitsteilung und Spezialisierung zu hohen Produktivitätszuwächsen kommen kann. In seinem Beispiel der Stecknadelfabrik kann ein einzelner Arbeiter nicht mehr als 20 Nadeln herstellen. Wenn sich allerdings jeder auf eine Aufgabe spezialisiert, sei es in der Produktion des Drahtes, der Anfertigung der Nadelspitze oder des Stecknadelkopfes oder dem Bleichen und Verpacken der fertigen Nadel, so können 10 Arbeiter pro Tag 48 000 Nadeln produzieren. Auf die internationale Wirtschaft übertragen bedeutet dies, dass die *internationale* Arbeitsteilung den Wohlstand insgesamt erhöhen könnte.

Adam Smith entwickelte diese Ideen in einer Zeit, als der Merkantilismus die dominierende Doktrin war. Damals, im 17. Jahrhundert, glaubte man, dass es im Außenhandel entscheidend wäre, Überschüsse zu erzielen. Sir Thomas Mun, der ehemalige Direktor der East India Company, schrieb 1664: »Die normalen Mittel [...] zur Steigerung unseres Wohlstands und Vermögens sind die über den Außenhandel, wobei wir immer folgende Regel beachten müssen: Wir müssen jährlich mehr an andere verkaufen als wir an fremden Waren konsumieren.« Es ist eine andere, aber ähnliche Form eines »Jeder gegen jeden«-Wettbewerbs, wie sie in der EU praktiziert wird. Auch hier zielen die Reformen darauf ab, dass möglichst alle Länder Überschüsse erzielen, was, wie wir bereits in der Einführung gesehen haben, von der Logik her unmöglich ist. Da die Überschüsse des einen zwangsläufig den Defiziten eines anderen entsprechen – denn die Welt als Ganzes kann ja weder einen Überschuss noch ein Defizit haben –, war die merkantilistische Doktrin häufig mit dem Einsatz militärischer und (was heute üblicher ist) ökonomisch-politischer Gewalt gegen andere Staaten verbunden.

Adam Smiths Buch liest sich wie eine 1000-seitige Argumentation gegen den Merkantilismus. Jedoch war Smith nicht der »naive« Freihändler, als der er gerne dargestellt wird. Tatsächlich wurde er zum Ende seines Lebens hin mehrere Jahre fürstlich dafür entlohnt, dass er für die britische Krone als Zollaufseher arbeitete.[4] Doch auch in seiner theoretischen Arbeit war er alles andere als naiv. Er wusste zum Beispiel, dass der Handel zwischen Staaten *kein* Instrument der wirtschaftlichen Entwicklung per se ist, sondern das Resultat einer zuvor vernünftigen Entwicklung des Binnenmarkts, von dem entsprechend alle am Handel beteiligten Länder profitieren können. Neben einer effizienten Arbeitsteilung im Inland braucht es dazu vor allem den Einsatz des produktiven Kapitals. Er spricht dabei nicht von ausländischen Direktinvestitionen oder einer Kapitalverkehrsfreiheit im europäischen Sinne. Ganz im Gegenteil. Für ihn geht es streng um den Einsatz des Kapitals im Inland, welches eine Steigerung der Produktion bis zu dem Maße fördern soll, dass mehr Güter produziert werden, als im Land selbst konsumiert werden können. Diese überschüssige Produktion wird dann in einem zweiten Schritt in den internationalen Handel geleitet. Die Entwicklung des Binnenmarkts ist also Voraussetzung für die internationale Arbeitsteilung.

Auch solle man sich davor hüten, die Entwicklung des Binnenmarkts nur als Mittel zum Zweck zu benutzen, um mit anderen Ländern zu handeln. Smith schreibt dazu: »Der inländische oder Binnenhandel, der wichtigste von allen, der (…) das größte Einkommen liefert und dem Volk die meiste Beschäftigung gibt, wurde [bei den Merkantilisten] nur als hilfeleistend bei dem auswärtigen Handel betrachtet. Er bringe, hieß es, weder Geld in das Land, noch führe er etwas hinaus; es könne also das Land durch ihn weder reicher noch ärmer werden.«[5]

In dem Zusammenhang bringt Adam Smith dann auch die »unsichtbare Hand« des Markts ins Spiel. Wie keine andere ist diese Metapher zum Argument für die segensreiche Wirkung eines Laissez-faire-Kapitalismus geworden. Selbst die Bundeszentrale für politische Bildung definiert den Begriff als »Bezeichnung für die Selbststeuerung der Wirtschaft über Angebot und Nachfrage auf dem Markt«[6]. Nichts konnte die eigentliche Bedeutung des Begriffs verzerrter darstellen. In seiner eigentlichen Fassung findet sich die Metapher im zweiten Kapitel des Buches IV – dem Kapitel über »Beschränkungen der Einfuhr solcher Güter aus fremden Ländern, welche im Land selbst erzeugt werden können«. Allein der Titel des

Kapitels bereitet so manchem Freihändler wahrscheinlich schon Bauchschmerzen, denn weshalb sollte man die Importe aus fremden Ländern einschränken? In jedem Fall schreibt Adam Smith, dass »jedermann nach Kräften sucht, sein Kapital auf den inländischen Gewerbefleiß zu verwenden«, was dazu führe, dass das Produkt eines Landes, aus dem sich das jährliche Einkommen ergibt, auf diese Weise maximiert werde. »Indem [ein Investor] den einheimischen Gewerbefleiß dem fremden vorzieht (…) beabsichtigt er lediglich seinen eigenen Gewinn und wird in diesen wie in vielen anderen Fällen von einer unsichtbaren Hand geleitet, dass er einen Zweck befördern muss, den er sich in keiner Weise vorgesetzt hatte.«[7]

Die »unsichtbare Hand« hat somit nichts mit Segnungen eines unregulierten oder barrierefreien Markts oder Handels zu tun. Es klingt vielmehr nach »buy American« oder »achetez français« als nach Liberalisierung. Das kann man gut oder schlecht finden – und sicherlich kommt es auf die Umstände an, welcher Meinung man sich da anschließt. Doch wenn man Adam Smith seine Ruhe im Grab lassen will, darf man die unsichtbare Hand in keinem Fall als Begriff für die ordnende und regulierende Kraft des Marktes bezeichnen.

Sofern der Binnenmarkt genug entwickelt ist, sodass die nicht im Inland konsumierte Produktion in den internationalen Handel gehen kann, lohnt sich der zwischenstaatliche Warenaustausch, denn jedes Land kann von der überschüssigen Produktion eines anderen Landes profitieren. Ein System der internationalen Arbeitsteilung entsteht, in dem sich jedes Land auf die Produktion der Güter spezialisiert, in denen es einen absoluten Vorteil hat. Das Problem an dieser Theorie ist allerdings, dass es für Länder, die keine absoluten Vorteile haben, keine Möglichkeit gibt, von der internationalen Arbeitsteilung zu profitieren. Da Smith annahm, dass sich die Exporte eines Landes ohnehin auf die Industrien beschränken, in denen das jeweilige Land den absoluten Vorteil in der Produktion hat, war dies nicht weiter problematisch. Für die Produktion und den Handel Großbritanniens bedeutete dies, dass »jährlich ein großer Teil unserer verschiedenen Wollenzeuge, unseres gegerbten Leders und unserer Eisenwaren nach anderen europäischen Ländern ohne Ausfuhrprämie versandt [wird], und dies sind gerade diejenigen Manufakturen, welche bei uns die meisten Hände beschäftigen. [Deshalb wird die heimische Produktion] durch die vollkommen freie Einfuhr fremder Güter nur wenig leiden.«[8]

## Ricardo kommt Smith zur Hilfe

Trotz Adam Smiths Beteuerungen wirkt es ein wenig verstörend, dass Freihandel auch Verlierernationen hervorbringen kann. An dieser Stelle kommt jedoch David Ricardo ins Spiel, der im Jahr 1817 die *Grundsätze der Politischen Ökonomie und der Besteuerung* veröffentlichte und damit die Grundlage für die moderne Freihandelsdoktrin schuf. Dieser Doktrin zufolge kommt es beim Handel nämlich nicht auf die absoluten, sondern die komparativen Vorteile an. In seinem Beispiel, das die Denkweise über die internationalen Handelsbeziehungen bis zum heutigen Tag beeinflusst, bezieht er sich dabei auf England und Portugal. Angenommen, Portugal könne sowohl Tuch und Wein billiger herstellen als England, würde es sich für Portugal trotzdem lohnen, mit England Handel zu treiben. Das liegt an unterschiedlichen Opportunitätskosten, das heißt den Kosten einer Einheit, die aufgegeben werden muss, um das jeweils andere Gut zu produzieren. In Ricardos Beispiel hat England niedrigere Opportunitätskosten bei der Herstellung von Tuch und Portugal bei der Herstellung von Wein. Wenn England somit sämtliche Ressourcen in die Produktion von Tuch steckt und Portugal in die Produktion des Weins, dann werden insgesamt mehr Tuch und Wein produziert, als es ohne Handel möglich wäre.

## Ricardo 2.0

Die Theorie Ricardos wurde in den vergangenen 200 Jahren wiederholt aufgegriffen und erweitert. Neben dem ricardianischen Modell hat sich dabei vor allem das Modell der beiden schwedischen Ökonomen Eli Heckscher und Bertil Ohlin durchgesetzt. Es besagt, dass es weniger darum geht, wie viel Arbeitskräfte für die Produktion eines Gutes benötigt werden, sondern darum, ob ein Land mit vergleichsweise viel oder wenig Arbeit oder Kapital ausgestattet ist und wie intensiv der jeweilige Faktor in der Produktion benutzt wird. Wie viel Arbeit oder Kapital (also Maschinen, Computer et cetera) ein Land jeweils hat, bestimmt laut Heckscher und Ohlin den komparativen Vorteil. Wo viel Kapital ist, wie zum Beispiel in einem Industrieland, ist die Arbeit relativ gesehen knapp und somit teuer. In den wenig bis gar nicht industrialisierten Staaten ist das Verhältnis umgekehrt. Die Produktion richtet sich dann nach den relativen Preisen von Arbeit und Kapital: In den Ländern, in denen Kapital reichlich vorhanden und deshalb billig ist, werden Unternehmen kapitalintensiv produzieren. Ist hingegen viel Arbeitskraft vorhanden, machen Unternehmen davon Gebrauch und produzieren arbeitsintensiv. Deshalb produzieren die Industrieländer Autos und die Entwicklungsländer eben Textilien.

Die Theorie des komparativen Vorteils – egal ob es die Version Ricardos oder die von Heckscher und Ohlin ist – ist die Grundlage dafür, auf der in der ganzen Welt die Segnungen des Freihandels gepriesen werden. Sobald alle Barrieren fallen und alle Länder im Wettbewerb miteinander sind, wird jedes Land sich automatisch auf die Produktion der Güter spezialisieren, in denen es einen komparativen Vorteil hat. Auf diese Weise wird die Wohlfahrt der Staatengemeinschaft, wie zum Beispiel der EU, mithilfe des Freihandels maximiert. Selbst den Entwicklungsländern wurden auf Basis dieser Logik in den letzten 40 Jahren Liberalisierungsprogramme aufgezwungen. Nur durch eine Teilnahme am internationalen Wettbewerb, so wurde ihnen gesagt, würden sie es schaffen, sich aus der Armut zu befreien, denn nur so würden sie sich in der Produktion spezialisieren können, die ihrem komparativen Vorteil entspricht. Da bleibt weder Raum noch Notwendigkeit für ineffiziente staatliche Eingriffe. Da viele der führenden Ökonomen und Berater in den Entwicklungsländern an westlichen Eliteuniversitäten ausgebildet wurden, trafen die Reformen an den entscheidenden Stellen in der Politik auch auf Zuspruch. Dumm war nur, dass die Theorie für diese Länder nie funktionierte, denn sie sahen sich internationalen Wettbewerbern ausgesetzt, die ihre Märkte eroberten und deren Wettbewerbsfähigkeit die einheimischen Unternehmen nichts entgegenzusetzen hatten.

## Fallstricke der Freihandelstheorie

Wir haben bereits gesehen, dass mit der Theorie Vieles nicht stimmt. Es stellt sich die Frage, inwiefern die Annahmen und Vereinfachungen, die in diesem Rahmen getroffen werden, die Wirklichkeit noch halbwegs vernünftig wiedergeben. Problematisch dabei sind selbstverständlich nicht die Annahmen an sich, denn in einer hochkomplexen Welt kommen wir um gewisse Annahmen zur Vereinfachung nicht herum. Die entscheidende Frage ist aber, inwiefern die getroffenen Vereinfachungen es erlauben, aus den Erkenntnissen der Modelle, die auf den gegebenen Annahmen beruhen, Rückschlüsse auf die Wirtschaftspolitik beziehungsweise Gesellschaft zu ziehen. »Alle Modelle sind falsch, aber einige sind nützlich« – so lautet das Credo, das die Studenten in manchen Statistikkursen mit auf den Weg bekommen.

Das erste und offensichtlichste Problem mit der Theorie des komparativen Vorteils ist, dass es eine Abmachung zwischen den Ländern geben muss, wer was produziert. Sollte sich nämlich herausstellen, dass in Portugal, um bei Ricardos Beispiel zu bleiben, sowohl die Tuch- als auch die Weinproduzenten keine Lust darauf haben, die jeweiligen Arbeitskräfte in ihrem Bereich zur Produktion des anderen Guts aufzugeben, wäre die ganze Geschichte bereits dahin. Die Firmen in Portugal stehen nämlich *nicht* unter Druck, ihre Produktion umstellen zu müssen. Schließlich haben sie gegenüber den Engländern sowohl in der Herstellung von Tuch als auch von Wein absolute Vorteile.

Das heißt, sie könnten ihre englische Konkurrenz ohne Probleme aus dem Markt verdrängen. Eine Institution aber, die die internationale Produktion auf eine Weise organisieren würde, indem sie den Unternehmen vorschreibt, welche Güter zu produzieren seien, gibt es nicht. Zugleich widerspricht der Gedanke fundamental dem Verhalten einzelner Firmen, die miteinander im Wettbewerb stehen. Wenn ein Unternehmen, das in Portugal Tuch produziert, dies billiger oder besser kann als die Konkurrenz in England, dann wird das Unternehmen alles daransetzen, Marktanteile, Wachstum und Profite zu maximieren. Und zwar nicht nur zuhause, sondern auch auf dem englischen Markt.

Eine weitere Annahme, die deshalb bei der Theorie ins Spiel kommt, ist die, dass alle Produktionsfaktoren voll ausgelastet sind. Wenn englische Produzenten eben kein Tuch und Wein herstellen können, weil die Portugiesen das besser machen, dann wird es irgendetwas anderes geben, das die Engländer produzieren können. Schuhe, zum Beispiel. Das wurde auch den Entwicklungsländern gesagt. Sie sollen sich nicht sorgen, dass die Unternehmen aus den industrialisierten Ländern mit ihrer hohen Produktivität absolute Vorteile hätten. Irgendwas würde den Entwicklungsländern in der Produktion schon zufallen. Die Konkurrenz könnte schließlich ihre Produktionskapazitäten nicht ständig ausweiten. Doch offensichtlich dachten die westlichen Unternehmen nicht daran, den Firmen in den Entwicklungsländern irgendetwas zu überlassen. In einem System, in dem die Konzernleitungen selbst unter Druck sind, die besten Resultate für ihr eigenes Unternehmen zu erzielen, ist das eine naive Annahme. Sollte sich im Handel zwischen England und Portugal ein Markt für Schuhe (oder andere Produkte) bilden, so gibt es nichts, was nicht auch die Portugiesen daran hindern würde, zu investieren und ihre Kapazitäten auszuweiten, sodass auch sie Schuhe produzieren könnten. Vor allem wenn man bereits bei Tuch und Wein absolute Vorteile hat, die man ausnutzt, wäre es für die Portugiesen vermutlich einfacher, Investitionen in dem Bereich zu tätigen.

## Direktinvestitionen – ein weiterer blinder Fleck in der Freihandelstheorie

Ganz abgesehen von der einzelunternehmerischen Sicht ist die Annahme voll ausgelasteter Produktionskapazität fernab jeglicher Realität. Es gibt kaum eine Volkswirtschaft auf der Welt, die dem nahe käme. Und selbst in Ländern, die nahe der Vollbeschäftigung sind, werden die Kapazitäten durch neue Investitionen immer wieder ausgeweitet. Doch nehmen wir für einen Moment an, es wäre nicht möglich, die Produktionskapazitäten in Portugal auszuweiten. Was würde ein Unternehmen in Portugal in dem Fall machen? Richtig, es würde in die Produktion in England investieren. In der Fachsprache nennen sich solche Investitionen, bei denen ausländische Firmen beispielsweise in Fabriken oder größere Firmenanteile investieren, »Direktinvestitionen«. Das kann zunächst gut für England sein, denn es schafft Arbeitsplätze und ist spekulativem Kapital allemal vorzuziehen. Doch problematisch wird es, wenn sich das technologische Knowhow nicht in der Bevölkerung und innerhalb einheimischer Firmen verbreitet – denn dann wird man abhängig vom ausländischen Kapital. Ebenso schwierig ist es, wenn die Gewinne wieder ins Ausland zurücküberwiesen werden. Der französische Ökonom Thomas Piketty zeigte in seinem letzten Buch *Kapital und Ideologie* beispielsweise, dass in den mittel- und osteuropäischen Ländern der EU die Fördergelder der Union zwischen 1 und 2 Prozent des nationalen BIP ausmachen. Nicht selten hört man die Meinung, die werden von der EU so mit Geld zugeschüttet, dass sie sich der Politik aus Brüssel beugen sollten, sonst müsse man ihnen die Gelder kürzen. Allerdings wurde das Wachstum in der Region stark von Direktinvestitionen angetrieben und die Kapitalabflüsse gen Westen, so Piketty, beliefen sich in der Region zwischen 4 und 7 Prozent des BIP. Das eigentliche Problem der Länder ist das Gefühl, EU-Staaten zweiter Klasse zu sein – und die Abhängigkeit vom ausländischen Kapital mindert dieses Gefühl nicht gerade.

In der Freihandelstheorie sind solche Direktinvestitionen höchst problematisch. Ricardo selbst hat sie von vornherein ausgeschlossen, damit seine Theorie des komparativen Vorteils überleben konnte. Er wusste genau, wenn Kapital mobil wäre, würde es »frei in die Länder fließen (…), in denen es am profitabelsten eingesetzt werden könnte«.[9] Mit anderen Worten, absolute Vorteile würden darüber entscheiden, was wo produziert werden würde. Es gäbe keinen Unterschied mehr zwischen dem Handel innerhalb eines Landes und dem Handel zwischen verschiedenen Ländern. Die internationale Mobilität des Kapitals schließt Ricardo allerdings aus zwei Gründen aus. Erstens nennt er die »vermeintliche oder reale Unsicherheit«[10] der Investition im Ausland. Zweitens führt er den Patriotismus der Investoren an, die sogar bereit dazu wären, lieber zuhause zu investieren, selbst wenn sie dabei auf Profite verzichten müssten. Es sei die »natürliche Abneigung, die jeder Mann dagegen hat, das Land seiner Geburt und seiner Verbindungen zu verlassen«.[11] Inwieweit diese Ansichten zu Ricardos Zeit gerechtfertigt waren, sei mal dahingestellt. Heutzutage jedenfalls spielen Direktinvestitionen eine zentrale Rolle in der Weltwirtschaft.

## Eine statische Welt, nichts passiert

Zu guter Letzt jedoch können wir uns einem weiteren Punkt zuwenden, der uns schon bei der Vorstellung des Zustandekommens des allgemeinen Gleichgewichts aufgefallen ist. In den Modellen gibt es keinerlei dynamische Entwicklung, sondern es wird nur ein Gleichgewicht mit dem nächsten verglichen. Alles vollzieht sich in einer vollends statischen Welt. Über die unterschiedlichen Skalenerträge hinaus, die die Produktion verschiedener Güter mit sich bringt, gibt es in der Theorie des komparativen Vorteils nichts. Einzig in der sogenannten »New Trade Theory«, die in den 1980ern entstand, wird darauf verwiesen, dass es Situationen gibt, in denen der Handel nicht aufgrund komparativer Vorteile entsteht. Das seien jedoch Sonderfälle. Dabei ist es für die wirtschaftliche Entwicklung eines Landes entscheidend, die Investitionsdynamik in der Industrie zu berücksichtigen, denn hier sind die höchsten Produktivitätszuwächse durch zunehmende Skalenerträge möglich. Falls ein Land sich auf die Produktion von Wein beschränkt, sind die Produktivitätszuwächse auch mit höherem Kapitaleinsatz sehr limitiert. In einem Land wie England hingegen, welches sich seinem komparativen Vorteil zufolge auf die Herstellung von Tuch fokussieren soll, können hohe Kapitalinvestitionen die Produktionskosten jeder weiteren Einheit Tuch stark senken. Sobald die Produktion von Tuch mehr oder weniger vollautomatisiert ist, können sich die Unternehmen der Produktion anderer Güter zuwenden. Die hohe Produktivität in den Industriesektoren führt dort zu hohen Löhnen, was wiederum weitreichendere Auswirkungen auf die Löhne in den mit der Industrie verbundenen Sektoren sowie der Volkswirtschaft insgesamt haben sollte, sofern die Politik einen vernünftigen Job macht. So können zum Beispiel die Preise für Dienstleistungen und sonstige Güter an die neue Kaufkraft in der Industrie angepasst werden, was das Lohnniveau allgemein steigen und alle Menschen am technologischen Fortschritt teilhaben lässt. Die daraus resultierende Nachfrage regt wiederum Investitionen an, sodass es zu einem positiven Kreislauf in der wirtschaftlichen Entwicklung kommt (sogenannte cumulative causation). All diese Externalitäten haben keinen Platz bei Ricardo und Co, denn dann müsste man das Gleichgewichtsdenken über Bord werfen.

Zudem ist es auch interessant, dass sich weder Ricardo noch Heckscher oder Ohlin oder sonst wer die Frage stellt, weshalb es eigentlich so ist, dass England einen komparativen Vorteil bei der Herstellung von Tuch und Portugal einen Vorteil bei der Produktion des Weins hat. Ebenso wenig wird gefragt, weshalb das Entwicklungsland einen geringeren Kapitalstock als das Industrieland hat. Es wird alles als gegeben angenommen und wir kennen es schon von Alfred Marshall, dass es dann einfach einen Anstoß »von außen« gibt und die Wirtschaft sich dann in Richtung eines neuen Gleichgewichts begibt. Diese Ahistorizität ist problematisch, denn Vorteile im Handel wurden und werden politisch *konstruiert*, da sie das Ergebnis einer aktiven Industriepolitik sind. Betrachtet man die Geschichte des Handels und des Kapitalismus, so fällt auf, dass Politik und Handel häufig nicht voneinander zu trennen waren. Selbst wo vermeintlich den Unternehmen im internationalen Handel »freie Hand« gelassen wurde, stand ein starker Staat mit Kanonenbooten bereit, um den Freihandel voranzutreiben. Ebenso ist es heute noch offensichtlich, wie mächtige Staaten wie die USA, Großbritannien, Deutschland oder sonstige einflussreiche Länder (zu denen mittlerweile auch China gehört) die Interessen ihrer Konzerne weltweit durchsetzen. Andere Staaten wiederum haben keine Möglichkeit, eine Industriepolitik zu betreiben, weil sie die Opfer globaler Finanzspekulation sind, durch internationale Organisationen daran gehindert werden oder die Institutionen und der politische Einfluss fehlen, um eine Industriepolitik durchzusetzen. Vermehrt stellt sich heute zudem die Frage, inwiefern dieser »alte« Entwicklungsweg über die Industrialisierung, den die derzeitigen Industrienationen durchlaufen sind, wiederholt werden kann und sollte. Im Hinblick auf die Ressourcen und die Umweltzerstörung, die damit einhergingen, werden wir einen anderen Weg finden müssen – doch die Lösung dafür wird nicht »von außen« oder vom Himmel herabfallen, wie das in der neoklassischen Ökonomie angenommen wird, sondern muss aus dem System selbst heraus entstehen.

## Wird Dynamik durch exogene Einflüsse bewirkt?

Wie wir gesehen haben, gibt es in der neoklassischen Theorie nichts, was Entwicklung in irgendeiner Weise erklärt. Alles geht von Gleichgewicht zu Gleichgewicht. Flexible Preise und Wettbewerb würden ganz allein für Entwicklung sorgen. An Marshalls Analogie mit den beiden Kugeln, die immer wieder »von außen« angestoßen werden müssen, um sich zu bewegen, zeigt sich das ganze Dilemma der Ökonomik. Solange man nicht erklären kann, wie dieses »von außen« anstoßen zustande kommt oder durch was es bewirkt wird, hat man nämlich recht wenig, was man den Wirtschaftspolitikern an die Hand geben kann, um eine dynamische Entwicklung zu generieren. In der Fachsprache heißt die Annahme, dass technologischer Fortschritt irgendwie »gegeben« ist, dass er »exogenisiert« wird. Fortschritt und Entwicklung kann und wird nicht von der Theorie oder vom Modell erklärt. Sie sind einfach da, wie die Geschenke unter dem Weihnachtsbaum, die uns das Christkind früher brachte. Damals wurde bei uns zuhause das Fenster einen Spalt breit geöffnet, wir verließen das Wohnzimmer und sangen Weihnachtslieder. Hin und wieder schauten wir ins Zimmer hinein, ob die Geschenke bereits da waren. Falls nicht, mussten wir weitersingen (am besten sogar etwas lauter). Irgendwann waren die Geschenke dann unter dem Baum. Wann genau und wie sie da hingekommen sind, wussten wir nicht. In ähnlicher Weise verhält es sich mit dem technischen Fortschritt in der neoklassischen Ökonomie.

Letztendlich gibt es in der sozialen Welt aber – und dazu gehört die Ökonomie – nur wenig, was »einfach da« ist. Denkt man an die größeren Krisen der jüngeren Vergangenheit, so waren die Ursachen immer endogener, das heißt systemimmanenter Natur. Nehmen wir mal das Beispiel der Weltwirtschaftskrise 1929 und der Großen Depression. Nach dem Zusammenbruch der Börse, bei der viele Menschen ihre Ersparnisse verloren und sämtliche Vermögenswerte sich in Luft auflösten, brach die Nachfrage ein. Man glaubte, die Ursache für die andauernde Malaise läge in einer unzureichenden Flexibilität der Preise, insbesondere der Löhne. Vor staatlichen Eingriffen zur Stabilisierung der Wirtschaft scheute man sich. Der damalige US-Finanzminister Andrew Mellon schlug Präsident Herbert Hoover zur Bewältigung der Krise vor, alles zu Geld zu machen, was sich zu Geld machen ließ, um so zu einem ausgeglichenen Haushalt zu kommen und der Privatwirtschaft, das heißt »dem Markt«, freie Bahn für den Aufschwung zu lassen. Hoover erinnerte sich in seinen Memoiren, dass Mellon ihm nahelegte: »Liquidieren Sie Arbeiter, Aktien, Bauern, Immobilien. Rotten Sie die Fäulnis aus dem System. Die hohen Lebenshaltungskosten und Exzesse werden verschwinden. Die Menschen werden härter arbeiten und ein moralischeres Leben führen. Die Werte in der Gesellschaft werden sich anpassen und unternehmerisch begabte Menschen werden die Wracks von weniger fähigen Leuten übernehmen.«[12] In Deutschland derweil setzte Reichskanzler Brüning zu einer rigorosen Sparpolitik inmitten der Krise an. Nachdem es im Reichstag nach den Wahlen im März 1930 keine Mehrheit mehr gab, führte er mit einer Notverordnung nach der nächsten den Haushalt mit größtmöglicher Disziplin. Er wollte zeigen, um es in moderner Sprache zu formulieren, dass die Deutschen sich »anstrengen« und »ihre Hausaufgaben machen«, die Reparationszahlungen jedoch nicht würden leisten können. Das Problem dabei war, dass die Kürzung der öffentlichen Ausgaben zu einem weiteren Verfall der Nachfrage führte, was die Deflation verschärfte und die Arbeitslosigkeit auf knapp 30 Prozent steigen ließ. Dies spielte den Nationalsozialisten in die Karten, die bei den Wahlen 1928 auf gerade einmal 2,6 Prozent der Stimmen kamen, dafür aber im September 1930 18,3 Prozent und im November 1932 33,1 Prozent der Wählerschaft für sich gewannen.

Die Finanzkrise 2007–2009 gehört ebenso zu den aus dem System heraus entstandenen Krisen, wobei die Politik hier zumindest nicht dieselben Fehler wie in den 1930er-Jahren beging (obgleich es zwischen den Regionen große Unterschiede gab und insbesondere in Europa die Lehren der Vergangenheit ignoriert wurden). Die gesamte Zunft der Ökonomik wurde zu dieser Zeit in ihren Grundfesten erschüttert, da man vor allem seit den 1980ern im festen Glauben an die Unfehlbarkeit und Gleichgewichtsorientierung der Märkte sich sicher war, dass es nie wieder zu einer Krise kommen könnte. Schon gar nicht in dem Ausmaß. Alan Greenspan, der von 1987 bis 2006 die Geschicke der US-Notenbank (oft »Fed« genannt, von Federal Reserve System) leitete, sprach im Angesicht der Finanzkrise 2008 davon, dass das »ganze intellektuelle Gerüst im Sommer letzten Jahres [2007] eingestürzt« sei.[13] Sein Nachfolger bei der Fed, Ben Bernanke, war ebenfalls überzeugt davon, dass Märkte am besten sich selbst überlassen werden sollten.[14]

Wie sehr der Glaube an die Unfehlbar- und Vorhersagbarkeit der eigenen Modelle verbreitet war, zeigt vielleicht nichts anderes so deutlich, wie die Aussage des ehemaligen Finanzchefs von Goldman Sachs, David Viniar. Im Jahr 2007 erklärte er die Probleme der Investmentbank damit, dass sie »mehrere Tage hintereinander« von Ereignissen erwischt wurde, die sich »um 25 Standardabweichungen« bewegten.[15] Die Wahrscheinlichkeit eines *einzigen* solchen 25-Sigma-Ereignisses verglich ein Forscherteam britischer Universitäten[16] mit der Wahrscheinlichkeit bei 21–22 Versuchen *hintereinander* in der britischen Lotterie zu gewinnen. Dass ein solch unwahrscheinliches Ereignis nun mehrere Tage hintereinander den gesamten Finanzsektor traf, kann man entweder als einen exogenen Systemschock verstehen, sozusagen einem besonders heftigen und wiederholten Meteoriteneinschlag in den Finanzzentren dieser Welt, oder man hinterfragt die Fähigkeit zur Selbstregulierung der Märkte und die Sinnhaftigkeit der Modelle, die Zukunft vorherzusagen.

Wir hätten eine Vielzahl weiterer Probleme und Beispiele nehmen können, in denen endogene, systemimmanente Faktoren die zentrale Rolle spielen. Nichtsdestotrotz erkennen wir bereits an den obigen Fällen die Notwendigkeit, dass wir ein Verständnis darüber entwickeln müssen, wie eine Wirtschaft funktioniert, deren Dynamik aus sich selbst heraus entsteht – im positiven und negativen Sinn. Sowohl die obigen Krisen als auch der Lebensstandard, den wir in den Industrieländern genießen, sind schließlich nicht einfach vom Himmel gefallen oder »gegeben«.

## Eine Wachstumstheorie, die keine ist

Obwohl die Neoklassik annimmt, der technologische Fortschritt falle vom Himmel, findet sich hier nichtsdestotrotz eine »Wachstumstheorie«. Zu den Annahmen gehören die üblichen Verdächtigen: totale Preisflexibilität, vollkommene Konkurrenz und abnehmende Grenzerträge von Arbeit und Kapital. Die Produktion in einem Land wird mithilfe einer Produktionsfunktion modelliert, die aufzeigt, wie das BIP in einem Land durch den Einsatz von Arbeit, Kapital und einer nicht näher definierten »Restgröße« produziert wird. Die Grundaussage des Modells ist denkbar einfach: Ein höherer Kapitalstock (beispielsweise in Form produktiverer Maschinen) generiert eine höhere Pro-Kopf-Produktion. Langfristig tendiert jede Volkswirtschaft der Welt zu einem Zustand des Wachstumsgleichgewichts, bei dem sich alle Produzenten jeweils den gegebenen Güter- und Faktorpreisen angepasst haben. Der Kapitalstock eines Landes entsteht und vergrößert sich dabei im Laufe der Zeit durch Ersparnisse. Ein Land, in dem wenig Kapital vorhanden ist, müsse somit mehr sparen und würde dadurch wachsen. Anfangs würden wir sehr hohe Wachstumsraten vorfinden, denn die Abnutzung eines kleinen Kapitalstocks (beispielsweise Risse in den Straßen oder Materialabnutzung bei den Maschinen) ist gering und die zusätzliche Produktion, die durch eine höhere Kapitalintensität generiert werden kann, ist hoch. Doch aufgrund des abnehmenden Grenznutzens des Kapitals verringert sich die zusätzliche Produktion im Verhältnis zum eingesetzten Kapital, sodass mehr Kapital immer geringeres, zusätzliches Wachstum generiert.

Im Wachstumsgleichgewicht werden nur noch Kapitalinvestitionen in der Höhe getätigt, die der Abnutzung des bestehenden Kapitals entsprechen (das heißt beispielsweise den Aufwendungen, die nötig sind, um beschädigte Maschinen oder Straßen durch neue zu ersetzen). Der Kapitalstock wächst nicht mehr und somit stellt sich auch das Wachstum des Pro-Kopf-Einkommens ein. Nur durch eine höhere Sparquote oder durch technologischen Fortschritt (im Modell nicht erklärt) könne die Volkswirtschaft ein Wachstumsgleichgewicht mit einem höheren Niveau der Pro-Kopf-Produktion und somit des Pro-Kopf-Einkommens erreichen.

Wachstum ist in diesem Modell also nur als Prozess hin zum Wachstumsgleichgewicht möglich. Allerdings wird Wachstum maßgeblich von etwas beeinflusst, was das Modell gar nicht erklärt, nämlich der »Restgröße«, die einfach als »technologischer Fortschritt« bezeichnet wird. Das erkannte selbst Robert Solow, der amerikanische Ökonom, auf den die neoklassische Wachstumstheorie zurückgeht. Für sein Wachstumsmodell erhielt er 1987 den Alfred-Nobel-Gedächtnispreis für Wirtschaftswissenschaften der schwedischen Nationalbank, der von den Medien irreführenderweise oft als Nobelpreis bezeichnet wird. In seiner »Nobel Lecture«, der traditionellen Ansprache bei der Preisverleihung, führte er an, dass er in seinen Arbeiten in den 1950er-Jahren, für die er den Preis erhielt, herausfand, dass »etwa 7/8 des Anstiegs [der Produktion zwischen 1909 und 1949] (…) auf ›technischen Wandel im weitesten Sinne‹ zurückgeführt werden [können]«[17] – also eben auf jene Größe, die weder vom Modell noch von der zugrundeliegenden Theorie erklärt wird.

## Entwicklung – eine Abfolge von Ungleichgewichten

Betrachten wir die Entwicklung des Kapitalismus der vergangenen 200 Jahre – von der Entwicklung der Dampfmaschine bis zur Entwicklung der künstlichen Intelligenz –, so stellt sich die Frage, ob es nicht sinnvoller wäre, die Marktwirtschaft als ein System zu betrachten, in dem ein Ungleichgewicht dem nächsten folgt. Zweifelsohne gibt es statische beziehungsweise »entwicklungslose« (Schumpeter) Gesellschaften. Die unterentwickelten Volkswirtschaften in Afrika kommen heutzutage dem perfekten Wettbewerb und allgemeinen Gleichgewicht wohl am nächsten. Es gibt dort eine Vielzahl von Produzenten, die zum Großteil mit homogenen Produkten handeln, deren Preise sie nicht beeinflussen können. Das »allgemeine Gleichgewicht«, in hohem Maße forciert durch westliche Institutionen und das globale Finanzsystem, hält die Menschen in bitterer Armut. Auch in einigen Ländern Südostasiens oder Osteuropas, die in eine »Wachstumsfalle« getappt sind und ihre Dynamik nicht aufrechterhalten konnten, beobachten wir eine gewisse Stagnation. In solchen Fällen würde ein allgemeines Gleichgewicht vermutlich als Vereinfachung durchgehen – obgleich die Ursachen dafür weder strukturell noch natürlich sind, sondern institutionell und politisch.

In den reichen und industrialisierten Volkswirtschaften sucht man in den letzten 200 Jahren aber vergeblich nach einem Gleichgewicht. Ebenso wenig eignet sich die neoklassische Theorie zur Erklärung der Dynamik in den Volkswirtschaften, die sich in den vergangenen Jahrzehnten durch eine staatlich orchestrierte Industriepolitik enorm entwickelt haben und sich kontinuierlich und dynamisch weiterentwickeln. Allen voran China. Es scheint so, dass in der Geschichte des Kapitalismus ein Anstoß genügt und das System nie wieder zu einem Gleichgewicht tendiert, sondern sich durch eine Abfolge von Ungleichgewichten entwickelt. Anders ausgedrückt, weder gibt es eine Welt, in der nichts passiert – denn nichts anderes impliziert ein Gleichgewicht – noch tendieren Volkswirtschaften mit dynamischer Entwicklung automatisch zu einem solchen Zustand. Was also tun mit der Erkenntnis, dass die Neoklassik dynamische Entwicklung schlichtweg nicht erklären kann? Nun, nur weil es die gängige Wirtschaftstheorie nicht schafft, Antworten auf solch elementare Fragen zu geben, heißt das nicht, dass *niemand* diese Antworten geben kann. Aus diesem Grunde wenden wir uns im folgenden Kapitel nun Joseph Schumpeter und seiner Theorie der »schöpferischen Zerstörung« zu. Auch bei Schumpeter spielt der Wettbewerb eine entscheidende Rolle im wirtschaftlichen Prozess. Im Gegensatz zur Neoklassik allerdings ist die *Art* des Wettbewerbs eine andere als ein Wettkampf der Nationen.

## 3. Entwicklung und Wirtschaftspolitik nach Schumpeter

In der Neoklassik gibt es keine Erklärung für einen dynamischen Prozess ökonomischer Entwicklung. Ich bin selbstverständlich nicht der Erste, der sich daran stört. Einer der bekanntesten Kritiker dieser statischen, ahistorischen Sichtweise ist der österreichische Ökonom Joseph Schumpeter (1883 – 1950). Er gibt zwar zu, dass es entwicklungslose, statische Gesellschaften geben mag, wie es zum Beispiel früher in China und heute (noch) in vielen Teilen Afrikas der Fall ist. Ebenso verweist er auf die Legitimität der Allokationstheorie, also einer Theorie, die die gegebenen Produktionsstrukturen nicht als Ergebnis eines historischen Prozesses sieht, sondern einfach als »gegeben« annimmt und sich dann im Anschluss darum bemüht zu erklären, wie die knappen Ressourcen eingesetzt beziehungsweise verteilt werden. Wenn es darum geht, »Anpassungserscheinungen« zu beschreiben, das heißt um die Frage, welche Anpassungen sich in der Struktur der Wirtschaft ergeben, wenn eine Innovation eingeführt wird, sieht Schumpeter eine gewisse Validität in der neoklassischen Theorie.[1] Zugleich stellt er aber klar, dass die Gleichgewichtsökonomie bei der Erklärung wirtschaftlicher Entwicklung fundamental scheitert. Ja, er geht sogar so weit, die Theorie als »leer und nichtssagend«[2] zu bezeichnen. Sie trifft seiner Ansicht nach nämlich nur dort zu, wo es eine Routinewirtschaft ohne technologischen Fortschritt gibt – also dort, wo das Unternehmertum nur aus »langweiligen Gleichgewichtsmenschen« beziehungsweise »Jammergestalten« besteht.[3] Alles wird so gemacht und produziert, wie es schon immer der Fall war. Als solche Theorie ist es der Neoklassik unmöglich, einen politischen Fahrplan vorzugeben, mit dem ein Land sich aus der Armut befreien und sich entwickeln kann. Einfach nur auf »mehr Wettbewerb« zu setzen, ist keine Lösung. Im Gegensatz zu seinen ordoliberalen und neoklassischen Kollegen wusste Schumpeter, dass, »wenn perfekter Wettbewerb die Regel wäre, es weit weniger Grund zur Freude [gäbe], als man meinen könnte«.[4] Er hat begriffen, dass das Spielchen eines »Jeder gegen jeden«-Wettbewerbs für die wirtschaftliche Entwicklung Gift ist, denn es kommt ganz entscheidend auf die *Qualität* des Wettbewerbs an.

## Entwicklung à la Schumpeter

Was hat Schumpeter also der Neoklassik entgegenzusetzen? Wie erklärt er dynamische Entwicklung? Schumpeter versteht unter Entwicklung die Erneuerung der Produktionsstrukturen. Entwicklung ist diesem Verständnis zufolge somit etwas anderes als Wachstum. Wenn die Zahlen des Statistischen Bundesamts angeben, dass die Wirtschaft zwei Prozent gewachsen sei, hieße das für Schumpeter nicht zwangsläufig, dass es Entwicklung gab. Die Frage nach Entwicklung kann nämlich nur dann beantwortet werden, wenn man eine Information darüber hat, ob es eine Veränderung der Produktionsstrukturen gab. Also ob etwas Neues entstanden ist, was die alten Methoden, Produkte oder Organisationsformen ersetzt. Ein solches Verständnis von Entwicklung verdeutlicht, dass Entwicklung nicht nur auf arme Länder oder aufstrebende Ökonomien bezogen werden kann, sondern für alle Ökonomien gilt. Und angesichts der Herausforderungen des Klimawandels ist es nötiger denn je, dass sich die Produktionsstrukturen der Ressourcenknappheit und Begrenzung der Emissionen anpassen.

Der Ausgangspunkt für Schumpeters Überlegungen war das Problem, dass die herrschende Lehre die Entwicklungsprozesse selbst völlig unerklärt lässt. Ob statisch oder dynamisch modelliert, in einer Routinewirtschaft, in der alle bei vollkommener Konkurrenz auf dieselbe Weise produzieren, braucht es immer einen Anstoß »von außen«, der das Gleichgewicht stört. Schauen wir uns aber die

Welt an, die vielerorts einen nie dagewesenen materiellen Lebensstandard schuf, so wird deutlich, dass es vielleicht doch etwas geben muss, dass die Entwicklung von innen heraus antrieb. Schließlich gab es bisher weder Handel mit dem Mond noch haben wir in anderer Form Post aus dem All erhalten, die uns »von außen« das Wissen und die daraus resultierenden Innovationen hätten überbringen können.

Wie kommt es also zu Entwicklung? Gehen wir zunächst von einer Welt aus, in der es keinen weit entwickelten Kapitalstock, also kaum Fabriken, Maschinen und so weiter gibt und die Produktionsmethoden immer dieselben sind. In einer solchen Wirtschaft, wie es sie im Laufe der Jahrhunderte größtenteils gegeben hat, arbeiten alle Produzenten mit den gegebenen, wenig produktiven Utensilien. Die Güter, die produziert werden, ähneln sich und stehen in direktem Wettbewerb zueinander. In der Landwirtschaft arbeiteten zum Beispiel alle Bauern mit mehr oder weniger denselben Werkzeugen (Sicheln, Rechen und Pflügen) und produzierten mehr oder weniger dieselben Erzeugnisse (Getreide, Milch, Fleisch). Die Preise in einer solchen Wirtschaft werden von Angebot und Nachfrage bestimmt, da die Produktkomplexität gering ist und Unterschiede in den Preis-Leistungs-Verhältnissen sich voll auf den Absatz durchschlagen. Die Produzenten sind allesamt klein, sodass keine Marktmanipulation oder Skaleneffekte auftreten. In einer solchen Welt tut sich aus ökonomischer Sicht nichts und das neoklassische Ideal kommt dem sehr nahe, wie Schumpeter einräumt. Es braucht nun eine systeminterne Störung, die die wirtschaftliche Entwicklung in Gang bringt. Doch wie kommt sie zustande? Da sämtliche Produktionsfaktoren mit größter Effizienz eingesetzt sind, scheint es unmöglich, dass eine solche Störung aus dem System selbst heraus entstehen kann. Dazu bräuchte es jemanden, der anfängt, innerhalb des Systems etwas anders zu machen, als es bisher gemacht wurde. Doch gerade, weil es sich dabei um etwas Neues handelt, kann man *a priori* nicht wissen, ob es so funktionieren wird, wie man es sich vorstellt. Da man sich in einem sehr wettbewerbsintensiven Markt allerdings auch keine Ineffizienzen erlauben darf, wenn die Firma überleben soll, ist man in einem solchen System dazu gezwungen, in derselben Art und Weise zu produzieren, wie es dem »geläufigen Standard« entspricht.

Schumpeter muss deshalb eine andere Herangehensweise als die Neoklassik wählen, wenn er eine Erklärung dafür finden will, wie sich eine Wirtschaft entwickelt. Sein erster Grundgedanke dabei ist, dass es so etwas wie die »ideale Verwendungsweise« der Produktionsstrukturen, wie sie die Neoklassik annimmt, gar nicht existiert, »weil es hinter ihr notwendigerweise immer noch ›idealere‹ gibt«.[5] Er veranschaulicht seine Idee mit dem folgenden Beispiel:

»Erzeuge ich aus meinem Getreide Branntwein und Brot, so gibt es ein Mengenverhältnis beider, das ich einhalten muss, wenn ich nicht darauf kommen soll, dass ich entweder zu wenig Branntwein im Verhältnis zum Brot oder zu wenig Brot im Verhältnis zum Branntwein habe. Erzeuge ich aber Brot oder Branntwein in besserer Weise als bisher, so fehlt dieser Regulator: Ich kann Brot oder Branntwein immer wieder in noch besserer Weise erzeugen, ohne dass ich die bisherige Produktionsweise als einen Hemmschuh fühle. Wenn ich ein drittes Genussgut aus meinem Getreidevorrat erzeuge, so wird dessen Menge in statischer Weise ihr Maß finden. Wenn ich aber immer weitere vorteilhafte Verwendungsmöglichkeiten meines Getreides sehe, so werde ich es in immer neuer Weise verwenden ohne jede angebbare Grenze.«[6]

Die Konsequenz ist, dass es zwar »innerhalb gegebener Kombinationen« für die Gütermenge eine Grenze gibt, »die Kombinationen selbst«[7] aber keine haben. Die Annahme, dass alle Kombinationen fest gegeben sind, wird in der obigen Gleichgewichtswelt Realität. Hier sieht niemand eine Möglichkeit, durch eine neuartige Kombination von Arbeit und Kapital die Qualität des Produkts zu erhöhen oder dessen Produktionskosten zu senken. Alles wird so gemacht wie immer. Schumpeter verweist ebenfalls darauf, dass so etwas auch in der modernen Welt möglich wäre, wenn Handwerker beispielsweise nur das tun, was sie von ihren Vorgängern übernehmen, die Unternehmen fortwährend veraltete Maschinen benutzen oder die Gesellschaft sich gegen die Einführung neuer Methoden wehrt.

Er nennt dies »Reibungswiderstände«, die im Prozess der wirtschaftlichen Entwicklung völlig normal sind.

Kommen wir also zu unserer Gleichgewichtsökonomie zurück und nehmen wir an, jemand hätte eine Idee, wie man gegenüber der Konkurrenz einen Vorteil erlangen könnte. Ein Bauer in der oben beschriebenen Wirtschaft kommt zum Beispiel auf die Idee, anstelle einer Sichel einen Erntetraktor zu entwickeln, durch den er viel mehr Getreide in viel kürzerer Zeit einsammeln könnte. Dieser Produktivitätsvorteil könnte ihm einen Vorteil gegenüber seinen Mitstreitern im Markt geben. Dass diese Idee nun im Kopf des Bauern ist, ändert allerdings noch »nichts an dem Gange der Wirtschaft und ist an sich so bedeutungslos wie die Kanäle im Mars«[8]. Es kommt auf die *Durchsetzung* der Neukombination an, wofür wiederum Kapital (»Kaufkraft«) nötig ist, welches gerade nicht in der Produktion anderer Güter eingesetzt wird. Aber woher soll der Bauer nun das Geld für die Umsetzung seiner Idee nehmen? »Mehr sparen« würde die Antwort der Neoklassik sein. Doch auch dieses Geld muss ja in der neoklassischen Welt irgendwo herkommen – und wenn das Kapital überall bereits mit größtmöglicher Effizienz eingesetzt wird, dann wird niemand so verrückt sein, in ein Projekt zu investieren, dessen Ausgang ungewiss ist. Es könnte den eigenen Tod bedeuten. Der Pionier braucht deshalb einen Kredit. Er braucht Kaufkraft, die aus dem Nichts geschaffen wird und somit gerade nicht irgendwo anders im Einsatz ist. Hier kommt der Finanzsektor ins Spiel, dem Schumpeter eine zentrale Rolle beim Prozess der schöpferischen Zerstörung zuschreibt.

## Der Bankier als Ephor des Marktes

Wenn es um die Funktionsweise des Finanzsektors geht, ist zunächst klarzustellen, dass Schumpeter einen radikalen Bruch mit der Neoklassik vollzieht, welcher ein grundsätzliches Geldverständnis fehlt. Wir haben im letzten Kapitel gesehen, dass es in der neoklassischen Wachstumstheorie aufs Sparen ankommt. Sparen wird als die

Grundlage für das Wachstum des Kapitalstocks angesehen. Wer nicht gespart hat, kann nicht investieren. Tatsächlich wird dies den Ökonomiestudenten im ersten Semester mit der Analogie eines Robinson Crusoe beigebracht, der auf einer einsamen Insel landet und nun seinen Nutzen (als Konsument) und Profit (als Produzent) maximieren muss. In einer solchen Welt muss er sich zunächst einen Bestand an Fischen anlegen, um von den »Ersparnissen« zu zehren, bevor er sich eine Angel oder ein Netz bauen kann, um zum Beispiel seine Produktivität beim Fischen zu erhöhen.

In unserer Welt jedoch, in der alles Geld aus dem Nichts geschaffen wird und das zentrale Element des Wirtschaftens ist, ist dies nicht der Fall. Tatsächlich verschlechtert hier die Abstinenz, also das Sparen, die Situation unmittelbar, denn dadurch kommt es zu einem Ertragsverlust in gleicher Höhe bei einem anderen Wirtschaftssubjekt – die Einnahmen des einen sind schließlich die Ausgaben eines anderen. Noch deutlicher wird Schumpeter allerdings, wenn es um die Rolle des Sparens für Investitionen geht. Er verweist darauf, dass die »Einführung neuer Produktionsmethoden überhaupt keine vorhergehende Güteranhäufung erfordert«,[9] was jeder, »der sich mit diesen Dingen auch nur flüchtig befasst hat«,[10] eigentlich wissen sollte. Er geht sogar noch weiter und stellt klar, dass es nicht nur keiner Ersparnisse bedarf, um Investitionen zu tätigen, sondern dass alle Ersparnisse, die in einer Wirtschaft entstehen, immer das Resultat vorausgegangener Investitionen sind.

In der Ökonomik gleicht diese Einsicht einer kopernikanischen Wende, denn es wirft das gesamte Konstrukt und Wachstumsverständnis der Neoklassik über Bord. Und auch einigen Ordoliberalen in Europa und in Deutschland, die das Sparen als den größten Segen und die Lösung aller Probleme sehen, dürfte es unwohl bei dem Gedanken werden, dass ein Unternehmer nur Unternehmer werden kann, »indem er vorher zum Schuldner wird.«[11] Ja, das »Schuldnerwerden gehört zum Wesen der Sache und ist nicht etwas Abnormales.«[12] Ganz banal ausgedrückt sagt Schumpeter: ohne Schulden, keine Neukombinationen, das heißt keine Entwicklung. Der Bankier, der dem Pionier das aus dem Nichts geschaffene Geld bereitstellt, wird zum »Ephor des Marktes,«[13] während andere Investoren, die ihr Geld anlegen – wie es heute zum Beispiel »Venture Kapitalisten« und »Business Angels« tun – »erst eine Folgeerscheinung der Entwicklung [sind], wie immer die Sache historisch stehen mag.«[14]

## Niedrigzinsen als Grundlage wirtschaftlicher Entwicklung

Für Schumpeter ist die Sache ganz einfach: Je günstiger die Zinsen, desto eher wird die Investition rentabel und desto eher werden sich Neukombinationen durchsetzen. Für die Unternehmer wird es einfacher, Risiken einzugehen. Dazu gehört auch, dass das neu geschaffene Geld womöglich mit einer leicht höheren Inflation einhergeht. Im Fall des Erfolgs einer Investition jedoch, die die Produktivität erhöht, wirkt die Geldschöpfung gerade nicht inflationär, sondern ist vielmehr die Grundlage für die Erhöhung unseres materiellen Lebensstandards. Daher ist es amüsant, wenn man im gegenwärtigen Niedrigzinsumfeld Schumpeter dazu benutzt, um die Europäische Zentralbank für ihre Niedrigzinspolitik zu rügen, die mit ihrer Geldpolitik »Zombiefirmen« am Leben erhalten würde, da diese sich über die günstige Verschuldung über Wasser hielten und so den Prozess der schöpferischen Zerstörung aufhalten würden.

Wenn der Pionier günstig an Kapital kommt und die Neukombination erfolgreich ist, gelingt es ihr oder ihm, sich gegenüber der Konkurrenz einen relativen Kostenvorteil zu erarbeiten. Über kurz oder lang sterben die Zombiefirmen von daher ohnehin aus, wenn sie sich den neuen Gegebenheiten im Markt nicht anpassen, denn entweder sie verlieren an Marktanteilen oder Profitabilität: Konkret bringt der Pionier nämlich entweder ein neues Produkt auf den Markt, welches gegenüber dem derzeitigen Angebot einen monopolistischen Vorsprung genießt und dem »alten« Markt die Nachfrage entzieht, oder der Pionier führt neue Produktionsprozesse ein, die die Produktivität erhöhen. Das heißt, bei gleichem Input ist der Pionier in der Lage, einen höheren Output zu produzieren oder er kann dieselbe Menge an Output mit weniger Input herstellen. Das erlaubt dem Pionier die Preise zu senken und so Marktanteile zu gewinnen oder die Konkurrenten, inklusive Zombiefirmen, durch höhere Margen aus dem Markt zu drängen. Auch eine Mischung der beiden Ergebnisse ist möglich. In jedem Fall steigen jedoch durch die Neukombination die Produktivität und der Profit des Pioniers.

Wir sehen somit, dass gerade, weil der Pionier *nicht* optimiert, sondern etwas Neues wagt und für die Umsetzung des Wagnisses mit aus dem Nichts geschaffenem Kapital versorgt wird, ein relativer Kostenvorteil entsteht. In der schumpeterianischen Welt bleiben diese Vorteile jedoch nicht auf ewig bestehen. Sobald die Wettbewerber merken, dass jemand an ihnen vorbeizieht, werden sie den Pionier nachahmen und entweder selbst ähnliche, konkurrierende Produkte anbieten – Smartphones sind hier ein hervorragendes Beispiel – oder die neuen Produktionstechniken übernehmen – wie es beispielsweise beim Baukastensystem in der Automobilindustrie der Fall war. Neue Produkte und Produktionsmethoden ersetzen somit die alten, die Produktivität steigt und damit einhergehend steigt das Realeinkommen der Gesamtbevölkerung. Schumpeter bezeichnete diesen Prozess als »schöpferische Zerstörung« und erklärt auf diese Weise, wie wirtschaftliche Entwicklung funktioniert: Die riskante Aktion eines Pioniers, der durch eine Neukombination alte Normen hinter sich lässt, löst eine Bewegung aus, der es schließlich gelingt, den Lebensstandard all derer zu erhöhen, die an der produktiven und reproduktiven Wirtschaft teilnehmen.

Sobald der Prozess der wirtschaftlichen Entwicklung in Gang gesetzt ist, war es das mit dem Gleichgewicht. Auch dynamische Gleichgewichte gibt es nicht. Die ursprüngliche Störung des Pioniers erzeugt weitere Störungen. Neukombinationen führen zu weiteren Neukombinationen. Um beim Beispiel Smartphone zu bleiben: Zunächst kam Apple mit dem iPhone, später kam das iPad dazu. Samsung, Motorola, Google zogen mit ähnlichen Produkten ihrer jeweiligen Marken nach. Seit einigen Jahren sorgt nun der chinesische Hersteller Xiaomi für Wirbel, der durch sein aggressives Pricing bei hoher Qualität die Märkte aufmischt. Nokia hingegen, das den Trend weitgehend verschlafen hatte, verlor rasant Marktanteile und ist nur noch ein Schatten seiner selbst. Hätte man im Jahr 2006 die Konsumenten gefragt, was für ein Produkt sie sich wünschen, hätte wahrscheinlich niemand ein Smartphone beschrieben, welches im Jahr 2007 eingeführt wurde und sowohl die Wirtschaft als auch unser Leben drastisch veränderte (sowohl im positiven als auch negativen Sinn).

Welche weiteren Neuentwicklungen uns erwarten, steht selbstverständlich in den Sternen – und das gilt für sämtliche Bereiche, nicht nur das Smartphone. Der Punkt ist, dass wir zu jedem Zeitpunkt einer ungewissen Zukunft entgegenstehen und die Wirtschaft durch einen dynamischen Prozess der Entwicklung ständig aus dem Gleichgewicht herausstrebt. Die Gewinnmöglichkeiten durch neue Waren oder Produktionsmethoden verwirklichen sich fortwährend und fordern andauernd neue Investitionen. Da jede Neukombination dabei auf den vorherigen Neukombinationen aufbaut, gibt es gewisse Pfadabhängigkeiten. Entwicklung lässt sich somit als eine Abfolge aufeinander anschließender, jedoch gleichzeitig recht selbstständiger Teilentwicklungen verstehen. Schumpeter vergleicht diesen dynamischen Prozess mit dem der Entwicklung in der Kunst. Auch wenn die Kunst zu jedem Zeitpunkt »ein Kind seiner Zeit«[15] ist, die die sozialen Gegebenheiten in verschiedenen Formen ausdrückt, so gibt es doch innerhalb des »künstlerischen Tuns selbst besondere Kräfte«,[16] die nicht nur als passive Reaktion auf äußere Einflüsse oder »Veränderungen des Milieus«[17] verstanden werden können. Er schließt, dass auch die Kunst eine ihr »eigentümliche Entwicklung von derselben relativen Selbständigkeit [hat], die auch der wirtschaftlichen Entwicklung zukommt«.[18] Ein erfolgreicher Künstler unterbricht dabei durch seine originelle, schöpferische Tätigkeit die Kontinuität auf dem betreffenden Gebiet – ebenso, wie es dem Pionierunternehmer im Kapitalismus gelingt. Und selbstverständlich hat die endogene Schöpfungskraft und Kreativität in der Kunst das Potenzial, die Gesellschaft in einer Weise zu verändern, die sich nicht modellieren lässt.

## Wettbewerbspolitik: Qualität statt Quantität

Bisher klang es so, als wäre es die Leistung eines einzelnen mutigen Menschen, der es schafft, aus der Statik auszubrechen und das Rad neu zu erfinden. In moderner Sprache entspräche das dem Narrativ, man könnte alles erreichen, was man will, wenn man nur das richtige »Mindset« hat. So sind Start-ups das Gebot der Stunde. Der Hipster, der sich mit hochgezogenen Tennissocken und Mütze mit seinem Laptop in ein Café setzt und dort eine App bastelt, verändert die Welt. In eine Zeit, in der »Erfolg« und »Scheitern« der individuellen Leistung oder Unfähigkeit zugeschrieben werden, passt eine solche Interpretation hervorragend hinein. Doch ein solches Narrativ verschließt die Augen vor den politischen Rahmenbedingungen, die es für Entwicklung braucht. Ein Blick auf die Gesamtheit der Werke Schumpeters und ein logisches Weiterdenken seiner Entwicklungstheorie lassen dem Staat eine entscheidende Rolle zukommen.

In seinem 1942 erschienenen Klassiker *Kapitalismus, Sozialismus und Demokratie* rückt Schumpeter die *Art* des Wettbewerbs ins Zentrum der Analyse. Nur in einem imperfekten und monopolistischen Wettbewerb, so sagt er, kann es Entwicklung geben. Er kommt zu diesem Schluss, da er beobachtet, dass die Leistungsfähigkeit des Kapitalismus in der Zeit der Großkonzerne (»Großunternehmungen«) deutlich höher gewesen ist als in den Jahrhunderten von Kleinunternehmen zuvor. Und dafür findet sich ein plausibler Grund: Kleine Unternehmungen können bei gegebenen technischen Mitteln niemals dieselbe Leistung wie die großen Firmen erbringen.

Wollte man nun trotz eigentlich imperfekter Wettbewerbsstrukturen, in denen eine vergleichsweise kleine Anzahl an Großunternehmungen den Markt dominiert, einen möglichst perfekten Wettbewerb schaffen, wie es zum Beispiel in der EU der Fall ist, so würde der Wettbewerb wahrscheinlich die Form eines »ruinösen Verdrängungswettbewerbs« annehmen.[19] Wir werden am Beispiel der Automobilindustrie sehen, dass genau dies eingetreten ist. Ein solcher

Wettbewerb ginge mit viel »sozialer Verschwendung einher (…) wie [den] Kosten für Werbekampagnen, [der] Unterdrückung neuer Produktionsmethoden (Aufkauf von Patenten, um sie nicht zu verwenden) und so weiter.«[20] Am schlimmsten jedoch sei, dass sich trotz der hohen sozialen Kosten eines solchen Wettbewerbs eine Stagnation einstellen könnte, bei der der Grad der Beschäftigung und Produktion weit unter dem ist, was der Vollbeschäftigung oder der maximalen Produktion nahe käme – denn Unternehmen würden sich in einem solchen Umfeld ausschließlich auf eine »Erhaltung der Profite«[21] beschränken und nicht mehr investieren.

## Monopole als Quelle allen Übels?

Doch was bedeuten Schumpeters Arbeiten für die Wettbewerbspolitik? Wenn es zu einer Wettbewerbsform kommt, die der wirtschaftlichen Entwicklung förderlich sein soll, so widersetzt sich Schumpeter zunächst einer generalisierenden Verteufelung der Monopole, die insbesondere in der »liberalen Bourgeoisie« weit verbreitet ist.[22] Es gibt seiner Ansicht nach keine *allgemeine* Verteidigung für das »Sprengen von Trusts [Monopolen]« oder die Einschränkung all dessen, was freie Konkurrenz behindern würde.[23] Während die neoklassische Theorie besagt, dass bei Monopolen die Preise höher und die totale Produktion insgesamt niedriger seien, als es bei vollkommener Konkurrenz der Fall ist – und deshalb »mehr Wettbewerb« gleichbedeutend mit »mehr Wohlfahrt« ist –, so weist Schumpeter darauf hin, dass das nur zutrifft, wenn die Produktionsmethoden in allen Fällen dieselben sind. Es ist aber häufig so, dass den »Monopolisten überlegene Methoden zur Verfügung stehen, die einer Masse von [kleineren] Wettbewerbern entweder gar nicht oder nicht so leicht zur Verfügung stehen«.[24] Letztere können es sich nämlich nicht leisten, das Risiko einzugehen und Kapital zu verschwenden. Es gibt keinen Anreiz, neue Produktionsmethoden auszuprobieren und auf diese Weise durch eine Neukombination der Produktionsfaktoren einen kurzfristigen monopolistischen Vorteil zu erlangen. Dies ist allerdings notwendig, wie wir gesehen haben, um den Prozess der »schöpferischen Zerstörung« überhaupt in Gang zu setzen und Gewinne für die Unternehmen zu sichern. Da Großkonzerne die Möglichkeiten haben, Skaleneffekte zu nutzen und »Kapital zu vergeuden«, werden sie zum Motor des Fortschritts und der Ausweitung der Gesamtproduktion. Zudem sah Schumpeter Kartelle und Großkonzerne aufgrund ihrer Position im Markt als potenzielle Heilmittel in einer Depression. Hinzu kommen weitere Vorteile, die häufig übergangen werden. Zunächst ergeben sich in monopolistischen Produktionsstrukturen Synergieeffekte, die eine bessere Produktion ermöglichen und »die Einflusssphäre der hellen Köpfe«[25] erweitern. Anstatt viele kluge Menschen auf eine Vielzahl von unterschiedlichen und kleinen Unternehmen aufzuteilen, können deren Ideen deutlich mehr bewirken, wenn alle in einem Unternehmen zusammenarbeiten, sich gegenseitiges Feedback geben und miteinander kooperieren. Dadurch, dass die Produktionsmethoden durch Skaleneffekte günstiger werden, muss der Preis außerdem nicht *zwangsläufig* höher sein, als er es unter Konkurrenz wäre.

Trotz all der potenziellen Vorteile, die Schumpeter in Monopolen sah, war er aber nicht deren dogmatischer Verteidiger. Er war sich durchaus der negativen Auswirkungen bewusst, welche ein Monopol mit sich bringen kann. Die klassische Theorie wäre nämlich dann im Recht, wenn im Zuge eines Monopols die Produktions- und Organisationsmethoden nicht mehr verbessert würden. Dann gäbe es keine Entwicklung. Wichtig ist deshalb, dass neue Produkte und potenzielle Konkurrenten, die durch neuartige Produktionsmethoden einführen können, freien Eintritt in den Markt erhalten und sich gegen die Reibungswiderstände durchsetzen. Wenn die Produkte und die neuen Methoden die alten im Wettbewerb verdrängen, führen die Innovationen zu kurzfristigen Monopolgewinnen.

Wettbewerbspolitik läuft somit auf *einen* entscheidenden Punkt hinaus, nämlich dem, dass es um einen *qualitativen* Wettbewerb gehen muss. Die »Konkurrenz der neuen Technik, der neuen Ware, der neuen Versorgungsquelle, der neuen Organisationsform,«[26] müsse zur obersten Maxime der Wettbewerbspolitik werden. Sie sollte die Firmen nicht nur marginal an ihrer Profitabilität oder Produktion treffen, sondern »an deren Fundamenten und ihrer Existenz.«[27] Mit anderen Worten: Firmen, die in der Produktivität mit den Pionieren nicht mithalten können, sollen vom Markt verschwinden. Eine solche Form des Wettbewerbs, so schreibt Schumpeter, ist viel wirkungsvoller als ein Preis- und Kostenwettbewerb, bei dem die Firmen durch das Drücken der Löhne oder die Auslagerung der Produktion in ein Billiglohnland ihre Nachteile wettmachen können. Zudem ist ein gewisser Grad der Monopolisierung in dem Kontext durchaus erwünscht, ja sogar notwendig.

Wir sehen bereits, dass ein Wettbewerb, der wirtschaftliche Entwicklung fördern soll, etwas ganz anderes ist als das, was die EU auf Grundlage des Ordoliberalismus als idealen Wettbewerb klassifiziert. Der »Modus operandi«[28] der traditionellen Ökonomik und Wettbewerbspolitik der EU mag dafür sorgen, dass die Unternehmen »ihre Produktpalette und ihre Preise ständig konkurrenzfähig halten«, doch er setzt einen ruinösen Preiskampf in Gang, sodass die Erneuerung der Produktionsstrukturen durch Investitionen ins Stocken kommt.

## Der Staat als Manager der schöpferischen Zerstörung

Wenn der Bankier der »Ephor des Marktes« ist, so lassen Schumpeters Arbeiten zu, dem Staat die Rolle des Ephors in der Finanzierung, Chefunternehmers in Wissenschaft und des Entscheiders bei wichtigen Investitionsfragen zuzuschreiben.[29] Die staatliche Fiskal- und Geldpolitik beispielsweise sind zwei zentrale Instrumente, die die schöpferische Zerstörung beeinflussen. 1918 bemerkte Schumpeter dazu, dass »fiskalische Maßnahmen Industrien, Industrieregionen geschaffen und zerstört [haben], auch wenn es nicht ihre Absicht war, und haben auf diese Weise direkt zum Aufbau (…) der Grundlagen der modernen Wirtschaft beigetragen.«[30] In einer stark umgeschriebenen Fassung der *Theorie der wirtschaftlichen Entwick-*

*lung*, welche 1934 in englischer Sprache veröffentlicht wurde, argumentierte er zudem, dass es dem Staat über die Zentralbank möglich sein sollte, eine »selektive Kreditpolitik« zu fahren, um die Sektoren zu unterstützen, die innovativ sind, aber in Zeiten einer Depression mit dem Rest zusammen untergehen könnten, selbst wenn es dabei »den Einfluss politischer Faktoren auf das Schicksal von Individuen und Gruppen erhöhen«[31] würde.

Der Übergang vom Alten zum Neuen war für Schumpeter dabei häufig ein zentrales Anliegen. Insbesondere, wenn eine Erneuerung der Produktionsmethoden den Untergang alter Industrien mit sich bringt, was ein Land in eine Depression stürzen könnte, so ist der Staat als Manager gefragt. Zwar ist es sinnlos, alte Industrien künstlich am Leben zu halten. Doch sollte der Staat einen plötzlichen Zusammenbruch und daraus resultierende depressive Zustände vermeiden. Es brauche vielmehr einen »geordneten Rückzug«[32] aus der alten in die neue Welt, was wiederum mit weitreichenden Investitionen einhergehen muss. Ganz wichtig sei an der Stelle bemerkt, dass das »Managen der schöpferischen Zerstörung« nicht bedeutet, dass der Staat im planwirtschaftlichen Stil die Produktion im Land »micro-managed, indem er dem Privatsektor bis ins kleinste Detail vorschreibt, was zu tun und zu lassen ist. An der Stelle können wir den (neo-)liberalen Denkern Recht geben, wenn sie das Argument bringen, dass die Marktwirtschaft ein viel zu komplexes System ist. Allerdings ist das nicht nur in der Marktwirtschaft, sondern bereits in großen Unternehmen der Fall. Wie viel Prozent von dem, was auf der Mikroebene im täglichen Betrieb in all den verschiedenen Geschäftsbereichen passiert, weiß beispielsweise ein Carsten Spohr, der den Lufthansa-Konzern leitet? Ich würde mich wundern, wenn es 0,01 Prozent wären. Doch so, wie es ein gutes Management bei einem Konzern auszeichnet, dass es eine Richtung vorgibt, die verschiedene Teilbereiche des Unternehmens miteinander koordiniert und strategisch agiert, so trifft das auch auf den Staat zu. Er trägt die Verantwortung dafür, dass er die wirtschaftspolitischen Instrumente, die er hat, im Sinne einer nachhaltigen und dynamischen Entwicklung einsetzt.

Ein Beispiel, wie Schumpeter dem Staat die unternehmerische Funktion zuschreibt, liefert er in Bezug auf das amerikanische Landwirtschaftsministerium. Er sagt, dass der Unternehmer, der bisher der Ausgangspunkt seiner Analyse war, nicht die oder der einzige ist, die die unternehmerische Funktion ausführen kann oder soll:

»Die unternehmerische Funktion muss nicht in einer physischen Person [oder] einer einzigen physischen Person verkörpert sein. Jedes soziale Umfeld hat seine eigenen Möglichkeiten, die unternehmerische Funktion zu erfüllen. Zum Beispiel wurde die Praxis der Landwirte in [den USA] immer wieder durch die Einführung von Methoden, die im Landwirtschaftsministerium erarbeitet wurden, und durch den Erfolg des Landwirtschaftsministeriums bei der Vermittlung dieser Methoden revolutioniert. In diesem Fall war es also das Landwirtschaftsministerium, das als Unternehmer auftrat.«[33]

Die Rolle des Staates in der Erneuerung der produktiven Strukturen in China und der unglaublichen Geschwindigkeit, mit der sich das Land aus der Armut befreit hat, gibt Schumpeter in jeder Hinsicht recht.[34] Doch selbst im Westen ist das Bild eines ausschließlich ineffizienten Staates eher Mythos als Realität. Die Ökonomin Mariana Mazzucato fuhr zum Beispiel mit ihrem Buch *Das Kapital des Staates* einen Welterfolg ein, indem sie unter anderem zeigte, wie jede Technologie im iPhone in der Entwicklung vom Staat finanziert wurde. Ob es das Internet war, der Touchscreen, die Mikroprozessoren oder das GPS – alles sah durch die vom Staat finanzierte Forschung (oft für leider ebenfalls militärische Absichten) das Licht der Welt. So gibt es neben dem von den Liberalen vorgetragenen (und zum Teil berechtigten) Vorwurf der Ineffizienz und Trägheit des Staates einen potenziell innovativen und dynamischen Charakter, der sich nicht leugnen lässt. Zudem zeigen die obigen Beispiele, dass »der Staat« und »der Markt« eng miteinander verwoben sind. Wenn es somit um die richtige Wettbewerbs- und Entwicklungspolitik geht, so stellt die Frage: Wie kann eine Investitionsdynamik geschaffen werden, die eine konstante Erneuerung der Produktionsstrukturen bewirkt und die Kapazitäten ausgelastet hält.

## Staatsschulden – Anker des Finanzsystems

Für eine gesunde Investitionsdynamik braucht es zwei Komponenten: günstige Refinanzierungsbedingungen und eine solide Nachfragedynamik. Da beide Komponenten wesentlich von staatlicher Wirtschaftspolitik abhängen, fällt dem Staat die Verantwortung zu, einen institutionellen Rahmen zu setzen, bei dem Investitionen unabdingbar für »das Fundament und die Existenz« (Schumpeter) der Unternehmen werden.

Fangen wir mit der Funktionsweise moderner Finanzsysteme an. Wie schafft man günstige und stabile Refinanzierungsbedingungen? Neben einer rigiden Lohnpolitik zur Stabilisierung der Inflationsrate, der wir uns im nächsten Abschnitt zuwenden, braucht es eine Zentralbank, die die Zinsen niedrig hält, sodass Unternehmen ihre Rolle als Investoren und Schuldner ohne Probleme wahrnehmen können. Für relativ niedrige und stabile Zinsen auf den Finanzmärkten spielen allerdings Staatsschulden eine entscheidende Rolle. Obwohl sie in Europa verteufelt werden und die Mehrheit der Ordoliberalen scheinbar am liebsten einfach aus Prinzip die Zinsen gerne anheben würde, sind niedrige und stabile Zinsen auf Staatsanleihen *der* Anker der Stabilität auf den Finanzmärkten und beeinflussen die gesamten Refinanzierungsbedingungen einer Volkswirtschaft. Schauen wir uns an, wie solche Märkte funktionieren.

Im modernen Kapitalismus sind Anleihemärkte für die Unternehmen zu einer zentralen Quelle für frisches Kapital geworden. Eine Anleihe ist nichts weiter als eine Schuldverschreibung, die mit dem Versprechen einherkommt, zu bestimmten Zeitpunkten eine bestimmte, nominal festgelegte Summe zu zahlen. Anders ausgedrückt: Sie als Unternehmen oder Staat geben ein Papier heraus, erhalten dafür Geld, verpflichten sich aber im Gegenzug, regelmäßig eine bestimmte Summe und am Ende einen größeren, fixen Betrag an die Person oder Institution zu überweisen, die die Anleihe hält. Im Unterschied zu einem Kredit ist es somit nicht zwangsläufig die Bank, die dem Unternehmen das Geld leiht, indem es den Betrag auf dem Konto des Unternehmens gutschreibt und dafür den Gegenwert des Kredits als Vermögenswert auf der Bilanz verbucht. Wer auch immer dem Unternehmen das Geld im Gegenzug für die Anleihe überweist, kann letztere direkt weiterverkaufen oder darauf hoffen, dass der Wert der Anleihe steigt. Für die Unternehmen wiederum sind Anleihen attraktiv, weil sie zumeist billiger sind als die Zinsen, die ihnen Banken für einen Kredit bieten würden.

Anleihen sind ein wesentlicher Bestandteil sogenannter »fixed-income« Märkte. Der Begriff »fixed-income«, also »festes Einkommen«, besagt nicht mehr, als dass in diesen Märkten mit Schuldverschreibungen gehandelt wird, deren Erträge nominal fixiert sind. Die Summe, die Ihnen in Euros oder Dollar bis zum Ende der Fälligkeit der Anleihe ausgezahlt wird, steht also schon beim Kauf der Anleihe fest.

Es gibt dabei zwei Arten von Erträgen. Erstens die regelmäßig anfallenden Beträge, die als *Coupons* bezeichnet werden, und zweitens die Summe, die bei Fälligkeit der Anleihe ausgezahlt wird, der sogenannte *Principal*. Aus dem Verhältnis des jeweiligen Preises, den Sie für die Anleihe bezahlen, und den Erträgen, die Sie daraus generieren, ergibt sich die Rendite. Wenn ein Staat zum Beispiel eine 10-jährige Anleihe über 100 Millionen US-Dollar ausgibt, wird er jedes Jahr – je nach Zinsniveau – einen kleinen Betrag zahlen. Bei 2 Prozent wären das 2 Millionen US-Dollar pro Jahr. Das ist der *Coupon*. Am Ende der Laufzeit, das heißt nach 10 Jahren, wird der Staat den ursprünglichen Betrag über 100 Millionen US-Dollar an die Gläubiger überweisen. Falls Sie die Anleihe des Staates direkt bei der Ausgabe erwerben und bis zum Ende halten, so werden Sie über den Zeitraum von 10 Jahren 121,9 Millionen US-Dollar erhalten haben, wenn die ausgezahlten Coupons zu 2 Prozent reinvestiert beziehungsweise angelegt werden (Zinseszins inklusive). Das entspricht einer durchschnittlichen Rendite von 2 Prozent pro Jahr. Sie hätten über den Zeitraum genau dieselben Einnahmen, wenn das Zinsniveau über 10 Jahre konstant bei 2 Prozent bliebe und Sie die 100 Millionen US-Dollar auf Ihrem Konto geparkt hätten.

Wichtig ist, dass die auszuzahlenden Beträge einer Anleihe allesamt *nominal* fixiert sind. Das heißt, sobald die Anleihe einen

Abnehmer gefunden hat, ist es völlig gleich, wie sich die Zinsen oder die Inflationsrate entwickeln. Jedes Jahr werden die vereinbarten *Coupons*, 2 Millionen US-Dollar, bezahlt und nach 10 Jahren folgt die Ausschüttung des *Principals*, also 100 Millionen US-Dollar. Da die Auszahlung nominal festgelegt ist, haben Sie als Investor, sobald Sie den Betrag für die Anleihe überwiesen haben, vollständige Transparenz darüber, auf was für einen Cashflow Sie in Zukunft einen Anspruch haben werden. Dass die Renditen auf Staatsanleihen schwanken, hängt nun damit zusammen, dass Anleihen, ähnlich wie Aktien, auf Märkten gehandelt werden. Preise und Renditen von Anleihen verhalten sich umgekehrt proportional zueinander, weil der Preis, den der zukünftige Besitzer der Anleihe zahlt, zwangsläufig seine Rendite beeinflussen wird: Da die Auszahlung nominal immer gleich bleibt, verändert sich die Rendite je nachdem, wie viel man am Anfang für die Anleihe zahlen muss. Wenn die Preise für die Anleihen sinken, gehen somit deren Renditen hoch. Wenn die Preise steigen, sinken die Renditen.

Um diesen nicht ganz einfachen Mechanismus zu verdeutlichen, stellen wir uns folgendes fiktives Szenario vor: Beim Herausgeber der 10-jährigen Anleihe handelt es sich nicht um einen Staat, der sich in eigener Währung verschuldet und somit kein Zahlungsausfallrisiko hat, sondern ein Unternehmen. Nach 5 Jahren und 5 ausgezahlten Coupons von jeweils 2 Millionen US-Dollar kommen aus dem Nichts plötzlich Probleme auf. Es sieht so aus, als wäre das Unternehmen womöglich nicht in der Lage, die Auszahlungen bis zum Ende der Anleihe zu bedienen. Die zukünftigen Auszahlungen, die dadurch unsicher werden, belaufen sich auf weitere fünf Coupons von jeweils 2 Millionen US-Dollar pro Jahr und dem Principal von 100 Millionen US-Dollar, das heißt auf insgesamt 110 Millionen US-Dollar. Dadurch, dass Investoren plötzlich ein Risiko spüren und die Anleihe womöglich loswerden wollen, sinkt der Preis für die Anleihe. Sollten die festgelegten Auszahlungen doch erfolgen, hätten die Investoren eine entsprechend höhere Rendite erwirtschaftet, sofern sie das Risiko in Kauf und die Anleihe auf dem Markt günstig erworben hätten.

Wenn Länder Anleihen in eigener Währung herausgeben, können sich die Gläubiger sicher sein, dass sowohl die *Coupons* als auch die *Principals* bedient werden. In diesem Fall spielen andere Faktoren wie Inflation und Zinsen eine Rolle für die Preise der Anleihen, da diese den realen und nominalen Wert der Einnahmen beeinflussen. Staatsanleihen, sofern sie in eigener Währung emittiert werden, können kein Ausfallrisiko haben, denn die Zentralbank ist zu jeder Zeit in der Lage, diese Staatsanleihen auf ihre Bilanz zu nehmen. Das für den Kauf der Anleihe benötigte Geld wird per Tastatur entweder auf dem Konto des Finanzministeriums oder der jeweiligen Bank gutgeschrieben, welches die Anleihe rausgibt (Finanzministerium) beziehungsweise verkauft (Bank). Da eine Zentralbank die Schöpferin der eigenen Währung ist, kann der Betrag der ausstehenden Schulden noch so hoch sein – er wird immer bedient werden können. Deshalb ist es auch unsinnig, einen Staatsbankrott in den USA oder in Japan zu erwarten, nur weil die Staatsschulden dort das Bruttoinlandsprodukt um ein Vielfaches übersteigen. In Japan waren wir auf dem Weg zu 240 Prozent Staatsverschuldung im Verhältnis zum BIP, bevor die Coronakrise dort anzog und den Wert auf über 265 Prozent katapultierte.[35] Die Zinsen sind trotzdem seit fast 30 Jahren nahe null, denn die meisten Schulden sind eben in Yen notiert und kein Mensch wäre so verrückt, sich mit der Zentralbank anzulegen, die jederzeit jede Summe in der Währung schöpfen kann. In den USA wird es nicht anders sein, trotz der neuen Ausgabenprogramme der derzeitigen Regierung. In dem Zusammenhang sei auch angemerkt, dass die Meinung, die Chinesen hätten die USA in der Hand, da sie deren größter Gläubiger im Ausland sind, keinerlei Substanz hat. Die US-Staatsanleihen wurden in US-Dollar herausgegeben und die Fed würde, sobald China die Anleihen »auf den Markt werfen« sollte, jeden Betrag ohne Probleme überweisen und die Papiere auf ihre Bilanz nehmen können. Der Bedrohungsfaktor ist gleich null. Zu einem Zahlungsausfall der USA wird es nur kommen, wenn man ihn selbst aktiv herbeiführt, wie beispielsweise durch eine gesetzliche Obergrenze der Schuldenaufnahme. Ansonsten haben die meisten Länder, die sich in der eigenen Währung verschulden, begriffen, dass sie nicht pleitegehen können und Staatsschulden ohnehin nicht zurückgezahlt werden, wie es ein Unternehmen oder ein Haushalt es tun würde. Werden Staatsschulden fällig, kommt es zu einem sogenannten »Roll-Over«: Eine neue Anleihe wird ausgegeben, um die alte zu bezahlen. Das ist in den meisten Ländern der Welt eine einfache und gängige Praxis.

## Der Euroraum: ideologische Ketten für Staatsfinanzen

In Europa hat man mit diesen sehr simplen Zusammenhängen noch große Schwierigkeiten. Zwar beendete auf dem Höhepunkt der Eurokrise 2012 die Ankündigung des unbegrenzten Ankaufs europäischer Staatsanleihen im Rahmen des Outright Monetary Transactions (OMT) Programms die Spekulation mit Staatsanleihen – denn die Investoren wussten, wenn Mario Draghi, der damalige Zentralbankchef, ernst macht, dann können sie nicht gewinnen – doch all die Debatten um die Nachhaltigkeit der Schulden und deren Rückzahlungen im Rahmen der Coronakrise verdeutlichen, dass man immer noch Bauchschmerzen bei der Idee hat, dass Staaten sich in eigener Währung endlos verschulden können und diese Schulden auch nie zurückgezahlt werden müssen. Sie können bis in alle Ewigkeit auf der Bilanz der Zentralbank liegen bleiben – ohne negative Folgen für die Realwirtschaft. Auch auf der Bilanz der Bundesbank finden wir heute beispielsweise noch die »Ausgleichsforderungen« der Bank deutscher Länder, die im Rahmen der Währungsreform 1948 als Gegenposten zur Ausgabe der neuen D-Mark gebucht wurden.[36] Trotz dieser »Gelddruckerei« gab es in der Nachkriegszeit keine Inflation und in der Eurozone selbst hatten wir sogar noch niedrigere Inflationsraten, als es zu D-Mark Zeiten der Fall war, obwohl endlos viel »Geld gedruckt« wird.

Auf Drängen Berlins und Frankfurts allerdings steht in Artikel 123 des Vertrags über die Arbeitsweise der Europäischen Union, dass Staatsfinanzierung über die Zentralbank, wie es seit mittlerweile fast 10 Jahren de facto der Fall ist, verboten ist. Doch leider gibt es keinen anderen Mechanismus, der die Finanzmärkte stabilisiert, als risikolose und im Idealfall niedrige Renditen auf Staatsanleihen. Da die Investoren wissen, dass Staatsanleihen kein Risiko tragen, also sicher sind, lassen sich alle anderen Finanztitel im Markt dagegen preisen. Sie dienen somit als wichtigster Anker für die Kreditkurve in der Wirtschaft insgesamt und werden deshalb auch als sogenannte »Benchmark Securities« bezeichnet, also Verbriefungen, an denen sich der gesamte Markt orientiert. Die Logik dahinter ist leicht nachzuvollziehen. Möchte ein Unternehmen eine Anleihe herausgeben, wird es die Rendite so wählen müssen, dass es für das Unternehmen selbst zum einen günstig bleibt, zum anderen aber auch für Investoren attraktiv wird. Da die Rendite auf Staatsanleihen als risikolose Investition gesehen wird, wird die Rendite des Unternehmens höher ausfallen müssen, denn bei Unternehmen ist, anders als bei Staaten, ein höheres Ausfallrisiko gegeben. Wie viel höher die Rendite sein wird, hängt von unternehmens- und industriespezifischen Faktoren ab, doch die Rendite auf Staatsanleihen ist immer der Ausgangspunkt dieser Überlegungen.

Wie läuft der Prozess jedoch genau ab? Man kann ihn konzeptuell am besten mit der Preissetzung im Buchhandel vergleichen, wo der US-Gigant Amazon den Ton angibt. Wenn ein Käufer für das gleiche Produkt zwei unterschiedliche Preise zahlen kann, wird er sich im Normalfall für den günstigeren Preis entscheiden. Normale Buchhändler werden somit ihre Preise an denen von Onlinehändlern wie Amazon orientieren müssen, wenn sie ihre Bücher verkaufen wollen. Zum Teil bieten sie sogar an, den Amazon-Preis im Laden zu akzeptieren. Sollte Amazon die Preise dramatisch senken, hätten die normalen Buchhändler ein Problem, da sie ihre Kosten durch den Verkauf der Bücher unter Umständen nicht decken könnten. Würde Amazon die Preise erhöhen, könnten die Buchhändler auf der Straße ebenfalls ihre Preise anheben und aufgrund der höheren Einnahmen ein wenig aufatmen. Da sich im Falle von Anleihen Preise und Renditen umgekehrt proportional zueinander verhalten, ist diese Analogie eine gute Veranschaulichung dessen, wie der Anleihemarkt funktioniert.

Um diesen Zusammenhang nochmals mit einigen Zahlen zu veranschaulichen, damit die Mechanismen im Markt leichter zu begreifen sind: Die Rendite ergibt sich aus dem Preis, den man für den zukünftigen Cashflow aus der Anleihe zahlen muss. Wenn der Staat, sagen wir mal, eine Minianleihe ausgibt, die insgesamt 110 Euro ausschütten wird, für die man aber nur 100 Euro bezahlen muss, machen wir als Investoren 10 Prozent Rendite. Wenn der Preis der Anleihe 5 Euro hochgeht, das heißt, wenn wir 105 Euro für eine 110 Euro Staatsanleihe zahlen müssen, reduziert sich unsere Rendite auf etwas weniger als 5 Prozent. In keinem Fall würden wir in andere Titel investieren, die eine geringere Rendite einbringen und dabei zugleich ein höheres Risiko bergen, wie beispielsweise Unternehmensanleihen. Daraus folgt, wenn der Staat die Anleihe von 110 Euro (fixer Betrag) teurer macht, gehen die Renditen runter. Das ist gut für die Unternehmen, da sie sich günstiger verschulden können. Schließlich muss die Rendite nicht mehr mindestens 10 Prozent betragen, wie im ersten Fall, sondern Investoren würden sich bei allem, was über circa 5 Prozent liegt, Gedanken machen, ob sich die Investition lohnt. Höhere Preise für Staatsanleihen und damit geringere Renditen erfreuen die Unternehmen ebenso wie die Preiserhöhung bei Amazon die Buchhändler erfreut. Wenn der Staat die Anleihen hingegen verschleudert oder Amazon einen Ausverkauf startet, wird es für die Unternehmen beziehungsweise die Buchhändler schwierig. Für erstere schnellen die Refinanzierungskosten in die Höhe, letztere werden mit ihren Büchern keinen Gewinn mehr machen können.

Diese Beispiele zeigen, warum Staatsschuldtitel die Kreditkurve in der gesamten Volkswirtschaft maßgeblich beeinflussen. In jedem Land der Welt machen Staatsanleihen in den Fixed-income-Märkten einen gewaltigen Anteil aus und bilden – sofern die Anleihen nicht in Fremdwährungen notiert sind, die nicht unendlich von der Zentralbank geschaffen werden können – das Rückgrat für finanzwirtschaftliche Stabilität. Wir werden später am Beispiel der Automobilindustrie sehen, wie untrennbar verbunden die Renditen auf Unternehmensanleihen mit denen der jeweiligen Staatsanleihen sind – und welche Verzerrungen in der Wettbewerbsfähigkeit sich in Europa daraus ergeben.

## Löhne, Preise und Investitionen

Um für vernünftige Refinanzierungsbedingungen zu sorgen, braucht es somit auf der einen Seite günstige und stabile Renditen auf Staatsschulden. Auf der anderen Seite ist die Nachfrage entscheidend. Kein Unternehmen der Welt wird investieren, wenn die Investition sich nicht rentiert. Dafür braucht es zahlungsfähige und -willige Kundschaft. Ein Produkt kann noch so gut sein, wenn die Menschen es sich nicht kaufen (können), sieht es für das Unternehmen düster aus. An dieser Stelle sehen wir erneut die bereits angesprochene Doppelfunktion des Lohns: Einerseits ist er oft der wichtigste Kostenfaktor für die Unternehmen, andererseits bestimmt er die Nachfrage, denn die Menschen nutzen ihr Einkommen, um zu konsumieren, und verschaffen damit wiederum den Unternehmen Einnahmen.

Da private Haushalte für gewöhnlich nicht den ganzen Teil ihres Einkommens ausgeben, sondern einen Teil sparen, ergibt sich ein Problem: Es wird mehr Geld an die Haushalte ausgegeben, als von den Haushalten in die Wirtschaft zurückfließt. Wenn die Unternehmen beispielsweise 100 Milliarden an Lohnkosten an die Haushalte überweisen, die Haushalte aber 10 Prozent ihres Lohns auf die hohe Kante legen, dann fließen nur 90 Milliarden zurück an die Unternehmen. Die dadurch entstandene Lücke von 10 Milliarden muss irgendwie gefüllt werden, denn wenn die Unternehmen ihre Produktion einfach an die neue Situation ihrer Einnahmen eins zu eins anpassen, bräuchten sie 10 Prozent weniger Arbeit. Es entstunde Arbeitslosigkeit. Sollte die Sparquote der Haushalte danach immer noch bei 10 Prozent liegen, würde das Problem dadurch selbstverständlich nicht gelöst werden. Wenn 10 Prozent der Arbeitnehmerschaft nämlich entlassen worden sind und die Lohnkosten sich nun auf 90 Milliarden belaufen, würden bei gleichem Sparverhalten der

Haushalte nur 81 Milliarden an die Unternehmen zurückfließen. Die Geschichte könnte man nun in derselben Weise fortführen, doch Sie sehen sicherlich schon, wohin die Reise dann ginge.

Wer sollte diese Nachfragelücke nun füllen? Alle ökonomischen Theorien, ganz gleich ob es sich dabei um Neoklassik, Marxismus oder Keynesianismus handelt, gehen davon aus, dass die Unternehmen in einer Marktwirtschaft die Rolle der Investoren, das heißt des Nettoschuldners, übernehmen. Auch bei Schumpeter, so sahen wir, ist dies der Fall. Der Unternehmenssektor sollte die Nachfragelücke füllen und mehr Geld ausgeben, als er einnimmt. Das bedeutet wiederum nicht, dass *jedes* Unternehmen kontinuierlich Verluste machen soll. Es geht um den Sektor als ganzen. In einer dynamischen Marktwirtschaft entstehen immer wieder Möglichkeiten für Unternehmen, Neukombinationen durchzusetzen, für die es zusätzlicher, aus dem Nichts geschaffener Kaufkraft bedarf. Bei Start-ups und jungen Unternehmen sehen wir es häufig, dass die Ausgaben die Einnahmen übersteigen, das Wachstum jedoch dynamisch ist.

Wenn zudem die Nachfrage in der Volkswirtschaft insgesamt wächst, werden auch die bereits profitablen Unternehmen alles tun, um zu investieren und die Kapazitäten zu erweitern, um die zusätzliche Nachfrage zu bedienen. Doch wenn wir uns die Datenlage dazu anschauen, sehen wir, dass die Unternehmen in den Industrieländern ihre Investitionsrolle aufgegeben haben. Sowohl in der Eurozone insgesamt als auch in einzelnen Ländern wie Deutschland, Frankreich, den USA und Japan sind die Unternehmenssektoren mittlerweile in der Rolle des Nettosparers.[37] Bedenken wir den unumstößlichen und logischen Zusammenhang, dass die Ausgaben des einen Sektors die Einnahmen eines anderen sind und die jeweiligen Positionen sich zu Null summieren *müssen* (denn die Welt hat ja keinen externen Partner, von dem es Einnahmen beziehen könnte, ohne etwas auszugeben), dann kommt in einer Welt sparender Unternehmen nur noch dem Staat die Rolle des Schuldners zu.

Was in Deutschland gerne als »Wachstum ohne Schulden« bezeichnet wird, gibt es einfach nicht. Hierzulande wurde in den letzten 20 Jahren das Ausland in die Schuldnerrolle gedrängt, was für die Welt, ja selbst Europa, nicht möglich ist. Dazu ist Europa als Wirtschaftsregion zu groß und die anderen Länder würden es zu Recht nicht akzeptieren, dass sie für uns die Schulden machen müssen. Trump war ein erster Warnschuss. Fährt man dennoch eine solche merkantilistische Politik, ist das Resultat ein Handelskrieg oder Wettbewerb, bei dem jeder gegen jeden versucht, den anderen in seiner Wettbewerbsfähigkeit zu unterbieten. Die Dynamik geht in

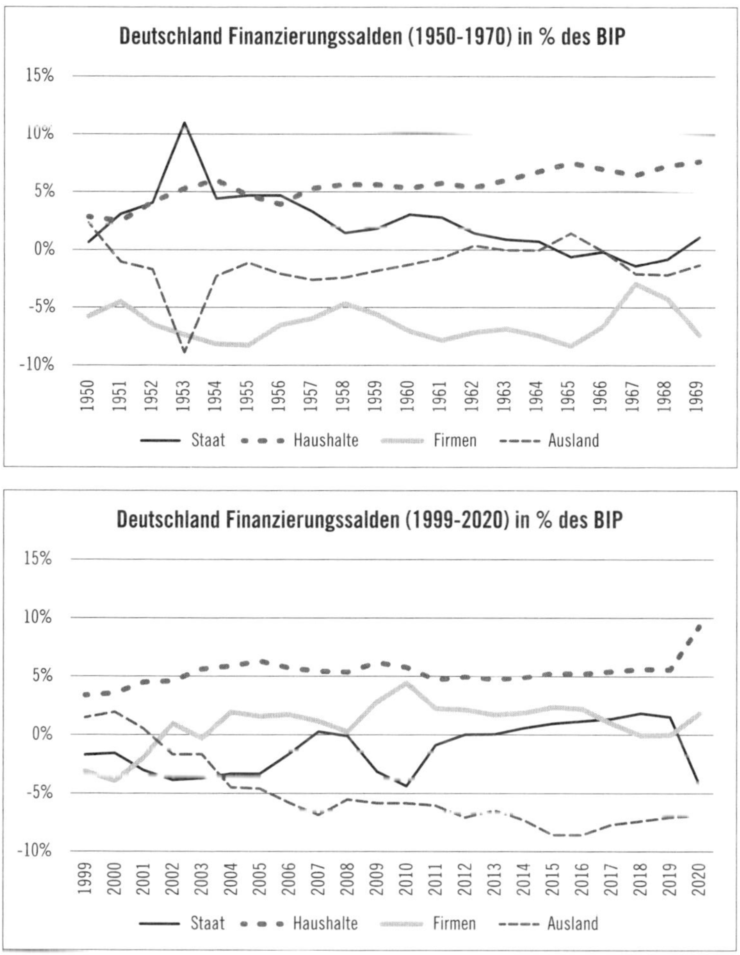


Abbildung 1.1 *Quelle: Bundesfinanzministerium, AMECO*

einem solchen System verloren, wie Schumpeter richtig erkannte. Seiner Ansicht nach kann, ja *muss* der Staat in dieser Situation sogar die Rolle des Investors beziehungsweise Schuldners übernehmen, um die schöpferische Zerstörung wieder in Gang zu setzen. Es wäre aus marktwirtschaftlicher Sicht zwar besser, wenn die Unternehmen dies täten, doch besteht ja immerhin die Chance, dass die Unternehmen dann, sobald die Dynamik einmal da ist, wieder mit ihren Investitionen anziehen. Zu den Zeiten des »Wirtschaftswunders« war es normal, dass der Unternehmenssektor der primäre Schuldner war. Abbildung 1.1 zeigt dazu die Salden der deutschen Wirtschaft aus den Jahren 1950–1970 und vergleicht sie mit den Salden der Jahre 2000–2020. Auf der einen Seite sehen wir eine sich dynamisch entwickelnde Wirtschaft mit einem insgesamt relativ ausgeglichenen Außenhandelssaldo. Auf der anderen Seite sehen wir die letzten 20 Jahre Merkantilismus, die wenig mit Marktwirtschaft zu tun haben.

## Mehr Dynamik durch höhere Löhne

Wenn wir darüber sprechen, wirtschaftliche Dynamik zu aktivieren und Unternehmen zum Investieren anzuregen, müssen wir über

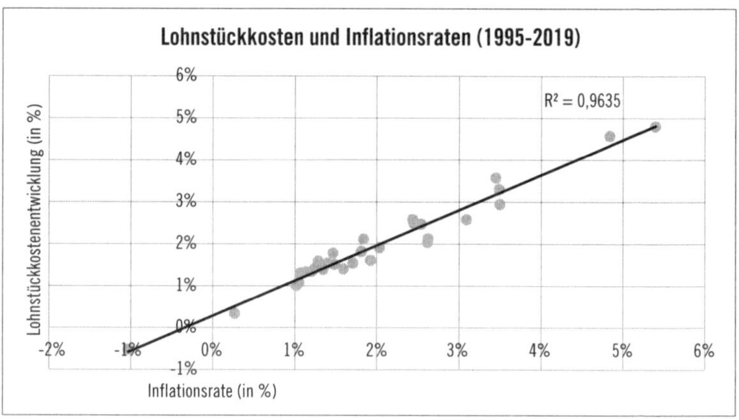


Abbildung 1.2 *Quelle: AMECO*

Lohnpolitik reden. Neben einer stabilen Nachfrage ist die Lohnentwicklung nämlich auch *der* entscheidende Faktor zur Stabilisierung der Inflationsrate. Wenn die Preise wie wild nach oben (Inflation) oder unten (Deflation) ausschlagen, wird kein Unternehmen der Welt irgendwelche Investitionen tätigen, denn es wird schließlich unmöglich abzuschätzen, mit welcher Rendite das Unternehmen rechnen kann. Wie wir in Abbildung 1.2 sehen, ist die Entwicklung der Lohnstückkosten, also der Löhne im Verhältnis zur Produktivität, die entscheidende Determinante der Inflationsrate.[38]

In Deutschland ist man beim Thema Inflation intellektuell leider im Jahr 1924 stehengeblieben. Hierzulande wird Inflation immer wieder mit »Geld drucken« beziehungsweise »Staatsausgaben« in Verbindung gebracht. Es sei in dem Zusammenhang angemerkt, dass »zu viel Geld« zwar eine notwenige, aber lange noch keine hinreichende Bedingung für eine Inflation ist. Der Ökonom Heiner Flassbeck erklärt anschaulich, was für ein Denkfehler es ist, wenn man eine notwendige Bedingung kurzerhand für hinreichend erklärt:

»Das ist so, als ob jemand behauptet, die Ursache für zu schnelles Fahren und die Unfälle, die sich daraus ergeben, sei in der Tatsache begründet, dass man den Fahrern ein Auto zur Verfügung gestellt hat. Das aber wird kein vernünftiger Mensch akzeptieren. Er wird zwar zugegeben, dass die Existenz des Autos eine notwendige Bedingung für die Unfälle war. Er wird jedoch einwenden, dass die Existenz eines Autos nicht zwingend zu Unfällen führt, so dass es regelmäßig falsch oder irrelevant ist, zu sagen, es sei die Existenz des Autos gewesen, die für den Unfall verantwortlich war.«[39]

International ist man beim Verständnis der Inflation mittlerweile viel weiter als in Deutschland. Weltweit hat man nämlich Abschied genommen vom Quantitätsglauben, dass die Geldmenge die Inflation bestimme, und schaut jetzt vermehrt auf die Lohnentwicklung. Ganz klar ging dies beispielsweise aus der Kommunikation der amerikanischen Federal Reserve während der Coronakrise hervor. Während wir in Europa noch glauben, die Unabhängigkeit der Zentralbank sei das höchste Gut, treten Janet Yellen, die ehemalige Chefin der Federal Reserve und derzeitige Finanzministerin der USA, und der derzeitige Leiter der Fed, Jerome Powell, oft gemeinsam auf, stimmen sich aufeinander ab und spielen sich die Bälle im Kongress zu.[40] Die Rollenverteilung ist klar: Yellen und ihr Team sorgen durch Investitionsprogramme, sowie eine angemessene Arbeitsmarkt- und Lohnpolitik dafür, dass die amerikanische Volkswirtschaft schnell wieder aus dem Tal und dem damit einhergehenden Deflationsdruck kommt. Powell liefert dafür die uneingeschränkte Unterstützung der Zentralbank mit ihren grenzenlosen Ressourcen. Vor »politischen« Aussagen jedoch, wie zum Beispiel einer Antwort auf die Frage, ob die Erhöhung des Mindestlohns die Wirtschaft ruinieren werde, Hauspreise zu sehr gestiegen seien, oder es eine bessere Absicherung gegen Arbeitslosigkeit bräuchte, hütet sich Powell: »Dies [sind klassische Themen], zu dem die Fed nie eine Position bezieht. Und ich werde hier heute keine Position beziehen.«[41] Im Gegenzug versichert Yellen, dass die Fed ohne Probleme eingreifen könne, sollte die Inflation unerwartet anziehen.[42]

Die Zusammenarbeit zwischen der Zentralbank und dem Finanzministerium während der Krise war exzellent. Dabei geht der Erfolg auch auf die weitreichende Revision des geldpolitischen Ansatzes der Federal Reserve zurück, die im Jahr 2018 gestartet wurde.[43] Die Zentralbank bekennt sich darin ganz entschieden zum Ziel der Vollbeschäftigung bei stabiler Inflation. Was früher ein Abwägen war – entweder geringe Inflation und hohe Arbeitslosigkeit oder eine hohe Inflation, aber geringe Arbeitslosigkeit –, wird nun im Hinblick auf eine ganzheitlichere Analyse der Arbeitsmarkts- und Lohnpolitik verfolgt.[44] Selbst wenn es zwischenzeitlich zu einem Überschießen der Inflation über die 2-Prozent-Marke käme, so würde die Fed die Geldpolitik nicht unbedingt anziehen, sofern die Signale aus dem Arbeitsmarkt keinen Anlass zur Sorge machen.[45] Ein solches Überschießen der Inflation über die Zielmarke hinaus wäre nämlich nur kurzfristiger Natur. Langfristig kann man durch eine dem Inflationsziel und dem Produktivitätswachstum angepasste Lohnpolitik beides erreichen: niedrige, aber stabile Zuwachsraten der Preise und eine hohe Beschäftigung. Die Fed ist zur Unterstützung da und würde die Geldpolitik der Dynamik entsprechend anpassen, ohne einen etwaigen Aufschwung über verfrühte Zinserhöhungen abzuwürgen.

So viel Kompetenz beruhigt die Märkte. In einer turbulenten Zeit sorgte dieses abgestimmte Vorgehen zwischen dem Finanzministerium und der Zentralbank für klare Ansagen – und damit für eine gewisse Vorhersehbarkeit der Politik, was Balsam für die Privatwirtschaft ist. Trotz noch nie dagewesener öffentlicher Ausgabenprogramme der Regierung gab es keinen signifikanten Anstieg der Inflationserwartungen, geschweige denn einer Hyperinflation. Vielmehr reagierten die Anleihenmärkte mit einem »meh«,[46] da die Finanzmärkte beim Thema Inflation zunehmend auf die Entwicklungen der Löhne und des Arbeitsmarkts schauen. Es galt die Devise »watch new wage contracts and wages like a hawk« (»Beobachten Sie neue Arbeitsverträge und Löhne wie ein Falke«).[47]

Die Fed begann erst gegen Ende des Jahres 2021 damit, bei ihrem »Taper« – das heißt, der Straffung ihrer Geldpolitik – ernst zu machen. Es wurde nämlich ersichtlich, dass die Löhne stark anzogen und somit eine Lohn-Preis-Spirale droht. In Europa waren die Lohnabschlüsse jedoch moderat. Und auch hier haben wir mittlerweile eine Zentralbank, die nicht mehr tragbare Dogmen ad acta gelegt hat. Kaum jemand würde hier im Kollegium ernst genommen werden, wenn er die Gleichung »Viel Geld = Inflation« aus einer verstaubten Mottenkiste im Keller der EZB wieder ausgraben würde. Auch in Frankfurt rückt die Rolle der Löhne immer mehr ins Zentrum der Inflationsanalyse. Die EZB kam so 2019 in einer Studie beispielsweise zu dem Schluss, dass »theoretische Modelle in der Regel nicht in Frage stellen, dass auf lange Sicht Arbeitskosteninflation und Preisinflation eng miteinander verbunden sind«.[48] Auch beim Internationalen Währungsfonds (IWF) gehört dieser Zusammenhang zum Basiswissen, sodass der IWF einigen Ländern, wie beispielsweise Japan, welches seit Jahrzehnten mit einer Deflation kämpft, empfiehlt, die Lohnpolitik zu nutzen, um eine niedrige, aber stabile Inflationsrate zu generieren.[49] Die Formel dabei ist denkbar einfach und wird allgemein als »goldene Lohnregel« bezeichnet: Die nominalen Löhne müssen um den Betrag steigen, der der Zielinflationsrate und dem erwarteten Zuwachs der Produktivität entspricht. Bei einem Produktivitätswachstum von 3 Prozent und einer Zielinflationsrate von 2 Prozent hieße das, dass die nominalen Löhne, also das, was Sie als Arbeitnehmer am Ende auf Ihrem Konto erhalten, um 5 Prozent zulegen müssen. Wir kommen in Kapitel 8 nochmal auf das Thema zurück.

## Löhne als Produktivitätspeitsche

Eine niedrige, aber stabile Inflationsrate macht es für die Unternehmen einfacher zu planen, da etwaige Änderungen des Leitzinssatzes seltener werden und eine höhere Gewissheit über die Entwicklung des Realzinses besteht, also des nominalen Zinses minus der Inflationsrate. Zum anderen ist die Lohnpolitik auch für die Forcierung eines schumpeterianischen Wettbewerbs entscheidend.

Schauen wir uns das aus einzelunternehmerischer Sicht an (zunächst in einer geschlossenen Volkswirtschaft, also ohne internationale Handels- und Kapitalströme): Nehmen wir an, wir stünden mit anderen Unternehmern in einem Sektor im Wettbewerb und die Inputpreise für die Produktion wären für alle ähnlich. Die Preise für Rohstoffe werden auf den internationalen Märkten bestimmt, der Zins wird von einer unabhängigen Zentralbank gesetzt und die Lohnkosten sind durch Tarifverträge für alle Unternehmen gleich. Schumpeter zufolge erzielt ein Unternehmen nur dann einen Gewinn, wenn es – unter sonst gleichen Bedingungen für alle Konkurrenten auf dem Markt – einen relativen Kostenvorteil gegenüber der Konkurrenz hat. Das wiederum bedeutet, dass eine Firma sich in der Vergangenheit durch eine Investition und die daraus resultierende Neukombination einen Produktivitätsvorteil erarbeitet hat. Dadurch, dass nun die Wettbewerber den Pionier imitieren werden, um selbst zu überleben, werden die Produktionsstrukturen in der Wirtschaft insgesamt erneuert und so der materielle Lebensstandard der Menschen verbessert.

Die Lohnpolitik spielt dabei in mehrere Richtungen eine wichtige Rolle. Erstens muss sie schlicht sicherstellen, dass die Firmen, die unter Druck geraten, ihre Wettbewerbsfähigkeit nicht dadurch erhöhen können, dass sie einfach die Löhne senken. Es geht darum, dass sich die Neukombination durchsetzt, und nicht darum, dass das Alte künstlich am Leben erhalten wird. Zweitens muss die Politik dafür sorgen, dass die Löhne in der gesamten Volkswirtschaft steigen, damit die Produktivitätsfortschritte allen zugutekommen. Dies erzeugt eine dynamische Nachfrage und wird abgesehen davon der Tatsache gerecht, dass es sich bei der Produktionsleistung eines Landes um einen kollektiven Prozess handelt. Selbst wenn der Produktivitätsfortschritt in einem Unternehmen oder in einem Sektor seinen Ursprung haben mag, so könnte doch niemand dort auch nur drei Tage überleben, wenn es nicht die Leistung anderer, nicht direkt am Produktionsprozess beteiligter Sektoren gäbe, wie beispielsweise den Supermärkten, dem Gesundheitswesen oder sonstiger Dienstleistungen. Es ist somit auch eine Frage der Gerechtigkeit, alle Menschen in dem Land am technologischen Fortschritt teilhaben zu lassen, ohne dass es messbar wäre, wer jetzt wie viel zum Fortschritt beigetragen hat. Drittens dienen steigende Löhne als Produktivitätspeitsche, denn wenn die Unternehmen wissen, dass Arbeit im Laufe der Zeit teurer wird, werden sie aus einzelwirtschaftlicher Sicht alles daransetzen, dass ihre Produktivität steigt, denn nur so können sie ihre Wettbewerbsfähigkeit erhöhen. Produktivitätssteigerungen durch Investitionen und Lohnwachstum bedingen sich somit gegenseitig und treiben eine schumpeterianische Erneuerung der Produktionsstrukturen voran. Dies wiederum steigert die Gesamtproduktivität und den materiellen Lebensstandard, wobei die Stabilisierung der Nachfrage durch die Lohnsteigerungen in der Volkswirtschaft insgesamt dazu führt, dass eine kapitalintensivere Produktion nicht mit einer Steigerung der Arbeitslosigkeit einhergeht, wie sie oft bei der Einführung neuer Technologien gefürchtet wird.

China ist das beste Beispiel dafür, wie ein solcher Prozess in der Praxis abläuft. Bei aller berechtigten Kritik über die Lage der Menschenrechte, die Ausbeutung der Ressourcen oder galoppierende Ungleichheiten (die dem Westen allerdings auch nur dann wichtig werden, wenn ein Entwicklungsland die eigene Macht und die eigenen Interessen bedroht), besteht kein Zweifel, dass es in der Geschichte der Menschheit nie ein Land gab, das in der Geschwindigkeit und in dem Ausmaß den Lebensstandard des Großteils seiner Bevölkerung steigern konnte. Eine rigorose Lohnpolitik war dabei *der* entscheidende wirtschaftspolitische Hebel, allen voran die kontinuierliche Erhöhung des Mindestlohns. Allein zwischen 2004, dem Jahr, als das Ministerium für Arbeit und soziale Sicherheit in China begann, die Zügel beim Mindestlohn anzuziehen, und 2014 – also während des Jahrzehnts, in dem sich China endgültig als ökonomische Weltmacht etablierte – verdreifachte sich der nominale durchschnittliche Mindestlohn (real, also inflationsbereinigt, stieg der Mindestlohn um 120 Prozent, was einer durchschnittlichen jährlichen Wachstumsrate von 8,4 Prozent entsprach).[50] Die Reallöhne legten 2004–2014 ebenfalls deutlich zu. In den städtischen Regionen lag das Wachstum bei durchschnittlich 10,4 Prozent pro Jahr.[51] Die Produktivität wuchs mit 9,6 Prozent.[52] Das stärkste Reallohnwachstum fand dabei in der Industrie statt – es stieg 2003–2013 um durchschnittlich 176 Prozent.[53] Die arbeitsintensivsten Sektoren waren die Sektoren, in denen die Reallöhne am stärksten wuchsen, wie beispielsweise im Textilbereich (242 Prozent), in der Holzindustrie (227 Prozent) oder Lebensmittelverarbeitung (216 Prozent).[54] Dies lag vor allem daran, dass durch die Lohnerhöhungen eine Abwanderung der Arbeiterschaft in besser bezahlte Sektoren vermieden werden sollte. In den Fünfjahresplänen der chinesischen Regierung gehören die Ziele zur Steigerung des Mindestlohns und der Haushaltseinkommen dazu wie das Siegel der kommunistischen Partei auf dem Papier.[55] Allein aufgrund dieser Politik ist es in China in den vergangenen Jahren möglich gewesen, sich von der Exportabhängigkeit zu lösen und sich auf die Entwicklung des riesigen Binnenmarkts zu fokussieren.

## Schumpeter im internationalen Wettbewerb

Wenn es in einer geschlossenen Volkswirtschaft nur den Weg der Produktivitätssteigerungen über Investitionen gibt, um wirtschaftliche Entwicklung voranzutreiben, wie sieht es dann in einer Welt aus, in der Waren- und Kapitalströme über Ländergrenzen hinwegwandern können? Um uns das Leben nicht so leicht zu machen, wie die Neoklassik die sämtliche Probleme mit einer neuen Annahme einfach ausradiert, müssen wir uns zum Abschluss noch überlegen, wie obiges Modell in einer Welt offener Volkswirtschaften funktioniert. Wie funktioniert also der oben dargelegte Mechanismus in einer Welt, in der Unternehmen aus unterschiedlichen Ländern mit unterschiedlichen Kapitalstöcken miteinander im Wettbewerb stehen?

Zunächst muss klargestellt werden, dass absolute Vorteile die internationalen Handelsströme bestimmen werden. Bei unterschiedlichen Lohn- und Produktivitätsniveaus in verschiedenen Ländern stellt sich die Frage, wie der Handel für Entwicklungsländer vorteilhaft sein kann, wenn deren Firmen im Wettbewerb mit Firmen in fortgeschritteneren Volkswirtschaften stehen, die auf einen produktiveren Kapitalstock zurückgreifen können. Um ein einfaches Beispiel[56] zu verwenden: Wenn das Niveau der Produktivität pro Arbeitsstunde im Durchschnitt einer industrialisierten Volkswirtschaft, wie in Deutschland, bei 50 Euro liegt und das Lohnniveau einschließlich aller Lohnnebenkosten 25 Euro beträgt, beträgt das Niveau der Lohnstückkosten 0,5. Liegt das Produktivitätsniveau eines Entwicklungslandes bei nur einem Fünftel des Niveaus eines Industrielandes, also bei 10 Euro, so bestimmt das Lohnniveau dort die Wettbewerbsfähigkeit. Hat das Entwicklungsland ebenfalls eine Lohnquote von 50 Prozent, dann läge das Lohnniveau bei 5 Euro pro Stunde und die Lohnstückkosten wurden wie in der entwickelten Wirtschaft bei 0,5 liegen. Wir haben also einen Fall, in dem die Firmen des ärmeren Landes mit den Firmen des Industrielandes konkurrieren könnten.

Die Dynamik, die durch Investitionen und Gewinne von Pionierunternehmen entsteht, könnte in Entwicklungsländern genauso funktionieren wie in Industrieländern. Zwar ist der Kapitalstock in ärmeren Ländern kleiner, was die Menge an Gütern, die für die Weltmärkte produziert werden können, begrenzt, aber die vorherrschenden makroökonomischen Bedingungen erlauben es den Firmen, dort über einige willkürliche Vorteile hinaus, wie zum Beispiel bei der Produktion von Rohstoffen, international zu konkurrieren. Ein großer Vorteil, den sie gegenüber Firmen aus Industrieländern haben, besteht darin, dass sie nicht zwingend auf die Weiterentwicklung von Technologien, das heißt die Durchsetzung von Neukombinationen setzen müssen, um sich Vorteile gegenüber ihren Konkurrenten zu sichern. Sie können stattdessen technische Lösungen importieren, die es ihnen in Kombination mit den billigen Arbeitskräften erlauben, ihre absoluten Kosten drastisch zu senken. In obigem Beispiel würde der Import der Produktionstechnologie aus der industrialisierten Wirtschaft mit ihrer durchschnittlichen Produktivität von 50 Euro pro Stunde die Lohnstückkosten für Firmen in Entwicklungsländern von 0,5 auf 0,1 senken. Selbst wenn diese Technologie von den einheimischen Arbeitskräften nicht mit der gleichen Effizienz eingesetzt wird, kann die Wettbewerbsfähigkeit einzelner Unternehmen auf diese Weise radikal verbessert werden.

Selbstverständlich haben nicht nur die Unternehmen in den Entwicklungsländern die Option, Technologien zu importieren (sofern es das Patentrecht erlaubt). Auch Firmen aus den Industrieländern könnten durch die Auslagerung ihrer kapitalintensiven Produktionsmethode in ein Entwicklungsland die Vorteile nutzen, um ihre Wettbewerbsfähigkeit zu erhöhen. Auf diese Weise hätten wir eine Situation, in der das Unternehmen selbst seine Produktionsmethode nicht verändert und doch wettbewerbsfähig bleibt, wenn es die im Niedriglohnland mit der höheren Produktivität kombinierten Güter in die Heimat importiert. Andererseits hätten wir eine Veränderung beziehungsweise Erneuerung der Produktionsstrukturen im Entwicklungsland, wenn die Technologie mit der (im Vergleich zur ursprünglich eingesetzten) nun höheren Produktivität dort eingeführt werden würde.

Diese Chance sollte man dem Entwicklungsland lassen. Um dennoch sicherzustellen, dass die Investitionsdynamik nicht abfällt und die Neukombination sich auf lange Sicht durchsetzt, braucht es einen Mechanismus, der dafür sorgt, dass mittel- bis langfristig die Löhne im Entwicklungsland mit den dortigen Produktivitätsgewinnen, die durch den Import fortgeschrittener Technologien nach oben getrieben werden, steigen. Wir werden darauf aber ausführlicher im letzten Kapitel zurückkommen, wenn wir überlegen, was sich in der Wettbewerbspolitik der EU ändern muss, um einen qualitativen Wettbewerb zu fördern. Für den Moment ist es wichtig zu behalten, dass es eine internationale Lohnkoordination geben muss, um die Bedingungen für einen schumpeterianischen und nicht einen zerstörerisch-darwinistischen Wettbewerb zu schaffen. Mit diesen theoretischen Erkenntnissen können wir uns nun einem konkreten Beispiel zuwenden, an dem die in den ersten beiden Kapiteln ausgeführten Wirkungsmechanismen deutlich werden: der europäischen Automobilindustrie.

# 4. Darwin vs. Schumpeter

Aus den letzten beiden Kapiteln können wir mitnehmen, dass es zwei unterschiedliche Arten des Wettbewerbs gibt. Auf der einen Seite den der Neoklassik, bei dem das Maximum an Wettbewerbsintensität gewünscht wird, ohne, dass der Staat in das wirtschaftliche Geschehen eingreifen soll. Der Theorie zufolge passt sich die Produktion an die gegebenen, relativen Preise von Arbeit und Kapitel an, bis die Wirtschaft im Gleichgewicht ist. In einer solchen Welt, in der alle Akteure optimieren, wo es nur geht, entsteht nichts Neues. Alles wird so gemacht wie bisher, nur effizienter. Da im Gleichgewicht bei vollkommenem Wettbewerb keine Ineffizienzen möglich sind, da man sofort vom Markt verschwinden würde, ist dies für viele Ökonomen das absolute Eldorado. Man kann diese Art daher als darwinistischen Verdrängungswettbewerb bezeichnen, denn die Kernaussage der Evolutionstheorie Darwins besagt ja, dass die Spezies überlebt, die sich am besten an die Umwelt anpasst und sich somit weiter reproduzieren kann. Eine ähnliche Anpassung der Produktion an die gegebenen Umstände finden wir somit auch in der neoklassischen Theorie. In einem darwinistischen Verdrängungswettbewerb sind Preisdruck, geringe Margen und ein hoher Kostenwahn klassische Merkmale.

Demgegenüber steht der schumpeterianische Wettbewerb. Hier geht es gerade nicht darum, etwas so zu machen wie immer (also, zu optimieren), sondern darum, sich Produktivitätsvorteile im Markt durch etwas Neues zu verschaffen. Der Wettbewerb nimmt gänzlich andere Formen an. Der Preisdruck ist geringer und die Margen sind deutlich höher, da sich das Produkt durch einen monopolistischen Vorsprung anders bepreisen lässt. Wenn ich der einzige Hersteller bin, der ein Smartphone auf den Markt bringt und es für den Moment keine vergleichsbaren konkurrierenden Produkte gibt, kann ich dafür einen höheren Preis verlangen. Als ein kapitalistisches Unternehmen werde ich das wahrscheinlich auch tun, denn weshalb sollte ich auf zusätzlichen Gewinn verzichten, wenn ich ihn ohne Mühe realisieren könnte? Vor allem wenn ich weiß, dass innerhalb kürzester Zeit, sollte ich mit meiner Innovation erfolgreich sein, die Konkurrenz mit ähnlichen Produkten nachziehen wird, werde ich dafür sorgen, so viel wie möglich mitzunehmen. Ein Wettbewerb à la Schumpeter lässt auch Raum für Ineffizienzen, denn die Schaffung von etwas Neuem zeichnet sich ja gerade dadurch aus, dass es dieses Produkt, die Methode oder die Organisationsform vorher noch nicht gab und somit Erfahrungswerte schlicht fehlen. Zum Zeitpunkt der Innovation können wir nicht wissen, ob es in der Praxis so funktioniert wie in der Theorie. Experimente und Scheitern sind deshalb ein integraler Bestandteil der wirtschaftlichen Entwicklung.

Zu guter Letzt ist ein innovativer Wettbewerb auch ein Wettbewerb größerer Firmen, die durch ihre Ressourcenausstattung und Skaleneffekte eher in der Lage sind, diese Ressourcen in der Forschung zu »verschwenden«. Die Daten dazu sind deutlich, selbst wenn die Politik zum Zwecke des Stimmenfangs den Mittelstand gerne als das Zentrum innovativer Tätigkeit darstellt. In Deutschland zum Beispiel sind 99,4 Prozent aller Firmen sogenannte kleine und mittelständische Unternehmen (KMUs) mit weniger als 250 Mitarbeitern und einem Umsatz von weniger als 50 Millionen Euro pro Jahr.[1] Obwohl in Deutschland fast alle Firmen in die Kategorie »KMU« fallen, kommen sie auf gerade einmal 10 Prozent aller Ausgaben für Forschung und Entwicklung (F&E) in Deutschland.[2] Bei den Innovationsausgaben, die neben F&E-Ausgaben unter anderem Investitionen in Maschinen und Ausstattung sowie die Kosten für Patentanträge mitberücksichtigen, kommen sie auf ganze 15 Prozent.[3] Mit anderen Worten: 0,5 Prozent der Firmen kommen für den Großteil der Innovationstätigkeit auf – aus den Gründen, die wir im letzten Kapitel besprochen haben.

Bedeutet dies jedoch, dass ein Monopolkapitalismus wünschenswert ist? Selbstverständlich nicht! Schumpeter selbst sah einen gewissen Grad der Monopolisierung, das heißt der Unvollkommenheit des Wettbewerbs, als notwendig an, um wirtschaftliche Entwicklung zu ermöglichen. Doch ab einem gewissen Punkt, wenn die Investitionen aufgrund der Monopolstellung einiger Weniger zurückgehen und letztere sich gegen jegliche Erneuerung der Produktionsstrukturen widersetzen, dann war es das mit dem wirtschaftlichen Fortschritt. Tatsächlich sagte Schumpeter im Jahr 1942 sogar aufgrund der zunehmenden Monopolisierung den Untergang des Kapitalismus voraus – und lag damit ebenso falsch wie Karl Marx 75 Jahre vor ihm. Was jedoch für unser Anliegen entscheidend ist: Wir dürfen nicht in einen Dogmatismus verfallen, der Wettbewerb automatisch mit Entwicklung gleichsetzt. Das ist der zentrale Punkt in der Sache.

## Von der Theorie zur Praxis

Nähern wir uns nun nach all den eher theoretischen Ausführungen einem praktischen Beispiel, an dem wir die Auswirkungen des Wettbewerbs in Europa anschaulich beobachten können: der europäischen Automobilindustrie. Um uns die Wechselwirkungen zwischen dem Wettbewerb der Konzerne und den Entwicklungen der nationalen Produktion anzusehen, werden wir uns dabei insbesondere auf den Vergleich zwischen Deutschland und Frankreich fokussieren.

Die Automobilindustrie steht in vielerlei Hinsicht emblematisch für die unterschiedlichen wirtschaftlichen Entwicklungen in Europa. Sei es für den Exporterfolg Deutschlands, für den industriellen Niedergang in Ländern wie Frankreich, Großbritannien oder Italien, oder für den wirtschaftlichen Aufschwung in den Ländern Osteuropas – all die Entwicklungen sind eng mit der Automobilindustrie verbunden, die mit über 14 Millionen Jobs und circa 11.5 Prozent der industriellen Beschäftigung in der EU eine absolute Schlüsselindustrie ist.[4] Bevor wir allerdings voll einsteigen, werden wir noch einige heilige Kühe beziehungsweise neoliberale Mythen schlachten müssen, die für das Verständnis der Entwicklung der Industrie unerlässlich sind. Fangen wir mit dem Mythos der Hyperglobalisierung an, denn hier werden wir begreifen, dass wir weniger im Wettbewerb mit China und den USA stehen, als wir meinen sollten.

## Wie global ist die Globalisierung?

»Die Welt ist ein Markt.«[5] Das schrieb die *ZEIT* bereits im November 2007, also vor knapp 15 Jahren, und vertritt damit eine These, die heute noch stärker verbreitet sein dürfte. Die Globalisierung, befeuert durch den technologischen Wandel, allen voran der Digitalisierung, hat die Welt ein ganzes Stück kleiner gemacht. Auf viele Bereiche trifft das sicherlich zu, aber stehen wir deshalb mit allen Ländern auf dieser Erde ökonomisch im Wettbewerb? Befinden wir uns in einem globalen Markt, in dem wir uns nur durch eine höhere Wettbewerbsfähigkeit gegenüber dem Rest der Welt durchsetzen können? In der Literatur wird die These, die diese Fragen bejahen würde, als »Hyperglobalisierungsthese« bezeichnet. Seit mittlerweile knapp 25 Jahren gibt es jedoch vermehrt empirische Belege dafür, dass es sich bei der These, trotz des technologischen Wandels, eher um einen Mythos als die Realität handelt. Ende der 1990er-Jahre wiesen bereits eine Reihe von Wissenschaftlern darauf hin, dass der Begriff »Regionalisierung« die Globalisierung viel besser beschreiben würde, denn insbesondere beim Welthandel würde die regionale Vertiefung die globale Dimension in den Schatten stellen.[6] Die EU-Integration ist ein Beispiel dafür, doch definitiv kein Einzelfall. Weltweit gibt es Institutionen und Handelsabkommen, die die *regionale* Zusammenarbeit vertiefen, wie das NAFTA in Nordamerika (heute USA-Mexiko-Kanada-Abkommen), MERCOSUR in Südamerika oder die ASEAN in Asien. Wie der Politökonom Colin Hay bemerkt, beschreibt die »Globalisierung eine Tendenz (…), die in den meisten Fällen von einer Gegen-Tendenz zur Regionalisierung überschwemmt worden ist.«[7]

In der Ökonomie gibt es ein zu dieser Tendenz passendes »Gravitationsgesetz«, dessen einschlägige Faustformel besagt, dass eine Verdoppelung der geographischen Distanz das Handelsvolumen halbiert: »*you double the distance, you half the trade*.« Diese äußerst negative Einflussnahme des Faktors »Distanz« auf den Handel zeigt sich selbst im Vergleich unterschiedlichster Güter, Regionen und Zeiträume erstaunlich anhaltend und robust. In einer der umfangreichsten historischen Studien zu diesem Thema haben Anne-Célia Disdier und Keith Head im Jahr 2008[8] gezeigt, dass sich der negative Effekt der Entfernung auf den Handel von 1870 bis 1950 leicht reduzierte, danach aber wieder stieg und bis in die 2000er-Jahre auf hohem Niveau verharrte. Aufgrund der Entwicklung neuer Technologien, allen voran des Internets, sowie effizienterer Transport- und Kommunikationssysteme, hätten wir unter normalen Umständen das Gegenteil dessen erwarten – zumal die *ZEIT* ja 2007 schrieb, dass die Welt ein Markt sei. Und selbst mit neueren Daten zeigt sich keine Abkehr von dieser »Gravitation«. Werfen wir einen Blick auf die Anteile der intraregionalen Güterexporte am gesamten Warenexport zwischen 1995 und 2019 so wird deutlich: Trotz Internet, Digitalisierung und der Einführung beziehungsweise Verbesserung sonstiger Technologien hat sich über einen Zeitraum von circa 25 Jahren erstaunlich wenig getan. In Europa gehen immer noch knapp 70 Prozent aller Güterexporte in andere Länder innerhalb der Region, in Asien sind es um die 60 Prozent, während wir in Nord- und Lateinamerika bei etwas über 40 Prozent sind[9] – wobei wir in Asien und in Nord- und Lateinamerika bedenken sollten, dass wir hier viel größere Binnenmärkte haben als in Europa. Einzig Afrika fällt in dem Vergleich ab, was leider nicht weiter verwunderlich ist. Es ist bei Weitem die ärmste Region und ein Großteil der Exporte entfällt auf Rohstoffe, die in den Industrienationen verarbeitet werden. Wir sehen, wenn überhaupt, dass mit einer starken Entwicklung, wie in Asien, der intraregionale Handel steigt, und nicht sinkt. Genau, wie es Adam Smiths Theorie in Kapitel 2 vorhersagte.

Die Anteile am Welthandel sind ebenfalls recht beschränkt für die großen Wirtschaftsräume dieser Welt. So macht China 16 Prozent der weltweiten Exporte aus, die USA 11 Prozent und die EU 15 Prozent[10] – wobei man bei Handelsdaten zur EU immer berücksichtigen muss, dass mit Großbritannien und der Schweiz (wo 14 Prozent beziehungsweise 7 Prozent aller »extra-EU« Exporte hingehen)[11] zwei Länder mit dabei sind, die *de facto* zum europäischen Wirtschaftsraum mit dazugehören.

## Binnenmärkte als Wachstumstreiber

Bisher sprachen wir nur über den Handel, doch selbstverständlich darf man unter keinen Umständen die Bedeutung der Binnenmärkte vergessen, die je nach Größe viel wichtigere Wachstumsimpulse geben. In einem Wirtschaftsraum, in dem es Hunderte Millionen (EU und USA) oder sogar Milliarden von Konsumenten (China) gibt, ist die Bedeutung des Außenhandels gemessen an der Wichtigkeit zum Binnenmarkt fast banal. Auch hier spricht die Empirie eine klare Sprache. Betrachtet man die Wachstumsbeiträge des Außenhandels im Vergleich zu dem der Binnennachfrage in der Eurozone und in den USA in den letzten 20 Jahren, erkennt man sofort die Ursache der europäischen Misere. Insbesondere nach der Finanzkrise 2009 waren die Wachstumsraten in den USA viel höher als in der Eurozone, da die Binnennachfrage in den großen Wirtschaftsregionen im Wesentlichen das Gesamtwachstum bestimmt (vgl. Abbildung 4.1). Trotz der Politik der Kürzungen und des Lohndrückens in der Eurozone gab der Außenhandel kaum positive Impulse (und in den Jahren, wo dies der Fall war, war der Einbruch der Binnennachfrage so hoch, dass das Wachstum insgesamt negativ ausfiel, wie im Jahr 2012).

Wirtschaftsräume wie die USA, China oder die EU lassen sich heute somit sinnvoller als große, in sich geschlossene Volkswirtschaften konzipieren, in denen der Außenhandel eine eher untergeordnete Rolle spielt. Zu meinen, wie es die Bundeskanzlerin Angela Merkel in Davos 2011 (und 2013) ausdrückte, man müsse die wettbewerbsfähigste Region der Welt werden, ist aufgrund der

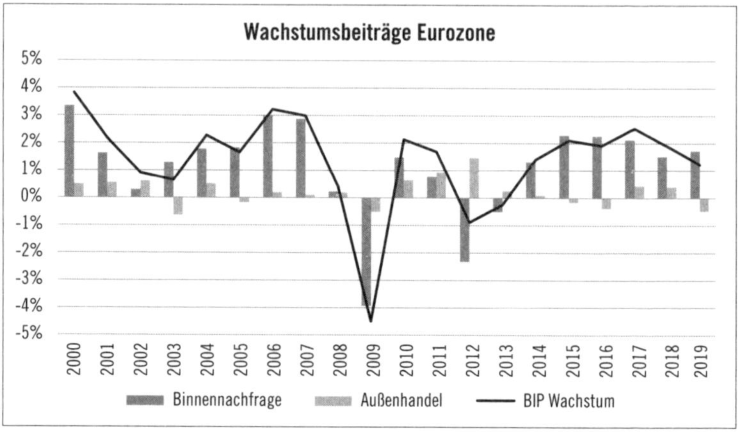


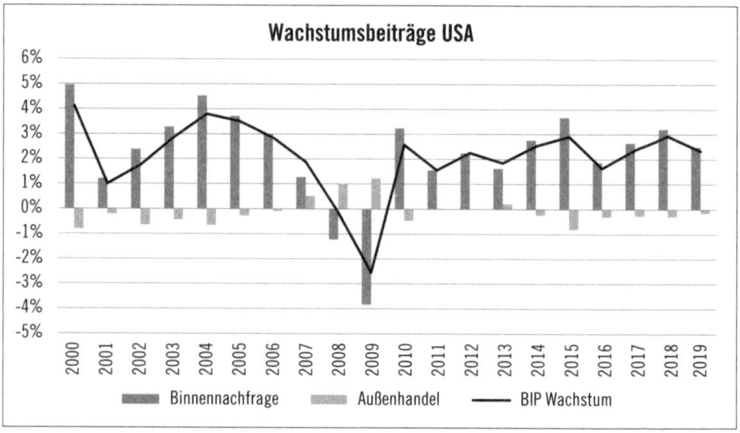


Abbildung 4.1 *Quelle: AMECO*

Bedeutung der Binnennachfrage für solche Volkswirtschaften wie die Ansage, man werde sich in Münchhausenscher Manier am eigenen Schopf aus dem Sumpfe ziehen. Ein weiteres Problem dieser Argumentation ist zudem, dass sie offensichtlich ignoriert, dass internationaler Handel durch Geld abgewickelt wird und die Wechselkurse maßgeblich dafür verantwortlich sind, ob ich global wettbewerbsfähig bin oder nicht. Werde ich durch zu hohe Lohnstückkostensteigerungen 10 Prozent teurer, verliere ich gegenüber anderen deutlich an Wettbewerbsfähigkeit. Wenn gleichzeitig aber meine Währung um 10 Prozent an Wert verliert, bin ich international genauso wettbewerbsfähig beziehungsweise teuer wie zuvor. Wenn Merkel somit in Davos 2013 anmerkte, dass, »wenn wir uns in Europa bei den Lohnstückkosten genau in der Mitte treffen würden, beim Durchschnitt aller europäischen Länder, dann würde ganz Europa nicht mehr wettbewerbsfähig sein«,[12] ignoriert sie nicht nur die Tatsache, dass die Dynamik im Binnenmarkt für »ganz Europa« viel wichtiger ist als die Wettbewerbsfähigkeit gegenüber dem Rest der Welt. Sie blendet auch gänzlich aus, dass andere Länder durch eine Währungsabwertung leicht jegliche »Vorsprünge« in der Wettbewerbsfähigkeit »ganz Europas« zunichtemachen könnten. In einem effizienten globalen Finanzmarkt wäre das sogar eine unausweichliche Konsequenz einer Politik, die darauf abzielt, die Lohnstückkosten so weit wie möglich zu drücken. Das würde die europäische Währung aufwerten und der Merkantilismus wäre dahin, egal wie sehr wir »uns anstrengen«. Hier merkt man deutlich – und das kann man der ehemaligen Kanzlerin nicht vorwerfen, sondern es scheint eher eine Frage unzureichender Beratung zu sein –, dass es an einer Idee fehlt, wie eine Volkswirtschaft von innen heraus zu entwickeln sei.

## Regionalisierung in der Autoindustrie: Willkommen in der Welt des Freihandels

Die Strukturen der Weltwirtschaft relativieren somit das oftmals wie ein Mantra wiederholte Argument, wir stünden mit jedem Land auf der Welt im Wettbewerb. Vielmehr geht es darum, dass wir in Europa selbst vernünftig entwickeln – und wie die Außenhandelssalden mit den USA oder China aussehen, das ist zunächst zweitrangig.

Eine ähnliche Tendenz zur Regionalisierung finden wir auch in der Automobilindustrie: Wenngleich es sich um eine globale Industrie handelt, ist sie dennoch regional organisiert. Als grobe Faustregel gilt, dass circa 80 Prozent der Produktion für gewöhnlich im lokalen Markt abgesetzt wird. »Lokal« heißt in dem Fall in Nordamerika, in

Europa oder in Asien. Im Premiumbereich haben wir zwar temporär eine geringere Rate der Lokalisierung, denn es lohnt sich eher, ein Fahrzeug im Wert von 100 000 Euro zu verschiffen als eines, das 20 000 Euro kostet, doch mit zunehmendem Wachstum steigt hier ebenfalls die Lokalisierung.

Was treibt diese Lokalisierung an? Es gibt verschiedene Gründe dafür: unter anderem diverse »Freihandelsabkommen«, regulatorischer Zwang, Absicherung gegen Wechselkursschwankungen, Produktions- und Vertriebskosten (also betriebswirtschaftliche Sinnhaftigkeit) oder Besonderheiten des lokalen Konsums.

In vielen Ländern wird die Automobilindustrie oft als Schlüsselindustrie für die wirtschaftliche Entwicklung angesehen. Aufgrund der Struktur der Lieferkette weiß die Politik, dass sich eine Autoproduktion in der Heimat nicht nur auf die Autofabriken beschränken wird. Es kommen aufgrund der sogenannten »Just-in-time« Produktion, in der Zuliefer- und Produktionstermine streng aufeinander abgestimmt sind, zahlreiche Zulieferer ins Land und siedeln sich in der Nähe der Fabrik nieder. Es gilt das sogenannte »Follow Sourcing«-Prinzip: Geht ein Hersteller ins Ausland, sagt er seinen Zulieferern, sie müssen mitkommen. Zusätzlich ist die Automobilindustrie für ihre hohe Forschungsintensität bekannt. All dies sind Faktoren, die es für Länder sehr attraktiv machen, möglichst viel Produktion in der Heimat zu halten.

Die Politik legt deshalb hohe Zollbarrieren fest, setzt Local-Content-Klauseln ein oder stellt Subventionen bereit, um die inländische Produktion zu fördern und ausländische Hersteller anzuziehen. Auch sogenannte Ursprungsregeln, wie sie von der Welthandelsorganisation (WTO) festgelegt und in »Freihandelsabkommen« gang und gäbe sind, führen dazu, dass Unternehmen gezwungen werden, einen Anteil der Wertschöpfung in dem jeweiligen Wirtschaftsraum zu generieren. Solche Ursprungsregeln werden für gewöhnlich angewandt, damit Güter, die in Drittländern produziert werden und aus dem Grund Zöllen unterworfen sind, nicht zollfrei in der Freihandelszone gehandelt werden. Im Falle der EU müssen in der Regel 60 Prozent der Wertschöpfung eines Produkts in einem Land erzeugt worden sein, damit das Produkt als ein »in dem Land entstandenes« Gut durchgehen und zollfrei eingeführt werden kann. Der Prozess dafür ist häufig mit einem hohen bürokratischen Aufwand verbunden, vor allem für kleinere Unternehmen. Innerhalb der EU ist das kein Thema, denn dort können Waren problemlos die Grenzen passieren. Im Falle eines Austritts jedoch, wie beim Brexit zum Beispiel, wird es durch solche Regularien kompliziert, sodass sich die Lieferketten an die regulatorischen Gegebenheiten anpassen müssen, wie es ein Industrieexperte darlegte:

»Wenn ich jetzt zum Beispiel Ford sehe, die haben ein Motorenwerk im Vereinigten Königreich, das heißt wenn die jetzt in Deutschland ein Auto bauen und nehmen den Motor aus dem Vereinigten Königreich und bauen den in Deutschland ein, dann ist das Fahrzeug vom Prinzip her nicht mehr »made in EU«, weil einfach der Wertschöpfungsanteil des Motors so hoch ist, dass es nicht mehr als europäisches Fahrzeug zählt.«[13]

## Beispiel China: Volkswagen im Reich der Mitte

Solche Regularien sind fester Bestandteil dessen, was in der Öffentlichkeit als »Freihandel« betitelt wird. Aber mit Freiheit hat das in Wirklichkeit nur wenig zu tun. Das ist auch nicht weiter schlimm, denn es kann dabei helfen, die eigene Entwicklung voranzutreiben und die eigene Wirtschaft zu mehr Unabhängigkeit führen. Der Fall China ist ein leuchtendes Beispiel für eine solche Entwicklungsstrategie. Vor 1994 betrugen die Importzölle 150 Prozent für kleine und 220 Prozent für große Autos.[14] Darüber hinaus verlangte die Regierung von ausländischen Herstellern nicht nur einen Technologietransfer, sondern auch lokale Zulieferung und eine Strategie, wie durch Exporte aus China Währungsreserven ins Land kommen sollten. Laut Martin Posth, dem ersten Manager von Shanghai Volkswagen (SVW), dem Joint Venture (also dem Zusammenschluss) von Volkswagen und der Shanghai Tractor and Automotive Corporation (STAC, heute SAIC), welches in China operiert, war das Versprechen von VW, Motoren vor Ort zu produzieren und sie an Produktionsstätten innerhalb des globalen VW-Produktionsnetzwerks zu exportieren, ein Schlüsselfaktor dafür, dass Volkswagen die Lizenz zur Aufnahme der Produktion in China erhielt.[15]

Der Joint-Venture-Vertrag wurde zunächst für 25 Jahre ausgelegt. Nebst dem Transfer westlicher Technologie war SVW darüber hinaus verpflichtet, innerhalb von sieben Jahren eine Lokalisierungsrate von 80 bis 90 Prozent zu erreichen – und die chinesische Regierung drohte wiederholt damit, SVW die Produktionslizenz zu entziehen, wenn sie den Eindruck hatte, dass dieses Ziel nicht mit genügend Entschlossenheit verfolgt wurde. All dies war es VW wert, in den chinesischen Markt einzusteigen, denn »im Austausch für westliche Technologie und westliches Management-Know-how boten die Chinesen ausländischen Investoren erstmals Zugang zum potenziell größten nationalen Markt der Welt, einem Markt mit zukünftig zu erwartenden bemerkenswerten Wachstumsraten und vielversprechenden Gewinnaussichten«[16] – Aussichten, die sich später materialisieren sollten.

Das Beispiel zeigt, wie »frei« der Freihandel in Wahrheit ist. Und ein solches Verhalten ist nicht nur in China die Grundlage für die Industrialisierung gewesen, sondern überall – auch in den westlichen Industrienationen. Dies ist übrigens, erinnern wir uns zurück, ganz im Sinne Joseph Schumpeters, denn ohne das Imitieren des Pioniers gibt es keine schöpferische Zerstörung und damit keine Entwicklung. Im Bereich der Automobilindustrie setzten auch die sich spät industrialisierenden Länder auf dasselbe Pferd. In Korea zum Beispiel lagen die Zölle bei 400 Prozent, bevor die koreanische Regierung sie schrittweise senkte, als die heimische Industrie wettbewerbsfähiger wurde.

## Es gibt kein globales Auto

Um erhebliche Zollzahlungen zu vermeiden, sind die Firmen daher gezwungen, vor Ort zu produzieren. Hinzu kommen von der Regierung festgelegte Lokalisierungsanforderungen sowie die Ursprungsregeln der WTO. Darüber hinaus gibt es sehr spezifische technische Vorschriften, die es schwierig machen, ein Auto in einem Format weltweit zu verkaufen. Dazu gehören Regularien für Windschutzscheiben, Bremsen oder Sicherheitsstandards, die von den Regierungen unterschiedlich festgelegt werden. Die Infrastruktur und die Straßenverhältnisse können ebenfalls bestimmen, welche Art von Fahrzeugen die Kunden benötigen. Und schließlich gibt es kulturelle Aspekte, die sehr spezifische und lokale Anforderungen an die Produktion stellen. Ein praktisches Beispiel für eine solche Anpassung liefert uns wieder der ehemalige Manager von Shanghai Volkswagen, Martin Posth, in Bezug auf die Anpassung der Hupe:

»Anders, als wir es aus Europa gewöhnt waren, hupten chinesische Autofahrer unaufhörlich – schon allein, um Radfahrer auf sich aufmerksam zu machen, die die Straße versperrten und selbst bei extensivem Dauerhupen kaum zur Seite wichen. Um zu vermeiden, dass die auf weniger intensiven Gebrauch eingerichtete Hupe unseres Santanas [das Einstiegmodell von VW im chinesischen Markt, PK] in China eines zu frühen Tages ausfällt, schraubten wir den Lebenszyklus deutlich hoch, auf 120 000 Einsätze, (…) denn die chinesische Regierung erwartete von uns, dass wir den Santana den besonderen Gegebenheiten vor Ort anpassten.«[17]

Zuletzt müssen auch die enormen Schwankungen der Wechselkurse als Lokalisierungsgrund erwähnt werden, die sich im Zuge der Liberalisierung der Finanzmärkte durch massive Spekulationen einstellten. Die Unternehmen nutzen die Produktion im lokalen Markt als sogenanntes »Natural Hedging«, um sich vor diesen zu schützen. Das heißt, mittel- bis langfristig erhöhen die Unternehmen lieber den Einkauf in den Währungen der Absatzmärkte und produzieren vor Ort, als in Kauf zu nehmen, dass starke Auf- beziehungsweise Abwertungen der Währungen die Planung mit heimischer Produktion unmöglich machen.

Kurzum: Es gibt kein globales Auto. So vielfältig die Gründe sein mögen, das Ergebnis ist, dass die Automobilhersteller gezwungen sind, regional zu produzieren. Das geschieht über die Direktinvestitionen, die uns schon im zweiten und dritten Kapitel begegnet sind: Die Unternehmen ziehen ihre Fabriken im Ausland vor Ort hoch, anstatt zu exportieren. Entsprechend wäre es wohl genauer, dass wir im Falle der Automobilindustrie anstelle einer »Globalisierung« von einer »Glokalisierung« sprächen – denn es sind transnationale Konzerne, die die Produktion weltweit organisieren, doch je nach Markt auch stark lokal vertreten sind. Für die Entwicklung ganzer Volkswirtschaften bedeutet dieses Strukturmerkmal, dass die nationale wirtschaftliche Performance, wie zum Beispiel Beschäftigung und Produktion, stärker von den Entwicklungen innerhalb der Region bestimmt werden als von denen einiger weit entfernter Märkte. Mit anderen Worten: Beschäftigung, Produktion und Entwicklung in Deutschland und Frankreich hängen mehr am europäischen Markt als am chinesischen. Zwar war China vor allem für die deutsche Automobilindustrie ein Gewinn, doch sollte man die Bedeutung vor allem dem europäischen Markt gegenüber nicht allzu hoch hängen: Im Jahr 2018, als die Exportquote der Industrie mit 78 Prozent einen Rekord erreichte, gingen von 4 Millionen exportierten Fahrzeugen insgesamt 2,5 Millionen Einheiten in die europäischen Nachbarländer – gegenüber 470 000 Einheiten, die in die USA exportiert wurden und 290 000 Einheiten, die den Weg nach China fanden.[18] Da zudem 1,1 Millionen Autos in Deutschland abgesetzt wurden, bedeutet das, dass 3,6 Millionen der insgesamt 5,1 Millionen produzierten Autos in Deutschland den europäischen Kontinent nicht verließen, was einem Anteil von 71 Prozent entspricht.

## Die europäische Industrie: Stagnation wo man hinschaut

Wie sah nun die Entwicklung und der Wettbewerb auf dem europäischen Automobilmarkt aus? Wie hat sich die Industrie insgesamt verändert? Fangen wir mit den Absatzzahlen der Automobilindustrie an.[19] Während sich die globale Autoproduktion – hauptsächlich wegen des Wachstums in China – zwischen 2001 und 2017 nahezu verdoppelte, von 55 auf 95 Millionen Autos, so war der europäische Automarkt in der Zeit, trotz des Beitritts einiger Schwellenländer in den Binnenmarkt, flach wie ein Brett.

In den »alten« Mitgliedsstaaten (EU-15) gingen die Pkw-Neuzulassungen in den ersten Jahren der Währungsunion von über 15 Millionen im Jahr 1999 auf knapp über 14,5 Millionen Fahrzeuge im Jahr 2005 zurück. Besonders der deutsche Markt litt unter der schwachen Nachfrage und der hohen Arbeitslosigkeit, beides eine direkte Folge der Lohnrepression, die die rot-grüne Regierung unter Gerhard Schröder initiierte.[20] Dies begründete auch der Verband der deutschen Automobilindustrie (VDA) bereits Anfang 2005 und führte »als Grund für das voraussichtlich sechste Stagnationsjahr in Folge (…) die hohe Arbeitslosigkeit mit inzwischen rund 5,2 Mio. Jobsuchenden und die Verunsicherung der Verbraucher an«.[21] Es gab »absolut keine Zeichen für eine Erholung in Deutschland«.[22] Insgesamt schrumpfte der deutsche Markt zwischen 1999 und 2005 von 3,8 Millionen auf 3,3 Millionen Pkw-Neuzulassungen, während der Markt im übrigen Europa stagnierte. Die globale Finanzkrise 2007–2009 und mehr noch die Eurokrise, die 2010 begann, führten zu einem weiteren Rückgang, so dass die Neuzulassungen in der EU-15 und in den EFTA Staaten (Island, Liechtenstein, Norwegen und der Schweiz) im Jahr 2013 mit 11,5 Millionen Einheiten einen Tiefpunkt erreichten. Verglichen mit den 15 Millionen Einheiten im Jahr 1999 bedeutet dies einen Rückgang von 23 Prozent über einen Zeitraum von 14 Jahren! Seit 2013 haben sich die Neuzulassungen wieder erholt und erreichen 2018 14 Millionen Einheiten. Die neuen Mitgliedsstaaten Osteuropas blieben, trotz ihrer niedrigen Basis, von den Stagnationstendenzen nicht verschont. Dies war jedoch größtenteils auf die Liberalisierung der Gebrauchtwagenimporte aus Westeuropa zurückzuführen (davon mehr als 50 Prozent aus Deutschland), die mit dem EU-Beitritt Osteuropas einsetzten und den lokalen Markt überschwemmten.[23]

Doch wie Schumpeter uns im letzten Kapitel mitteilte, geht es nicht nur um Wachstum, sondern vor allem um Veränderung. Hat sich also die Struktur in der Industrie so geändert, dass man von echter Entwicklung sprechen kann? Wenn wir uns ansehen, wie sich alternative Antriebe in den letzten Jahrzehnten durchgesetzt haben, müssen wir konstatieren, dass man von wirklicher Entwicklung nicht sprechen kann. 2010 gab es nur einige wenige hundert Elektrofahrzeuge. Knapp 10 Jahre später, 2019, waren wir bei circa 350 000 Elektro- und 200 000 Hybridfahrzeugen. Der Marktanteil lag bei 3,5 Prozent.[24] Mit der Coronakrise hat sich der Verkauf vor allem durch massive Subventionen zwar deutlich erhöht – auf ca. 1,4 Millionen – und der Marktanteil aller Neuregistrierungen stieg um mehr als das Dreifache auf 11,4 Prozent.[25] Andererseits ist erstaunlich, dass trotz der staatlichen Subventionen fast 90 Prozent aller Neuwagenregistrierungen auf Verbrennungsantriebe entfielen. Wie weit der Weg ohne Subventionen hin zu einem emissionsfreien Verkehr ist, dürfte somit jedem klar sein (zumal die Stromgenerierung und derzeitige Produktionsweise der Elektrofahrzeuge auch Bedenken im Hinblick auf die Nachhaltigkeit aufwirft).

Die Verbrennungsantriebe selbst wurden in den letzten Jahren zwar effizienter, allerdings wurden die Autos größer, schwerer und schlucken, absolut betrachtet, deutlich mehr Sprit. Anfang 2021 entfielen in der EU 44 Prozent der Neuzulassungen auf SUVs,[26] wobei zu diesen Fahrzeugen auch viele kleinere Modelle dazugehören als die Panzer, die wir uns für gewöhnlich darunter vorstellen. Der Zuwachs der durchschnittlichen PS-Zahlen allerdings spricht eine deutliche Sprache im Hinblick auf die Umweltfolgen. Waren es 1999 pro Neuzulassung durchschnittlich 107 PS, lagen wir 2019 bei unglaublichen 158 PS.[27] In welcher Hinsicht man bei so viel Bumms noch von sinnvollen Kundenwünschen sprechen kann, sei mal dahingestellt. Für die Umwelt waren die letzten 20 Jahre jedoch kein Gewinn. Auch aus schumpeterianischer Sicht kann man sich durchaus legitim fragen, inwiefern es als Innovation durchgehen kann, wenn man dieselbe, alte Technologie einfach ständig erweitert und effizienter macht, dafür aber der absolute Verbrauch weiter steigt. Es ist sicher ein Fall an der Grenze, aber meines Erachtens haben wir es hier eher mit Optimierung als mit Innovation zu tun.

## Marktanteile in Europa – deutsche Firmen drücken ihren Stempel auf

Wenn es in einem Markt kein Wachstum beziehungsweise sogar einen Rückgang der Nachfrage gibt, dann sind Verschiebungen der Marktanteile ein Nullsummenspiel: Was der eine gewinnt, das verliert der andere. Das hat oftmals einen brutalen, darwinistischen Preiswettbewerb zur Folge, bei dem schließlich alle Akteure sich primär darum bemühen, ihre Kosten zu senken. Alles andere wird zweitrangig.

Wenn wir uns nun die Entwicklung der Marktanteile in Europa seit der Einführung des Euro 1999 anschauen, so sehen wir, dass es insbesondere die deutschen Firmen waren, die hinzugewinnen konnten. Die größte Dominanz entwickelte die Volkswagen-Gruppe, deren Marktanteil auf circa 25 Prozent wuchs. Ab 2011 war somit jede vierte Neuzulassung in Europa ein Fahrzeug der Volkswagen-Gruppe. Es ist dabei wichtig, darauf hinzuweisen, dass es sich hierbei größtenteils um organisches Wachstum handelte. Das heißt, dass Volkswagen nicht wuchs, weil der Konzern Wettbewerber übernahm, sondern weil er mehr und mehr Autos verkaufte. Die größten Zukäufe waren alle bereits 1999 vollzogen: SEAT wurde 1986 Teil der Volkswagen-Gruppe, Skoda 1994 und Bentley, Lamborghini und Bugatti wurden 1998 gekauft.[28] Im Jahr 2012 erwarb Volkswagen nach einer legendären Übernahmeschlacht Porsche, was sich jedoch volumenmäßig nicht sonderlich auf den Absatz auswirkte. Die anderen Akquisitionen, darunter Scania (2008) sowie Ducati und MAN (2012), hatten keine Auswirkungen auf den Pkw-Absatz, da diese Übernahmen Teil einer breiteren Diversifizierung in neue Geschäftsbereiche (Lkw und Motorräder) waren. Im Falle des Kaufs von Ducati behaupteten einige sogar, es habe sich nur um ein Geburtstagsgeschenk für den damaligen Firmenpatriarchen Ferdinand Piëch gehandelt.[29] Dieser wollte sich als Motorradfan zu seinem 75. Geburtstag was gönnen – wobei dieses Argument vom Konzern selbst bestritten wurde.[30]

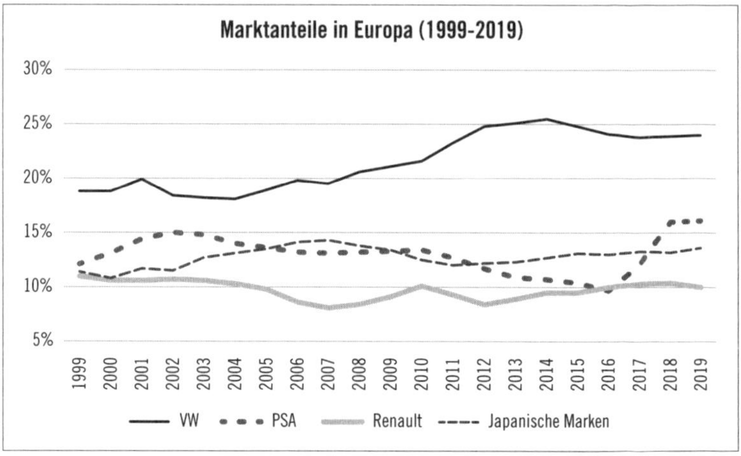


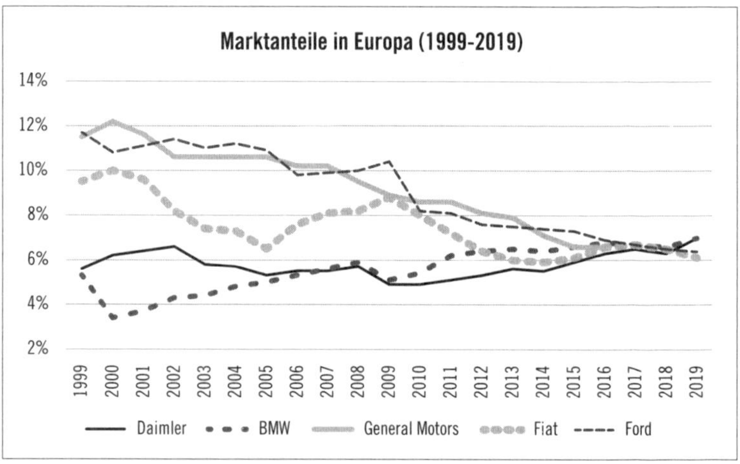


Abbildung 4.2 *Quelle: CCFA*

Wie dem auch sei, Volkswagen ist es nach Schwierigkeiten in den frühen 2000er-Jahren gelungen den europäischen Markt zu erobern. Ab 2004/2005 setzte der »Siegeszug« ein und erreichte seinen Höhepunkt 2015. Der Dieselskandal, der im September desselben Jahres begann, führte zwar zu einer Schrumpfung der Marktanteile, jedoch nicht zu einem dramatischen Einbruch. Die anderen deutschen Marken, Daimler und BMW, konnten ihren Marktanteil ebenfalls deutlich steigern. Die Zahl für Daimler ist leicht verzerrt, da das Unternehmen 1998 mit Chrysler fusionierte und als Daimler-Chrysler in Europa agierte, bis zur Scheidung im Jahr 2007. Berücksichtigt man dies, so konnte der Kern von Daimler (Mercedes Benz und smart) seinen Marktanteil zwischen 1995 und 2018 mehr als verdoppeln. Auch BMW, das im Jahr 2000 die Marke Rover verkaufte, expandierte deutlich und hat zuletzt, ähnlich wie Daimler, einen Marktanteil von knapp über 6 Prozent.

Die französischen Hersteller hingegen konnten sich bis 2003/2004 gegen ihren Niedergang wehren. Ab Mitte der 2000er-Jahre verloren sowohl Peugeot-Citroën (PSA) als auch Renault an Boden. Erst nach der europäischen Schuldenkrise konnten sie einen Teil des verlorenen Terrains zurückgewinnen – wobei beide Firmen im darwinistischen Überlebenskampf umfassende Kostensenkungen einführten, wie wir noch sehen werden. Renault wuchs weitgehend über seine Marke Dacia, die in Rumänien produziert, während PSA seinen Marktanteil ab 2015 anorganisch durch die Übernahme von Vauxhall und Opel von General Motors (GM) vergrößerte. Die Geschichte von Fiat ist eine des kontinuierlichen Niedergangs, wie es auch bei Ford und GM der Fall ist. Die japanischen Marken hingegen, die in den 1970er- und 1980er-Jahren so sehr gefürchtet waren, haben ihre Marktanteile weitgehend gehalten. Die Daten in Abbildung 4.2 summieren die Anteile von Toyota, Hyundai-Kia und Nissan und zeigen ein moderates Wachstum von knapp unter 11 Prozent im Jahr 2000 auf knapp über 13 Prozent im Jahr 2018.

## Ruinöse Preiskämpfe

Als Folge der Stagnation und bei gleichzeitigem Druck der Finanzmärkte, der die Unternehmen stetig zu mehr Wachstum treibt, hat sich auf dem europäischen Markt ein ruinöser Preiskampf entwickelt. Dies ist neben der fehlenden strukturellen Veränderung der Antriebstechnologien und dem fehlenden Wachstum ein weiteres Schlüsselindiz dafür, dass es sich beim Wettbewerb der Unterneh-

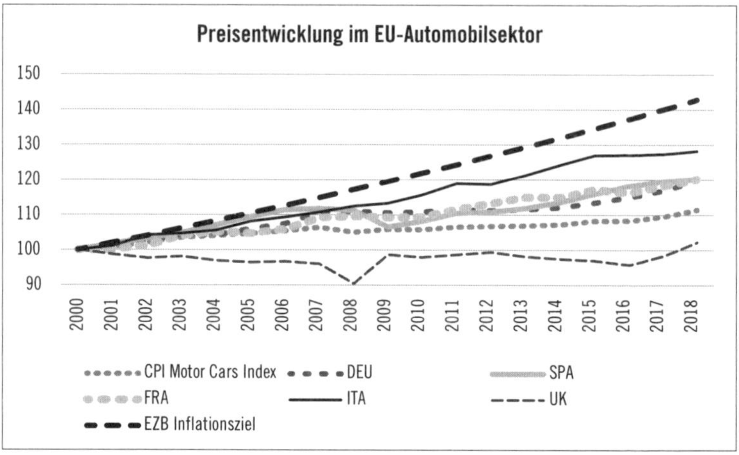


Abbildung 4.3 *Quelle: Bloomberg*

men um einen zerstörerischen, darwinistischen Wettbewerb handelt – und nicht um einen innovativen, schumpeterianischen.

Abbildung 4.3 zeigt die Preisentwicklung des Automobilmarktes in der EU. Die gestrichelte Linie gibt dabei die Zielinflationsmarke der EZB von 2 Prozent an, die in keinem einzigen Land annährend erreicht wird. Italien hatte in der Gruppe die höchste Inflationsrate in dem Sektor, doch der Abstand zum gewünschten Preisniveau ist deutlich. Den größten Preisdruck gab es in Großbritannien, wo wir nach 20 Jahren dasselbe Preisniveau haben wie im Jahr 2000. Für Europa insgesamt (CPI Motor Cars Index) liegt das Preisniveau gerade einmal 10 Prozent über dem Wert aus dem Jahr 2000.

Im Jahr 2010 begann das CAR Institut des renommierten Automobil-Professors Ferdinand Dudenhöffer damit, Daten zu den Rabattaktionen zu sammeln, mit denen die Hersteller ihren Absatz ankurbeln wollen. In der Praxis sind hohe Rabatte seit jeher die Norm – bereits 2008 argumentierte ein Autoanalyst, dass »die Listenpreise eigentlich nur noch Zahlen auf dem Papier sind«[31] – nur gab es dazu keine Daten. Seit 2010, als die Rabatte und Preisnachlässe bereits auf einem hohen Niveau waren, kennen die Rabattschlachten dem CAR-Index zufolge nur eine Richtung: nach oben.

Insbesondere während der Eurokrise erhielt die Rabattpraxis einen neuen Schub, der sich ab Frühjahr 2017 noch einmal verstärkte.

Zu den gewöhnlichen Rabattaktionen gesellen sich die sogenannten Tageszulassungen, bei denen ein Autohändler oder Hersteller ein neues Fahrzeug, das verkauft werden soll, für einen Tag bei der Zulassungsstelle anmeldet. Dies ermöglicht es dem Händler im nächsten Schritt, das (Neu-)Fahrzeug mit einem hohen Rabatt an einen Kunden zu verkaufen, ohne den Listenpreis offiziell senken zu müssen. Die Händler generieren auf diese Weise mehr Umsatz und Boni, während der Hersteller von besseren Verkaufsstatistiken und der damit einhergehenden Publicity profitiert. In Krisenjahren, wie 2011, wurden solche taktischen Verkäufe auf bis zu einem Drittel aller Neuwagenverkäufe geschätzt.[32]

## Auswirkungen auf Beschäftigung und Produktion

Wie wirkten sich die Stagnation und Preiskämpfe auf die Produktion in den verschiedenen Ländern aus? Werfen wir einen Blick auf die Entwicklungen in Europa, so fallen einige Tendenzen auf (vgl. Abbildung 4.4). Zunächst ist es Deutschland weitgehend gelungen, die Marke von 5 Millionen Produktionseinheiten zu halten. Erst im Jahr 2018 folgte der Einbruch, der dafür recht stark ausfiel. In Südeuropa haben wir es mit recht unterschiedlichen Erfahrungen zu tun. Während Spanien sich nach 2012 wieder erholt hat (nachdem die Produktion im Vergleich zu 1999 um 30 Prozent zurückgegangen ist), liegt die Produktion in Frankreich, Italien und Großbritannien jetzt unter dem Niveau von 1999. Besonders ausgeprägt war der Rückgang in Frankreich und Italien, wo 2019 nur noch 60 beziehungsweise 38 Prozent des Volumens von 1999 produziert wurden. Der große Gewinner der letzten 20 Jahre ist hingegen Osteuropa – zumindest den Zahlen zufolge. Wir werden später noch darauf eingehen, wie stark die Divergenz zwischen der Entwicklung der Löhne und der Produktivität in der Region war, doch wenn es um die absoluten Produktionszahlen geht, so hat sich das Volumen verdoppelt.

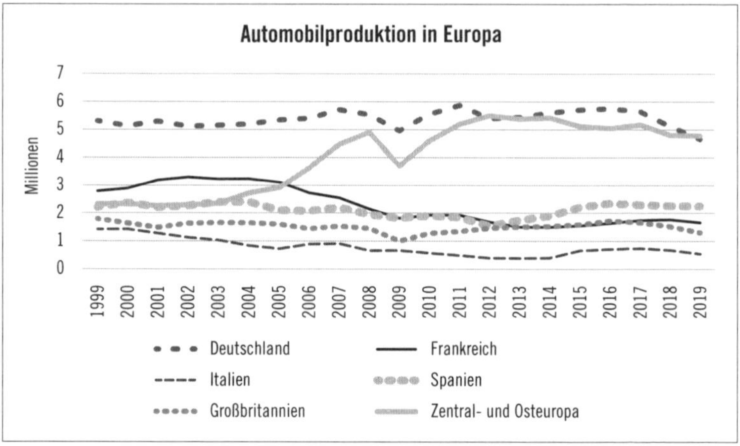


Abbildung 4.4 *Quelle: CCFA*

Im Jahr 2019 rollten in den Ostländern sogar zum ersten Mal mehr Einheiten von den Bändern als in Deutschland.

Zu den Gründen für die Produktionsverlagerung nach Mittel- und Osteuropa gehörte zunächst die Erschließung neuer Märkte. Man dachte damals, es würde dort eine neue Mittelkasse entstehen, sodass die Firmen in die lokale Produktion investierten. Auf die Entstehung einer wohlhabenden Mittelklasse wartete man jedoch vergebens und so gingen die Firmen vermehrt dazu über, die gute industrielle Basis, die (durch die EU finanzierte) Infrastruktur und die billigen Löhne auszunutzen und die dort produzierten Autos in die westeuropäischen Märkte zu reimportieren. Insbesondere als der Preisdruck in den Märkten zunahm und die Krise in der Eurozone durchschlug, wurde dies die dominante Strategie. Vor allem für die deutsche Industrie wurde Osteuropa zudem eine billige Einkaufsregion für die Vorprodukte, die dann in deutschen Fabriken veredelt werden konnten. Durch die Auslagerung einiger Teile der Wertschöpfungskette konnten die deutschen Hersteller somit für die Produktion im Inland gewaltig die Kosten drücken. Für die Franzosen war eine ähnliche Restrukturierung der Wertschöpfungsketten nicht möglich, denn da die Produktionsmechanismen in der Industrie eng aufeinander abgepasst sind, muss die Zulieferung nahe bei der Fabrik sein.

Diese Tendenz der Produktionsverlagerung liefert uns somit ein weiteres Indiz dafür, dass wir es mit einem zerstörerischen Wettbewerb zu tun haben, bei dem die Hersteller hauptsächlich an der Kostenschraube drehen. Das heißt, statt Innovation haben wir es hier größtenteils mit einer Optimierung der bestehenden Produktionsmethode zu tun. Oder, um es formaler auszudrücken: Anstatt dass die Unternehmen ihre Wettbewerbsfähigkeit durch höhere Produktivität bei gegebenem Lohnniveau erhöhen, kombinieren sie lieber die gegebene Produktivität (Produktionsmethode) mit billigen Löhnen. Kurz: Darwin statt Schumpeter.

## Die Industrie in Deutschland und Frankreich

Wir werden die Dynamiken noch besser verstehen können, wenn wir uns die deutschen und französischen Hersteller im nächsten Kapitel genauer anschauen werden. Das Schicksal dieser Automobilproduzenten ist nämlich eng mit der Entwicklung der Industrie sowohl in Frankreich als auch in Deutschland verbunden – wo Renault und PSA, ebenso wie BMW, Daimler und Volkswagen rund 80 Prozent der jeweiligen Produktion in beiden Ländern ausmachen (wobei die drei deutschen Firmen im Laufe der Zeit durch ihr Wachstum einen Teil der Verluste von Opel und Ford ausglichen).

Beginnen wir mit der Produktion der beiden französischen Konzerne (vgl. Abbildung 4.5). Wir haben gerade konstatiert, dass die Automobilproduktion in Frankreich stark eingebrochen ist. Jetzt sehen wir, dass es daran liegt, dass sowohl Renault als auch PSA ihre Produktion in der Heimat stark zurückgefahren haben. Der Fall Renault ist dabei extremer als der von PSA. Hier ist die Produktion von über einer Million Fahrzeuge im Jahr 1999 auf unter 400 000 Einheiten zurückgegangen. Nur 10 Prozent der von Renault produzierten Autos werden somit in Frankreich produziert. Bei PSA war der Rückgang weniger drastisch, da das Unternehmen mit einer Ge-

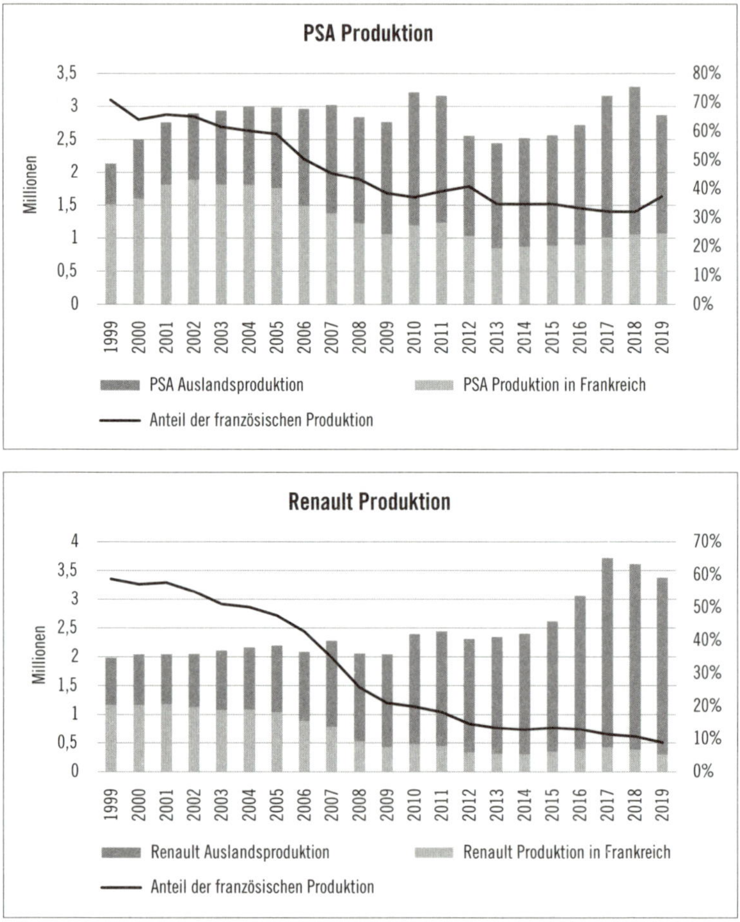


Abbildung 4.5 *Quelle: CCFA*

samtproduktion von mehr als einer Million Einheiten immer noch circa ein Drittel der Produktion in Frankreich hat.

Entscheidend ist dabei, dass sich in beiden Fällen der Rückgang der heimischen Produktion seit Mitte der 2000er-Jahre deutlich beschleunigte und dann in den Jahren der Finanz- und Eurokrise noch mal Fahrt aufnahm. Vergleichen wir diese Information mit der Entwicklung der Marktanteile, so lässt sich feststellen, dass, solange die französischen Hersteller in den frühen 2000er-Jahren ihre Marktanteile halten beziehungsweise ausbauen konnten, die Produktion der Stückzahlen in Frankreich konstant blieb. Zwar sank der *Anteil* der heimischen Produktion kontinuierlich, doch wurden zu der Zeit im Ausland nur *zusätzliche* Kapazitäten ausgebaut, die nicht auf Kosten der Produktion in Frankreich gingen.

In Deutschland ergibt sich ein anderes Bild. Zu den Herstellern mit Produktionskapazitäten in Deutschland gehören Volkswagen (inklusive Audi), Daimler, BMW sowie die US-Unternehmen Ford und Opel (seit 2017 im Besitz von PSA). Aufgrund der größeren Firmenvielfalt zeigt die Abbildung 4.6, die die Produktionswerte im Inland angibt, die Zahlen der jeweiligen Hersteller in 5-Jahres-Intervallen. Es fällt auf, dass die deutschen Firmen, wie ihre französischen Wettbewerber, ihre Produktion im Ausland deutlich gesteigert haben. Im Jahr 2018 produzierte jeder Konzern mehr Einheiten im Ausland als im Inland – egal ob es sich dabei um die Premiummarken (Audi, Daimler und BMW) oder den Volumenhersteller VW handelt. Kein Unternehmen war jedoch so aktiv in seiner Internationalisierung wie VW, wo im Vergleich zur Inlandsproduktion rund sechsmal so viele Autos im Ausland gefertigt werden. Auch Audi produziert fast doppelt so viel im Ausland wie im Inland.

Im Gegensatz zu Frankreich gab es in Deutschland aber keinen generellen Rückgang der inländischen Stückzahlen – mit Ausnahme von Opel, das eine Geschichte des kontinuierlichen Niedergangs schreibt. Stattdessen steigerten Daimler und BMW ihre Inlandsproduktion im Laufe der Zeit, Volkswagen tat dies ab den frühen 2000er-Jahren und selbst die Produktion von Ford in Deutschland zeigt lediglich eine umgekehrte U-Form, mit 554 000 Einheiten im Jahr 2018 (also etwas weniger als die 562 000 Einheiten, die 1999 produziert wurden). Mit anderen Worten: Die Produktionssteigerungen im Ausland gingen, im Gegensatz zu Frankreich, nicht zulasten der heimischen Produktion. Der Grund, weshalb wir uns in den folgenden Kapiteln nur mit Volkswagen, Daimler und BMW beschäftigen, ist der, dass rund 80 Prozent der gesamten Produktion in Deutschland von den drei Konzernen kommt und es somit übersichtlicher ist, die anderen Konzerne erst mal außen vor zu lassen.

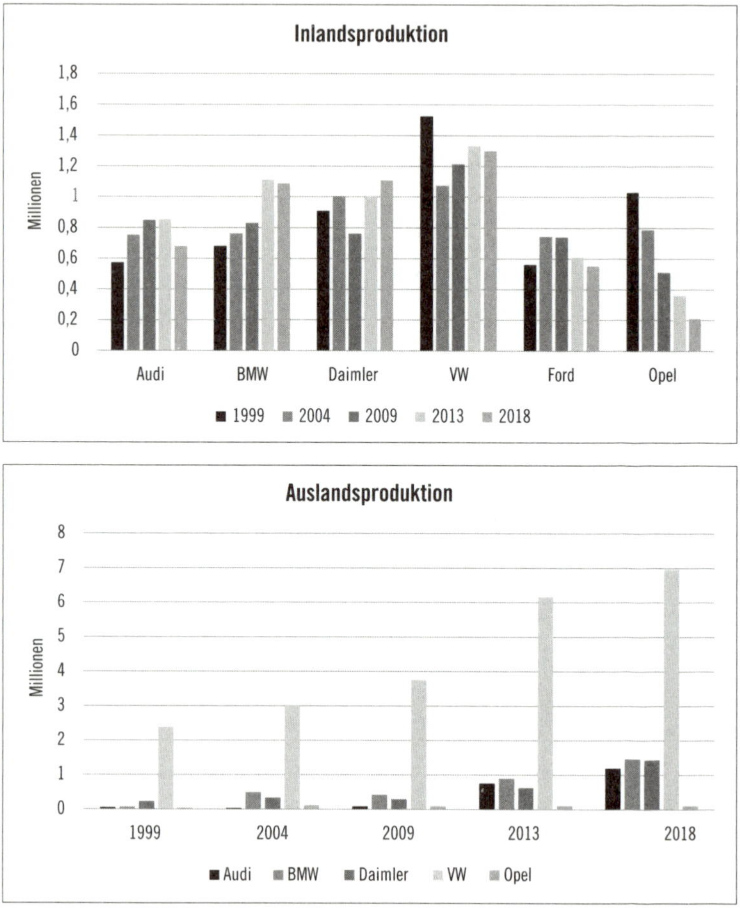


Abbildung 4.6 *Quelle: VDA*

## Jeder Export ein Luxuswagen?

Bevor wir uns den Dynamiken zwischen den Herstellern zuwenden und die Mechanismen hinter dem darwinistischen Wettbewerb anschauen, sollten wir noch einen Blick auf die Modelle werfen, die aus Deutschland exportiert werden. Schließlich lautet ein gängiges Argument, wir stünden nur deshalb so gut da, weil wir uns auf den Premiumbereich fokussieren. Jeder will unsere teuren BMWs und Mercedes haben, deshalb stehen wir so gut da und deshalb sind unsere Autohersteller so profitabel. Sollte dieses Narrativ stimmen, bestünde zwischen dem Niedergang der Industrie in West- und Südeuropa und der deutschen Exportstärke kein Zusammenhang. Aus dem zerstörerischen Wettbewerb würden sich die deutschen Hersteller somit rausgeklammert haben und wir könnten uns eher auf eine Analyse von Ländern wie Großbritannien oder Italien beschränken. Das Problem ist: Dieses Narrativ stimmt nicht. Zumindest nicht in dem Ausmaß, in dem es uns gerne präsentiert wird.

Die Daten zu den deutschen Exporten des Verbands der deutschen Automobilindustrie (VDA) zeigen uns, dass es vielmehr ein Mix aus Volumen- und Premiummodellen ist, der den Weg ins übrige Europa und in den Rest der Welt findet. Die Exporte teurer Luxusmodelle (wie einer S-Klasse) machen dabei, trotz besserer Margen pro Fahrzeug, insgesamt einen deutlich geringeren Anteil aus als die volumenstarken Modelle (wie ein Golf), die insbesondere im europäischen Raum exportiert werden. Auch wenn es im öffentlichen Diskurs manchmal scheint, als wäre jeder Export ein Audi A8 oder ein 7er BMW, kommt die Oberklasse auf gerade einmal 4,5 Prozent der deutschen Exporte. Tatsächlich wurden volumenmäßig seit 1999 jedes Jahr mehr Kleinwagen als Luxusmodelle aus Deutschland exportiert. Nimmt man die obere Mittelklasse hinzu, so machen die Premiummodelle gerade einmal 16 Prozent der gesamten Exporte aus. Zwar haben die deutschen Marken sicherlich einen höheren Markenwert als ihre französischen Konkurrenten – doch wie wir im nächsten Kapitel sehen werden, hilft es ihnen nicht dabei, sich dem darwinistischen Wettbewerb zu entziehen.

# 5. Die Hauptakteure im Wettbewerb: Die deutschen und französischen Konzerne unter der Lupe

Was Schumpeter als zerstörerischen Wettbewerb klassifizierte, würde seiner Analyse zufolge nur zu Stagnation und Preiskämpfen führen, während der technologische Fortschritt ausbleibt. Anhand einiger Kennzahlen der europäischen Automobilindustrie konnten wir bereits feststellen, dass er mit dieser Einschätzung richtig lag. Nun geht es darum zu schauen, wie dieser darwinistische Wettbewerb von den Hauptakteuren geführt wurde, da es streng genommen nicht Länder sind, die miteinander im Wettbewerb stehen, sondern die Firmen, die in diesen Ländern ihre Produktionsbasis haben.

## Warum müssen Firmen wachsen?

Wenn wir uns der Unternehmensanalyse zuwenden, so müssen wir selbstverständlich andere Kriterien anlegen, als wir es bei der Bewertung der wirtschaftlichen Leistung eines Staates tun. Wie es allerdings in der Politik üblich ist, dass die vielleicht am meisten debattierte Frage die Frage nach dem Wachstum ist (ob gerechtfertigt oder ungerechtfertigt, lassen wir mal stehen), so haben auch die Unternehmen vornehmlich das Ziel »Wachstum« im Kopf. Warum? Die Antwort darauf ist einfach: Wie wir als Menschen sehen sich Firmen ebenfalls einer völlig ungewissen Zukunft gegenüber. Und so, wie wir Menschen mit der Ungewissheit unsere Schwierigkeit haben oder sie gerne verdrängen, mögen Firmen den Umstand genauso wenig. Es ist selten, dass Menschen sich der fundamentalen Ungewissheit ihres Lebens bewusst sind und diese akzeptieren. Vielmehr beobachten wir, dass sie versuchen, sowohl ihre Umwelt als auch ihre Gedanken zu kontrollieren. Je mehr wir uns einreden, dass wir die Kontrolle über unser Leben haben, desto sicherer fühlen wir uns.

In einer Marktwirtschaft verfolgen Firmen dasselbe Ziel. Sie wollen ihr wirtschaftliches Umfeld so weit wie möglich kontrollieren und ihr Überleben sichern. Zur Kontrolle wiederum brauchen sie Marktmacht – und um diese Marktmacht zu erlangen, müssen sie wachsen. Je größer die Firma, desto mehr Macht und Kontrolle wird sie haben. Ob es eine bessere Verhandlungsposition gegenüber den Zulieferern ist, stärkerer Einfluss über das Kaufverhalten der Kundschaft, mehr Unabhängigkeit auf den Finanzmärkten oder ein höherer Einfluss in der Politik – Wachstum erleichtert es der Firma durch Planung mit den Ungewissheiten der Zukunft fertig zu werden. John Kenneth Galbraith, ein bekannter amerikanischer Ökonom, bezeichnete Firmen deshalb als »dauerhafte institutionelle Antwort auf eine unsichere Zukunft«.[1]

Neben Wachstum spielt die Profitabilität für Firmen eine wichtige Rolle, wobei eine höhere Marktmacht normalerweise zu höheren Profiten führt, da die Firma in der einen oder anderen Weise einen monopolistischen Vorsprung gegenüber der Konkurrenz haben wird. Das wiederum hat zur Folge, dass weiteres Wachstum und noch mehr Marktmacht der Firma zuteilwerden können. Profitabilität ist somit ein Schlüsselindikator bei operativen und strategischen Entscheidungen, welches jedoch im Kontext des Wachstums zu sehen ist. Das Wachstum ist nämlich der entscheidende Indikator für die zukünftigen Erträge und Profite, die auf den Finanzmärkten wichtiger sind als die der Gegenwart. Wenn Firmen sich in rasanten Wachstumsphasen befinden, werden sie es sich erlauben können, nicht profitabel zu sein, denn die Aussicht auf zukünftige Profite ermöglicht ihnen, sich problemlos auf den Finanzmärkten zu refinanzieren und Investoren anzuziehen. Tesla oder Uber sind derzeit passende Beispiele dafür.

Früher oder später wird es jedoch unabdingbar, dass Firmen Profite generieren. Wer dauerhaft rote Zahlen schreibt, überlebt nicht. Entweder wird die Refinanzierung auf den Kapitalmärkten zu teuer oder das Eigenkapital verschwindet. Da ein Unternehmen, wie jeder andere Organismus, seine Überlebenschancen maximieren möchte, werden Wachstum und Profitabilität zu den wichtigsten operativen Kennziffern der Überlebenssicherung. Jede Firmenleitung weiß: Hohe Profitabilität macht sie unabhängiger von den Finanzmärkten, da Investitionen durch die zurückgelegten Profite finanziert werden können. Falls die Firma dennoch die Kapitalmärkte anzapfen möchte, wird ein profitables und wachsendes Unternehmen günstigere Refinanzierungsbedingungen vorfinden. Dies wiederum ermöglicht weitere Investitionen in weiteres Wachstum und eine höhere Profitabilität. Die Wechselwirkung zwischen Wachstum und Profitabilität folgt somit einer einfachen Logik: Unternehmen wollen wachsen, um profitabler zu werden, und wollen profitabler werden, um zu wachsen.

## Wachstumsdivergenzen im Herzen Europas

Fangen wir also beim Wachstum an: Wie waren die unterschiedlichen Entwicklungen der fünf Konzerne?

Tatsächlich scheint es auf den ersten Blick so, also ob die deutschen Hersteller enorm hohes Wachstum generieren konnten und somit eine erfolgreiche Zeit hinter sich haben. Zwei wesentliche Indikatoren dazu sind auf der einen Seite die Gesamterträge, auf der anderen Seite der Gewinn vor Zinsen und Steuern (EBIT), der die Art der Finanzierung ausklammert und so eine bessere Vergleichbarkeit schafft. Beide werden in Abbildung 5.1 aufgezeigt. Die Daten für Daimler bis 2007 beinhalten dabei die Umsätze von Chrysler, von dem sich das Unternehmen in dem Jahr trennte.

Egal, welchen Indikator man bei der Bewertung zurate ziehen möchte, die Schlussfolgerung bleibt dieselbe: Wachstum bei den deutschen Herstellern, Flaute bei den Franzosen. Während der Umsatz von PSA zwischen 1999 und 2004 von rund 38 Milliarden Euro auf 56 Milliarden Euro anstieg, dauerte es bis 2017 und der Fusion mit Opel, bis das Unternehmen das frühere Ertragsniveau übertraf.

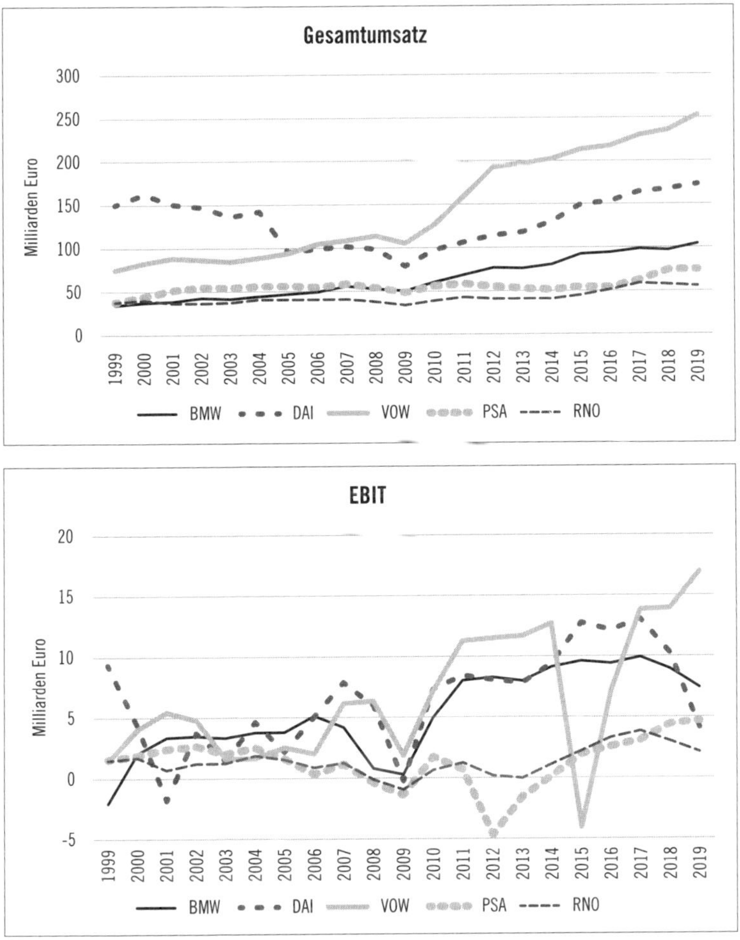


Abbildung 5.1 *Quelle: Eikon Refinitiv*

Beim EBIT gab es ab 2006 einen deutlichen Abwärtstrend, der 2012 mit dem Beinahe-Bankrott des Unternehmens seinen Tiefpunkt erreichte. Das Ertragswachstum von Renault war während des gesamten Zeitraums schwach und erholte sich erst nach 2014. Die deutschen Firmen hingegen erscheinen als die großen Profiteure: (1) BMW hat nach dem Rover-Fiasko den Gesamtertrag und das EBIT mehr als verdoppelt, (2) der Umsatz von Volkswagen übertraf den aller anderen, während (3) der Ertrag von Daimler nach der Trennung von Chrysler deutlich wuchs. Beim EBIT bewegten sich die deutschen Konzerne nahezu gleichauf, obwohl die Rückstellung für den Dieselgate-Skandal die Profitabilität von Volkswagen im Jahr 2015 beeinträchtigte.

Woher kam das Wachstum? War es alles nur der Aufstieg Chinas, der den deutschen Firmen das Geld in die Kasse spülte? Zweifelsohne war das Wachstum im Reich der Mitte für die deutschen Produzenten ein Gewinn. Doch – wir erinnern uns an die These der Hyperglobalisierung, die in Wahrheit eine »Glokalisierung« ist – sollte man die Relevanz des Außenhandels im Vergleich zum europäischen Markt nicht überbewerten. Der große Umsatzsprung zwischen 2010 und 2018 stammt nämlich zu einem größeren Teil aus dem Binnenmarkt. Vor allem bei Volkswagen ist das der Fall. Hier wuchsen die Einnahmen in Europa doppelt so stark wie in Asien-Pazifik: von rund 83 Milliarden (2010) auf 143 Milliarden Euro (2018) in Europa (das heißt ein Anstieg von 60 Milliarden Euro) gegenüber einem Anstieg der Einnahmen aus Asien von rund 14 Milliarden (2010) auf 43 Milliarden Euro (2018). Im Falle von BMW stieg der Umsatz im Heimatmarkt im selben Zeitraum von rund 30 Milliarden auf 45 Milliarden Euro, gegenüber einem Zuwachs von 5 Milliarden Euro in Asien (von rund 15 Milliarden auf 20 Milliarden Euro). Bei Daimler finden wir einen Anstieg von 30 Milliarden Euro in Europa (von 39 Milliarden im Jahr 2010 auf 69 Milliarden Euro 2018) gegenüber 21 Milliarden Euro in Asien (von circa 20 Milliarden 2010 auf 41 Milliarden Euro 2018).[2] Alles auf China abzuwälzen und zu sagen, das Wachstum der deutschen Firmen hätte wenig mit Europa zu tun, ist somit empirisch nicht haltbar.

## Wachstum ohne Substanz?

Wenn wir uns dieses Wachstum der deutschen Konzerne vor Augen führen, bleibt eine andere Frage noch unbeantwortet: Kann man eventuell nicht doch davon sprechen, dass es schlicht die Qualität war, die sich durchgesetzt hat? Haben sich die deutschen Firmen

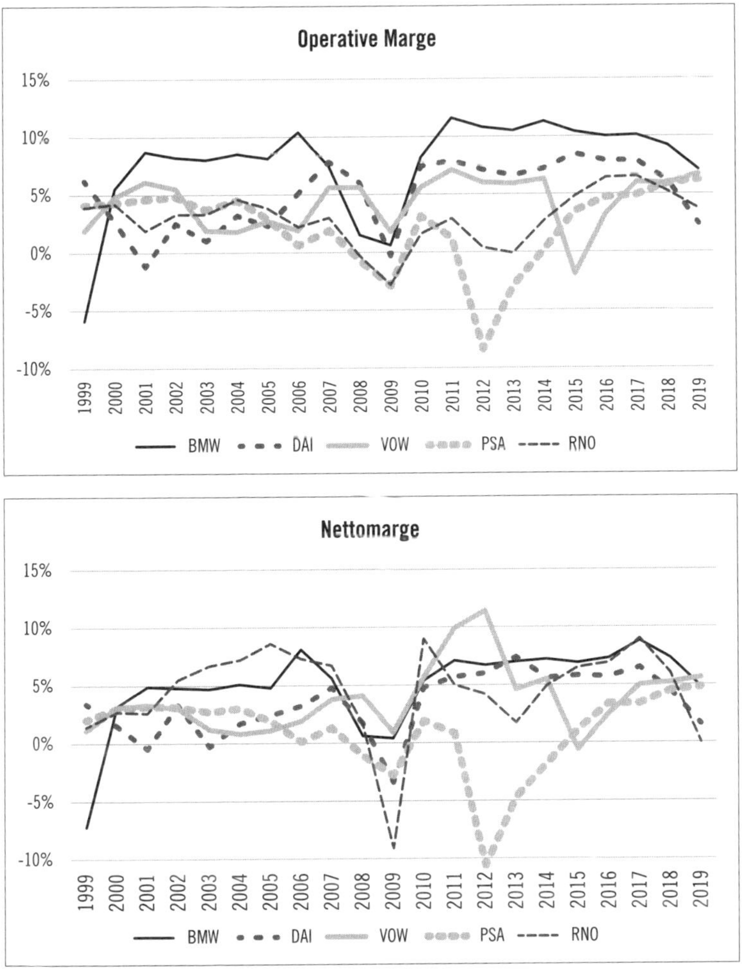


Abbildung 5.2 *Quelle: Eikon Refinitiv*

dem desaströsen Wettbewerb entziehen können, dessen Tendenzen wir bereits im letzten Kapitel sehen konnten?

Nun, um zu sehen, ob sich Qualität und Innovation oder Optimierung und Darwinismus durchgesetzt haben, muss man über simple Wachstumszahlen hinausgehen. Schumpeter erklärte uns, dass Innovationen den Firmen die Möglichkeit geben, ihre Güter höher zu bepreisen und damit profitabler zu operieren. Das hieße, innovative

Firmen würden ihren monopolistischen Vorsprung im Markt dazu nutzen, um den ruinösen Preiskämpfen zu entgehen, und sich durch eine deutliche höhere Marge auszeichnen. Wenn ein Markt hingegen so umkämpft ist, dass alle Firmen optimieren und wie verrückt an ihren Kostenschrauben drehen, dann werden die Margen insgesamt sehr gering sein. Eine allgemein geringe Profitabilität ist somit ein weiteres Merkmal des wirtschaftlichen Darwinismus.

Wenden wir uns also der Profitabilität der Unternehmen zu, die wir genauer unter die Lupe nehmen. Wie steht es da zunächst um die deutschen Firmen? Nicht selten haben wir gehört, die Automobilindustrie verdiene sich dumm und dämlich. Benutzen wir am besten wieder zwei Indikatoren, die uns jeweils unterschiedliche Informationen zur Profitabilität der Konzerne geben. Sofern wir uns nur auf einen einzigen beschränken würden, liefen wir Gefahr eventuell die falschen Schlussfolgerungen zu ziehen. Abbildung 5.2 zeigt die beiden in der Finanzindustrie gebräuchlichste Indikatoren auf: die operative Gewinnmarge und die Nettogewinnmarge. Die operative Gewinnmarge gibt Aufschluss darüber, wie viel Gewinn ein Unternehmen aus seinem Kerngeschäft vor Zins- und Steuerzahlungen erzielt. Dies macht den Indikator normalerweise zum geeignetsten Maß für die Beurteilung der operativen Leistung, da die Art der Finanzierung des Unternehmens und die Steuerbelastungen nicht berücksichtigt werden. Die Nettogewinnmarge hingegen gibt den Gewinn nach Abzug aller Kosten an.

In Bezug auf die operative Gewinnmarge sehen wir, dass BMW bis in die späten 2010er-Jahre mit Abstand das Nonplusultra war. Beim Vergleich der anderen Hersteller wird es mit einer solch generalisierenden Aussage jedoch schwieriger. Vor allem zu Beginn und Mitte der 2000er-Jahre waren Renault und PSA ihren Konkurrenten Daimler und Volkswagen mindestens ebenbürtig, in einigen Jahren sogar überlegen. Erst mit den rot-grünen Arbeitsmarktreformen und der Auslagerung einiger Teile der Wertschöpfungskette in den Osten sind die deutschen Hersteller wieder profitabler geworden. Operative Margen von etwas mehr als fünf Prozent sind jedoch in keiner Hinsicht berauschend.

Zur selben Zeit als die deutschen ihre Profitabilität durch die Reformen steigern konnten, begann die Profitabilität von Renault und PSA einzubrechen, was man anhand des Abstiegs der operativen Marge ab dem Jahr 2004 gut beobachten kann. Dies lag vor allem daran, dass durch den Verlust der Marktanteile die Kapazitätsauslastung in den Werken zurückging, was die relativen Kosten für Renault und PSA massiv erhöhte. Mit dem Verlust der Marktanteile in Europa und dem Dahinschwinden der Profitabilität ab Mitte der 2000er-Jahre trafen die Finanz- und Eurokrise die Franzosen zur Unzeit. Nur aufgrund staatlicher Unterstützung entgingen Renault und PSA ihrem Untergang und schlossen erst ab 2014 auf – durch Reformen im Stile Schröders und massive Auslagerungen der Produktion in Niedriglohnländer. Wir sehen bereits, auch hier wurde die Wettbewerbsfähigkeit nicht im Sinne Schumpeters erhöht, sondern ganz im Geiste Darwins, nämlich durch ein Drücken der Löhne. Als Folge der Kostensenkungsorgien konnten die Franzosen dann aber ab 2014 in ihrer operativen Profitabilität wieder zu den Deutschen aufschließen.

Die deutschen Hersteller hingegen kamen nach der Krise schnell wieder auf die Beine und erreichten bereits 2010 eine operative Marge von 6–7 Prozent – was in etwa dem Niveau entsprach, das sie vor der Krise mithilfe der Umstrukturierungen erreichten. Es ist in dem Zusammenhang erstaunlich, dass es den deutschen Firmen trotz des Booms in China und in den USA und trotz der Schwäche des Euro *nicht* gelang, ihre operative Performance signifikant über das Niveau des Jahres 2007 zu erhöhen. In den letzten 2010er-Jahren schließlich fiel die operative Profitabilität wieder ab, sodass es seit 2016 wieder keinen generalisierbaren Unterschied mehr zwischen deutschen und französischen Herstellern gibt. Im Jahr vor der Coronakrise waren selbst PSA und BMW fast auf demselben Niveau.

Wenn es bei der operativen Marge nun von bis in die Mitte der 2000er-Jahre und ab Mitte der 2010er-Jahre keine nennenswerten Unterschiede zwischen den Firmen gab, so wird das Bild noch diffuser, wenn wir uns die Nettomarge anschauen – also was unter dem Strich übrigbleibt, wenn alle Kosten abgezogen wurden. Hier reiht sich BMW in die Reihe der anderen ein und die Unterschiede verschwimmen gänzlich. Renault steht in der Kategorie viel besser da, da es einen großen Teil des Umsatzes aus dem nicht-operativen Geschäft bezieht, allen voran den üppigen Dividenden, die es von seiner Beteiligung an Nissan erhält. PSA, welches keine solche (international gut vertretene) Beteiligung hatte, konnte sich entsprechend nicht über diesen Weg über Wasser halten. Was allerdings deutlich wird, ist, dass die deutschen Konzerne über den gesamten Verlauf der letzten 20 Jahre hinweg schwerlich als »Outperformer« bezeichnet werden können. Allgemein gilt, was die Marktdaten über die Industrie als Ganzes bereits suggerierten: Es riecht hier nicht nur nach einem destruktiven Verdrängungswettbewerb, es stinkt bis zum Himmel!

## Haben die deutschen Firmen ein Kostenproblem?

Da der Profit sich aus der Differenz zwischen dem Ertrag auf der einen und den Kosten auf der anderen Seite ergibt, ist es sinnvoll, sich in einem nächsten Schritt die Kostenstrukturen anzusehen. Das hilft zudem zu verstehen, ob und inwiefern es strukturelle Unterschiede in der operativen Geschäftstätigkeit gibt und welche Kostenfaktoren die Fluktuationen in der Profitabilität erklären können. Auch hier werden wir – so viel kann bereits gesagt werden – einige erstaunliche Entdeckungen machen, von denen man in den Medien und in der Öffentlichkeit bisher kaum sprach.

Die für die Kostenstrukturen verwendeten Indikatoren werden für gewöhnlich im Verhältnis zum Absatz des Unternehmens angegeben. Nur so kann man beurteilen, ob ein Unternehmen einen wirklichen Kostenvorteil hat oder nicht (dass die nominalen Kosten bei steigender Größe des Unternehmens ebenfalls ansteigen, ist schließlich normal). Wir werfen dabei einen Blick auf vier verschiedene Bereiche. Da sind zum einen die direkten Produktionskosten, im Englischen als »Costs of goods sold« (COGS) bezeichnet. Laut der Ratingagentur Standard and Poors zählen dazu »die Kosten, die für alle Rohstoffe und unfertigen Erzeugnisse anfallen«, sowie »Herstellungskosten und Kosten, die direkt zur Erzielung der Haupteinnahmen des Unternehmens zugeordnet werden können«. Vereinfacht ausgedrückt, sind dies in unserem Fall die Kosten, die mit der Herstellung von Autos verbunden sind. Der zweite Indikator gibt die Vertriebs- und Verwaltungskosten an, das heißt die Kosten, die nicht direkt mit der Produktion zusammenhängen, wie »Werbung, Marketing, Planbeiträge, Lieferung und Vertrieb, Lagerung und andere indirekte (…) Ausgaben«. Zudem werfen wir einen Blick auf die Betriebskosten für die Finanzierungssparte der Unternehmen und, als vierten und letzten Indikator, schauen wir uns die Aufwendungen für Forschung und Entwicklung (F&E) an, denn auch hier scheint eine weit verbreitete Meinung zu bestehen, dass deutsche Konzerne mehr Geld für Innovationen ausgeben und deshalb so erfolgreich sind. Diese vier Indikatoren sind in Abbildung 5.3 dargestellt.[3]

Beginnend mit den Produktionskosten – dem größten und wichtigsten Kostenblock – fällt uns auf, dass sowohl PSA als auch Renault hier gegenüber ihrer deutschen Konkurrenz deutlich im Nachteil sind. Letztere konnten ihr Produktionskostenniveau durch die frühen 2000er-Jahre hindurch senken und das verhältnismäßig niedrigere Niveau seither halten (bei Volkswagen ging es seit 2004 kontinuierlich runter). BMW sticht als kosteneffizientester Hersteller hervor, was somit der Hauptgrund für die hohe operative Profitabilität ist, die wir oben vorfanden.

Renault und PSA hatten hingegen mit einer Tendenz steigender Kosten zu kämpfen, wobei sich das Niveau insgesamt seit der Eurokrise und den Restrukturierungsmaßnahmen verbesserte. Die unterschiedlichen Entwicklungen hier hangen auch mit den unterschiedlichen Absätzen zusammen. Da die Kapitalkosten in der Automobilindustrie enorm sind, gilt es, eine hohe Kapazitatsauslastung und Skaleneffekte zu generieren. Wenn einem Unternehmen die Märkte wegbrechen, wird es schwierig, profitabel zu operieren.

Bei den Vertriebs- und Verwaltungskosten, die den größten Anteil an den nicht-operativen Kosten ausmachen, schneiden die

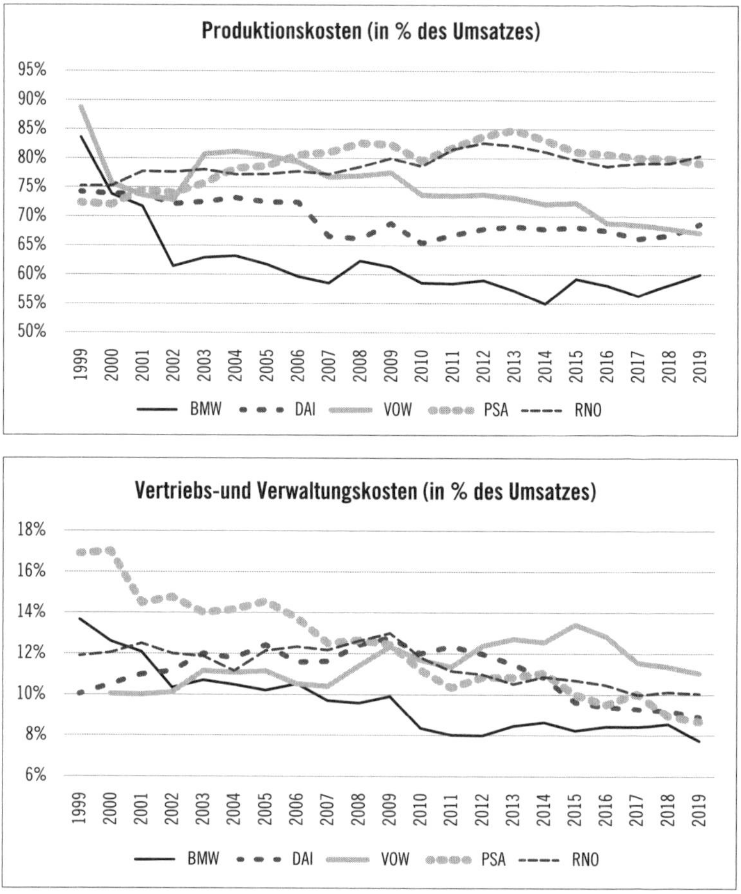


Abbildung 5.3 *Quelle: S&P Global Market Intelligence*

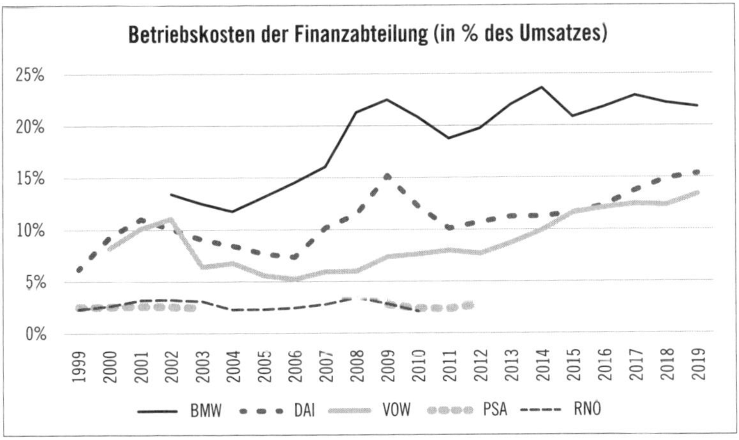


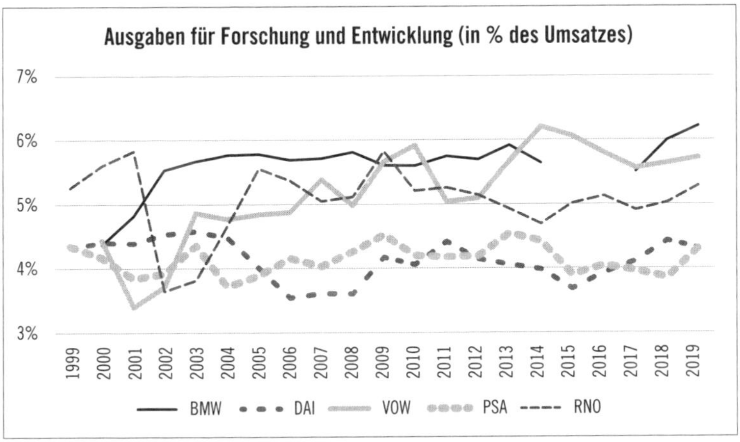


Abbildung 5.3 *Quelle: S&P Global Market Intelligence*

französischen Firmen besser ab als die deutschen. Vor allem PSA gelang es, seine Kosten in den 20 Jahren drastisch zu senken, so dass es seit 2008 keine generellen Unterschiede mehr zwischen deutschen und französischen Produzenten in dieser Kategorie gibt. Allerdings sticht auch hier BMW mit effizientem Kostenmanagement hervor.

Bei F&E-Aufwendungen sind Volkswagen und BMW die Spitzenreiter, doch die von Renault ausgewiesenen F&E-Ausgaben liegen dem nicht weit dahinter. Daimler und PSA bilden das Schlusslicht. Im Verhältnis zur Größe der jeweiligen Konzerne kann man somit auch hier nicht behaupten, dass die »Deutschen« signifikant mehr für ihre Forschung ausgeben als die »Franzosen.«[4]

Vor allem in Bezug auf die Betriebskosten der Finanzierungsabteilungen kann man nicht sagen, dass es bei den deutschen Konzernen nur über Innovationen geht. In diesem Kostenblock finden wir die größten strukturellen Unterschiede zwischen den deutschen und französischen Konzernen. Selbst wenn die Daten für die französischen Unternehmen nur bruchstückhaft vorhanden sind, besteht kein Zweifel daran, dass die Franzosen viel weniger Geld in ihre Finanzdienstleistungen stecken: Mit 5 Prozent des Umsatzes ist es nur ein Bruchteil dessen, was die deutschen Firmen zur Deckung der Betriebskosten ihrer Finanzabteilungen ausgeben. Interessant sind auch die Unterschiede, die in der Entwicklung erkennbar sind: Während bei den deutschen Unternehmen im Zeitverlauf eine klare Aufwärtstendenz zu erkennen ist, deuten die Daten der französischen Unternehmen auf eine regelrechte Stagnation oder sogar einen Rückgang hin.

Insbesondere BMW, das sowohl in der Produktion als auch bei den Verwaltungskosten das beste Kostenmanagement aufweist, gibt mehr als 20 Prozent seines Umsatzes für den Betrieb der Finanzabteilung aus, während Daimler und Volkswagen mit rund 15 beziehungsweise 12 Prozent deutlich weniger ausgeben. Im Vergleich zu den F&E-Aufwendungen können wir konstatieren, dass die deutschen Automobilkonzerne drei bis vier Mal so viel Geld für den Betrieb ihrer Finanzabteilungen ausgeben, wie sie in Forschung und Entwicklung stecken. Sieht so ein Modell aus, das gänzlich auf Innovationen beruht? Sicherlich nicht! Das spricht erneut vielmehr für Optimierung, da man über Investitionen in alle möglichen Finanzdienstleistungen versucht, die eigenen Produkte im Markt zu platzieren und die Konkurrenz an die Wand zu drängen.

## Autohersteller mit Banken oder Banken, die Autos produzieren?

Der Einfluss der Finanzierungsabteilungen auf das Geschäftsmodell der deutschen Unternehmen zeigt sich auch in den Bilanzen. Insbesondere die Bilanz der deutschen Premiumhersteller, BMW und Daimler, wirft die Frage auf, ob man wirklich noch von Autoherstellern reden kann oder besser von Finanzdienstleistern, die Fahrzeuge produzieren, spricht. Die Vermögenswerte (sogenannte »Aktiva«) der Finanzsparten bei BMW und Daimler, die in der Bilanz verbucht sind, übersteigen das der Automobilsparte um den Faktor 1,5 (BMW) beziehungsweise 2 (Daimler). 2019 wurden bei der Daimler AG den Finanzdienstleistungen Vermögenswerte von knapp 175 Milliarden Euro zugeordnet, während sich die Posten der Aktiva der Automobilsparte (Mercedes-Benz Cars) auf circa 84 Milliarden Euro und der Lkw-Sparte auf 24 Milliarden Euro beliefen. Bei BMW standen 157 Milliarden Euro an Werten in der Finanzsparte 113 Milliarden Euro in der Automobilsparte gegenüber.[5] Bei den Volumenherstellern sieht es anders aus. Bei Volkswagen liegen die Aktiva in der Automobilsparte etwa auf Höhe der Aktiva der Finanzdienstleistungen: 2019 stehen 247 Milliarden Euro an Vermögenswerten in der Automobilsparte insgesamt 241 Milliarden Euro der Finanzsparte gegenuber. Bei den französischen Konzernen hat die Automobilsparte eine viel höhere Gewichtung in der Bilanz. Bei Renault standen 2019 zum Beispiel 76.5 Milliarden Euro im Automobilsegment knapp 58 Milliarden Euro in den Finanzdienstleistungen gegenüber. PSA ist im Gegensatz zu den anderen Firmen noch nicht einmal im Besitz einer eigenen Autobank. 2014 wurde für die Finanzdienstleistungen ein Joint Venture mit Santander Consumer Finance gegründet. Davor beliefen sich die Aktiva der Banque PSA auf circa 32 Milliarden Euro, die der Automobilsparte hingegen auf rund 57 Milliarden Euro.

Warum spielen für die deutschen Unternehmen Finanzdienstleistungen eine so große Rolle? Die Antwort ist ganz einfach: Sie ist ein zentraler Mechanismus der Absatzförderung, vor allem in den Industrieländern. Günstige Refinanzierungsbedingungen sind in der Automobilbranche insgesamt zu einem entscheidenden Faktor der Wettbewerbsfähigkeit geworden, denn den klassischen Autokauf, bei dem die Kundschaft die Ware im Austausch gegen Bezahlung des vollen Preises erwirbt, gibt es nicht mehr. Vielmehr wird der Absatz der Fahrzeuge heute direkt von der Autobank finanziert, sei es über ein Leasing oder Kredit. Dieses Modell ist besonders bei den deutschen Autofirmen beliebt – was die Bedeutung der Finanzsparten sowohl in der Bilanz als auch in der Kostenstruktur erklärt. Abbildung 5.4 zeigt die Penetrationsraten, das heißt die Anteile der Fahrzeuge, die von der eigenen Autobank finanziert oder geleast werden. Vor allem Daimler und BMW setzen auf Finanzdienstleistungen, da jeder zweite Neuwagenverkauf über die hauseigene Finanzabteilung im Markt platziert wird. Anfang der 2000er-Jahre lag die Penetrationsrate noch bei rund einem Drittel. Bei den Zahlen muss zudem bedacht werden, dass es sich um die Fahrzeuge des Gesamtkonzerns für Verkäufe auf der ganzen Welt handelt. Im Falle Daimlers ist es so, dass im Automobilsegment (Mercedes Benz Cars) im ersten Quartal 2019 insgesamt 57 Prozent aller verkauften Fahrzeuge von der eigenen Autobank finanziert wurde, während es bei den Lkws gerade einmal jede fünfte Einheit war (21 Prozent).[6]

Auch im Falle der Volumenhersteller sind die Finanzdienstleistungen für den Absatz immer wichtiger geworden. Die Penetrationsrate von Renault hat sich beispielsweise ebenso deutlich erhöht und überschritt 2018 die Marke von 40 Prozent. Bei PSA und Volkswagen sind die Zahlen niedriger, doch auch hier wird jedes dritte Neufahrzeug (bei PSA etwas weniger) durch die jeweilige Finanzsparte der Konzerne finanziert oder geleast. Im Falle Volkswagens sehen wir 2011/12 einen starken Bruch, der, so lesen wir im Ge-

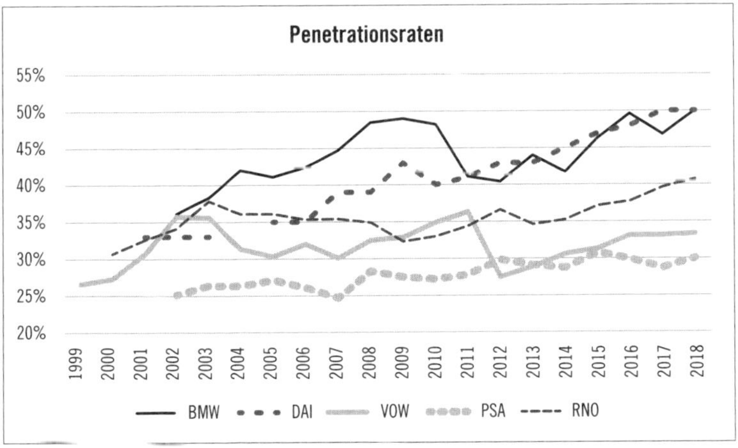


Abbildung 5.4 *Quelle: Geschäftsberichte*

schäftsbericht 2012, »aus der Berücksichtigung des chinesischen Marktes seit Anfang des Jahres 2012 [resultierte]. In China liegt der Anteil der verleasten oder finanzierten Fahrzeuge deutlich unter dem Durchschnitt anderer Automobilmärkte.«[7] Wenn man den Wachstumstrend der Jahre zuvor fortsetzt, der auf diese Korrektur folgte, könnte man erwarten, dass der Anteil in den entwickelten Märkten irgendwo zwischen dem von Daimler, BMW und Renault liegen wird. Es sei in dem Fall angemerkt, wie unsinnig es ist, wenn weite Teile der Medien und öffentlichen Meinung in Deutschland die europäischen Nachbarländer dafür kritisieren, dass sie sich verschuldet haben, wenn es doch die deutschen Autofirmen selbst waren, die die günstigen Kredite mitgaben, um ihre Marktanteile auszuweiten. Wir kommen im nächsten Kapitel noch mal auf dieses Thema zurück.

## Gewinne ohne Cash

Neben der hohen Abhängigkeit von günstigen Krediten, die nicht ins konservative »Keiner darf sich verschulden«-Weltbild passen, ergibt sich ein weiteres Problem für das deutsche Selbstverständnis der

Sparsamkeit und Tüchtigkeit: Die deutschen Konzerne generierten kaum Cash!

Um dieses Problem besser zu verstehen, muss man begreifen, dass es einen Unterschied zwischen den ausgewiesenen Profiten und den daraus generierten Geldmitteln gibt. Wenn ein Unternehmen einen Profit von 100 Millionen Euro ausweist, heißt dies nicht, dass sie am Ende des Geschäftsjahres 100 Millionen Euro mehr auf dem Konto hat als es zu Beginn der Fall war. Einnahmen, Kosten und Gewinne werden nämlich zu dem Zeitpunkt erfasst, an dem sie entstehen und nicht, wenn sie bezahlt werden. Gemäß der Buchhaltungsregeln kann es somit sein, dass eine Firma hohe Profite vorweist und dabei trotzdem »kein Geld« macht. Und dabei muss es sich nicht um einen Fall wie Wirecard handeln.

Gehen wir dies anhand eines Beispiels durch, um Einnahmen, Gewinne und Cashflows – also Geldmittelflüsse – als unterschiedliche Kategorien zu begreifen. Es ist gängige Praxis, dass Leistungen im Voraus geliefert, aber später bezahlt werden. Wenn beispielsweise nun ein Kunde ein Auto per Kredit kauft, der ihm oder ihr von der Autobank direkt mit angeboten wird, so erhöht der profitable Verkauf auf Kredit den Gewinn in dem Jahr, in dem der Vertrag abgeschlossen wird. Da der Kunde aber noch kein Geld auf das Konto des Herstellers überwiesen hat, hat der Verkauf keinen Einfluss auf den Cashflow, denn der Kredit wird ja erst im Laufe der kommenden Jahre zurückbezahlt. Umgekehrt gilt im folgenden Jahr jedoch, dass, wenn die Kreditrückzahlung erfolgt, dies keine Auswirkung auf den Gewinn hat, denn der ist ja im letzten Jahr entstanden. Da das Geld aber auf dem Konto der Firma dieses Jahr eintrifft, erhöht dies den Cashflow in ebenjenem Geschäftsjahr.

Eine hohe Profitabilität muss somit nicht zwangsläufig bedeuten, dass eine Firma »viel Geld« macht. Früher oder später wird eine solche Finanzalchemie jedoch implodieren, denn echte Geldmittel sind das Lebensblut eines jeden Unternehmens. Die Mitarbeiter, Zulieferer und Banken beispielsweise werden zur Begleichung ihrer Forderungen gegen das Unternehmen nämlich nur Geld akzeptieren. Auch Steuerzahlungen oder die Ausschüttung von Dividenden an die Aktionäre geht nur mit Geld. Das ist genau das, was die Akteure auf den Finanzmärkten meinen, wenn sie sich auf das Sprichwort beziehen: »Revenue is vanity, profit is sanity, but cash is king!« (»Umsatz ist Eitelkeit, Gewinn ist Vernunft, aber Geld ist König«).

Werfen wir somit einen Blick darauf, wie gut oder schlecht die Firmen darin waren Geldmittel zu generieren. Die Cashflows werden nach den Zahlungsströmen in drei verschiedenen Bereichen unterschieden. Es gibt die Cashflows aus operativer Geschäftstätigkeit, Investitionstätigkeit und Finanzierungstätigkeit. Bei Cashflows aus operativer Geschäftstätigkeit handelt es sich um die Geldmittelströme, die – wie der Name nahelegt – im Zusammenhang mit dem Kerngeschäft stehen. Beispielsweise ergeben sich hier Geldabflüsse, wenn Löhne gezahlt werden oder die Rechnungen mit Zulieferern beglichen werden. Geldzuflüsse, die dem Bereich zugeordnet werden, entstehen durch den Verkauf der Produkte gegen Bargeld oder Überweisung. Auch Gelderträge aus Gebühren oder Provisionen, die das Unternehmen erhält, zählen dazu. Bei den Cashflows aus der Investitionstätigkeit hingegen bezieht man sich auf Geldflüsse, die im Zusammenhang mit dem An- oder Verkauf langfristiger Vermögenswerte stehen, wie zum Beispiel dem Erwerb oder Verkauf einer Maschine oder einer Fabrik. Sofern Unternehmensanteile oder Schuldtitel anderer Firmen gekauft werden, zählt dies ebenfalls dazu. Der dritten Kategorie, den Cashflows aus der Finanzierungstätigkeit, werden all die Geldströme zugeordnet, welche zu Veränderungen des Bestands an Eigen- oder Fremdkapital führen. Wenn ein Unternehmen zum Beispiel eine Kapitalerhöhung vornimmt und neue Aktien rausgibt, wird der Geldbetrag, den die neuen Aktionäre der Firma überweisen, den Finanzierungstätigkeiten zugeschrieben. Dasselbe gilt, wenn eine Firma eine Anleihe herausgibt oder sich einen Kredit bei der Bank besorgt. Wenn ein Unternehmen hingegen die eigenen Aktien aufkauft, Dividenden ausschüttet oder fällige Kredite aus seinem Geldmittelbestand begleicht, dann führen all die Aktivitäten zu Geldabflüssen, die sich in dieser Kategorie wiederfinden werden.

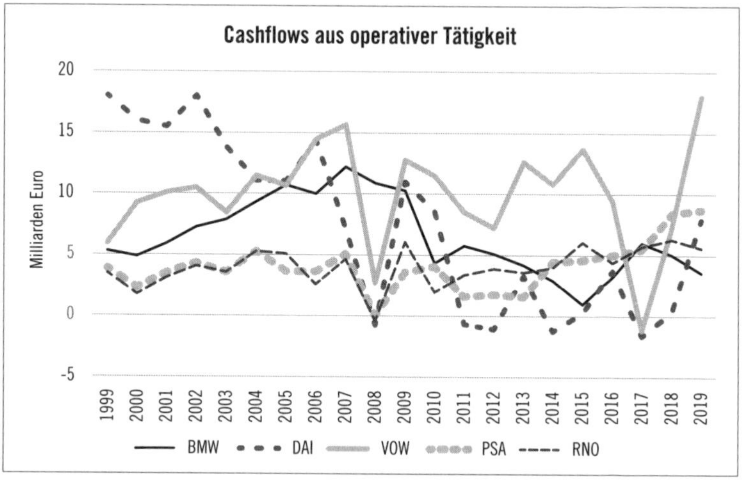


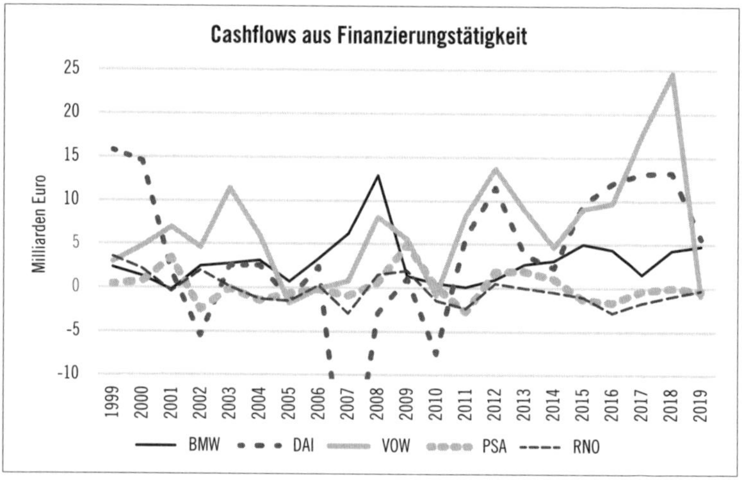


Abbildung 5.5 *Quelle: Eikon Refinitiv*

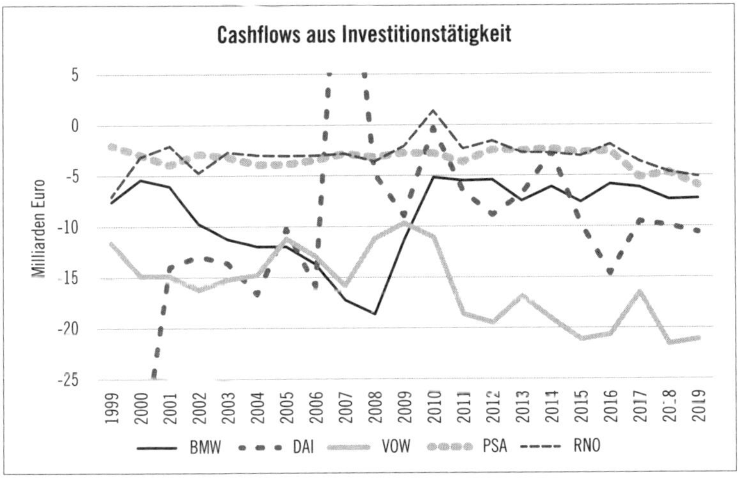


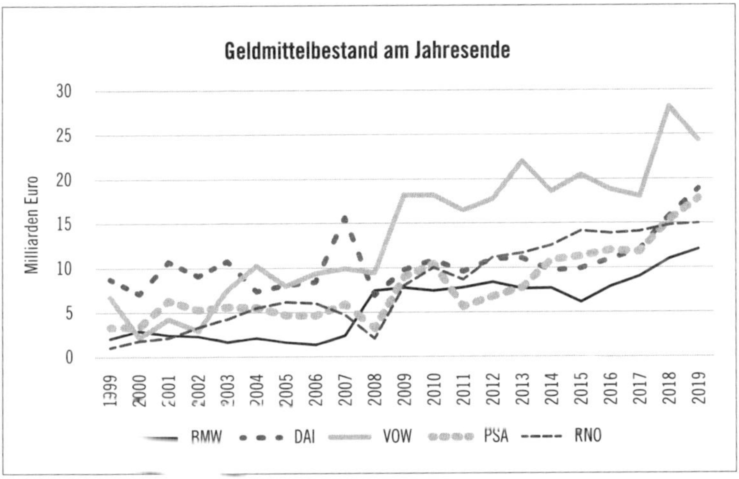


Abbildung 5.5 *Quelle: Elkon Refinitiv*

Abbildung 5.5 gibt die Cashflows aus operativer Tätigkeit, Investitionstätigkeit und Finanzierungstätigkeit an sowie die jeweiligen Geldbestände am Jahresende.[8] Ein Blick auf die Daten genügt, um zu sehen, dass den deutschen Rekordgewinnen, die sich auf den Titelseiten deutscher Tageszeitungen fanden, kaum Cashflows gegenüberstehen. Mit anderen Worten: Ja, die deutschen Autounternehmen haben ihre Umsätze erhöhen können, wirklich »Geld gemacht« haben sie allerdings selten. Die Ausnahme hier ist Volkswagen, das bis zum Dieselskandal die höchsten Cashflows aus dem operativen Geschäft generieren konnte. Doch selbst hier ist es im Verhältnis zum Umsatz so, dass die Cashflows eher schwach ausfallen. 2019 stand bei Volkswagen dem Umsatz von mehr als 250 Milliarden Euro knapp 18 Milliarden an operativen Cashflows gegenüber. Bei den Premiumherstellern BMW und Daimler (bis 2007 inklusive Chrysler) fielen die Cashflows noch deutlich schwächer aus. Gerade in der Phase des Umsatzwachstums nach 2010 war die Performance bescheiden. 2019 standen Umsätzen von 104 Milliarden (BMW) und 173 Milliarden Euro (Daimler) nur 3,5 Milliarden (BMW) und 8 Milliarden Euro (Daimler) an operativen Cashflows gegenüber. Seit Mitte der 2010er-Jahre generierten sogar PSA und Renault höhere operative Cashflows als Daimler und BMW – und das bei deutlich geringeren Umsätzen. Um beim Beispieljahr 2019 zu bleiben: PSA erwirtschaftete einen Umsatz von 75 Milliarden Euro, bei Renault waren es 55,5 Milliarden Euro. Dem standen 8,7 (PSA) beziehungsweise 5,5 Milliarden Euro (Renault) an operativen Cashflows gegenüber.

Insbesondere Daimler hatte in den 2010er-Jahren große Mühe, überhaupt positive Cashflows aus der Geschäftstätigkeit zu erreichen. In den Jahren 2011, 2012, 2014 und 2017 wurde Geld eher verbrannt als verdient. Der schwache Cashflow der Premiumhersteller ist dabei größtenteils auf die Abhängigkeit von Kreditverkäufen zurückzuführen. Schließlich kommen die wenigsten Kunden mit 100 000 Euro in bar in die Mercedes-Benz-Filiale spaziert, um sich ihre neue S-Klasse zu kaufen. Bei Renault hingegen muss bedacht werden, dass die Firma hohe Dividenden und Ergebnisbeiträge aus seiner Beteiligung an Nissan erhielt, die als Erträge aus betrieblicher

Tätigkeit klassifiziert werden. Ohne Nissan wären die operativen Cashflows wesentlich niedriger gewesen.

Hinsichtlich der Cashflows aus Investitions- und Finanzierungstätigkeit sehen wir, dass die deutschen Unternehmen in beiden Bereichen deutlich aktiver waren, wenngleich der Unterschied zwischen Deutschen und Franzosen bei der Investitionstätigkeit stärker ausgeprägt ist. Insbesondere die Investitionstätigkeit Volkswagens steht hervor, die nach 2010 zu Netto-Abflüssen von 20 Milliarden Euro führten. Daimler und BMW verzeichneten ebenfalls deutlich höhere Abflüsse als Renault und PSA, die kaum große Summen für ihre Investitionstätigkeiten abwarfen.

Bezüglich der Cashflows aus der Finanzierungstätigkeit, so bewegten sich die französischen Hersteller nahe der Nulllinie. Dies bedeutet, dass die auf den Finanzmärkten eingenommenen Geldmittel größtenteils dem Wert entsprachen, der zur Begleichung der Verpflichtungen und zur Rückzahlung an Investoren ausgegeben werden musste. Die deutschen Firmen tendierten hingegen dazu, deutlich höhere Mittel auf den Finanzmärkten zu generieren – hauptsächlich über die Emission von Anleihen. Aus den Geschäftsberichten der deutschen Konzerne entnehmen wir, dass diese Mittel ab den frühen 2010er-Jahren meist zur Refinanzierung des der Finanzsparte verwendet wurden, um den Umsatz und das Wachstum zu steigern. Bei Daimler lesen wir dazu beispielsweise: »Die von Daimler im Jahr [2012–2019] durchgeführten Finanzierungen dienten vor allem [oder »weit überwiegend«, Geschäftsbericht 2012] der Refinanzierung des Leasing- und Absatzfinanzierungsgeschäfts.«[9] Ähnlich verhält es sich bei BMW, wo es in den Geschäftsberichten heißt: »Zur Finanzierung der weltweiten Geschäftsaktivitäten wird ein breites Instrumentarium an den internationalen Geld- und Kapitalmärkten eingesetzt. Die aufgenommenen Finanzmittel dienen dabei fast ausschließlich der Finanzierung des Finanzdienstleistungsgeschäfts.«[10] Da haben wir es schwarz auf weiß: Die Absatzfinanzierung lief für die deutschen Premiumhersteller über den Umweg der günstigen Refinanzierung auf den Kapitalmärkten. Wirkliche Innovation sieht anders aus.

Zuletzt bietet der vierte Indikator in Abbildung 5.5, der Geldmittelbestand am Jahresende, eine Art Zusammenfassung der Nettoveränderungen des Cashflows. Aufgrund der schwachen Cashflows aus operativer Geschäftstätigkeit und hohen Abflüssen bei den Investitionen ist es weiter nicht verwunderlich, dass die deutschen Unternehmen in der Kategorie nicht wirklich überragen. Mehr noch: Trotz höchst unterschiedlicher Wachstumsperformances haben die deutschen Konzerne im Jahr 2019 teilweise geringere Geldbestände als die Franzosen zur Verfügung. BMW steht beispielsweise mit circa 12 Milliarden Euro in der Kasse da, Daimler mit 18 Milliarden Euro. PSA und Renault hatten hingegen knapp 18 (PSA) beziehungsweise 15 Milliarden Euro (Renault) auf der Bank.

Selbst mit relativ niedrigen Cashbeständen lässt sich somit ein großes Rad drehen. Wenn eine Wachstumsdynamik vorherrscht, so haben wir am Anfang des Kapitels gesehen, werden Investoren mit höheren Cashflows in Zukunft rechnen. Tatsächlich hatten die deutschen Hersteller trotz bedenklicher Cashflows keine Probleme sich auf den Kapitalmärkten günstig zu refinanzieren. Abbildung 5.6 zeigt in dem Zusammenhang abschließend den sogenannten Free Cashflow, der die Differenz zwischen den Cashflows aus operativer Geschäftstätigkeit und den Cashflows aus Investitionstätigkeit aufzeigt. Potenziellen Gläubigern gibt der Indikator einen Hinweis darauf, wie viele Geldmittel einem Unternehmen übrigbleiben, nachdem die Abflüsse zwecks Ausweitung der Geschäftstätigkeit und Erhalt des Kapitalvermögens mitberücksichtigt wurden, sodass es ein wichtiger Maßstab zur Beurteilung der Zahlungsfähigkeit ist. In unserem Fall könnte man es salopp umformulieren und fragen: Wie viel Geld bleibt nach dem Verkauf von Autos in der Kasse, wenn die Unternehmen mit diesen Geldzuflüssen ihre Investitionen tätigen und die Wartung der bestehenden Maschinen bezahlen? Der Free Cashflow bezeichnet somit die Geldmittel, die dem Unternehmen nach Abzug anfallender Betriebsausgaben »frei« zur Verfügung stehen, sodass sie für die Tilgung von Krediten und anderen Verbindlichkeiten eingesetzt oder als Dividende ausgeschüttet werden können. Liegt ein negativer Free Cashflow vor, so handelt es sich um

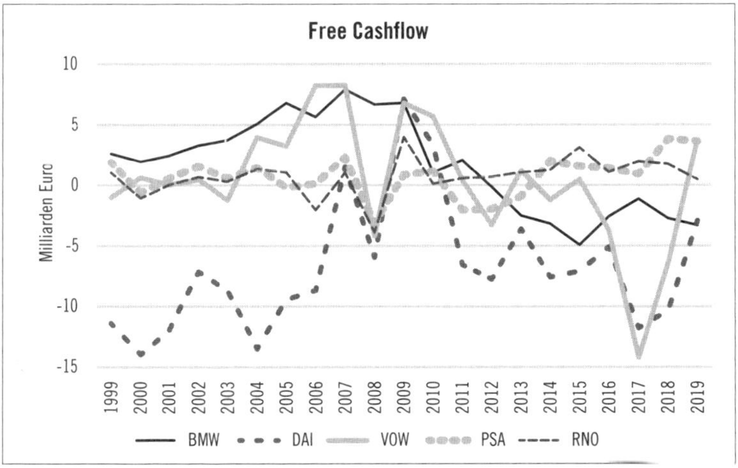


Abbildung 5.6 *Quelle: Eikon Refinitiv*

einen »Cash Drain«, denn Mittelabflüsse aus der Investitionstätigkeit übersteigen die Zuflüsse aus dem operativen Geschäft.

Im Gegensatz zu den französischen Herstellern sehen wir, dass der »Boom« der deutschen Konzerne nach 2010 hauptsächlich mit negativem Free Cashflow einherging. Mit anderen Worten: Es wurde Geld verbrannt. Wäre dies das Ergebnis massiver Abflüsse aufgrund der Investitionen, wäre es wahrscheinlich weniger schwerwiegend. Doch im Falle von BMW haben sich die Abflüsse der Cashflows aus der Investitionstätigkeit nach 2010 massiv reduziert und bei Daimler sind sie erst ab dem Jahr 2015 signifikant gestiegen. Es liegt somit hauptsächlich an den schwachen Cashflows aus der operativen Tätigkeit, dass die deutschen Premiumhersteller kaum »Geld« machen konnten. Bei Volkswagen hingegen waren es tatsächlich die hohen Investitionen, die dafür sorgten, dass der Free Cashflow negativ wurde. Bei negativen Free Cashflows besteht die Gefahr, dass es über kurz oder lang zu Liquiditätsengpässen kommen kann. Bei den deutschen Herstellern war das bisher nie der Fall. Zu nahtlos und zu günstig war die Refinanzierung über die Kapitalmärkte und dort, wo es brenzlig wurde, wie während der Finanzkrise, sprang die Bundesregierung mit Garantien für die Autobanken ein. In Frankreich verliefen die Rettungsaktionen ähnlich, obgleich sowohl PSA und Renault dem Generieren von Cash einen viel höheren, strategischen Wert beimaßen als die deutschen Produzenten.

## Was bleibt?

Während wir uns in den ersten Kapiteln des Buches mit den theoretischen Eigenschaften und Merkmalen eines zerstörerischen Wettbewerbs auseinandersetzten und dem die schumpeterianische Version gegenüber stellten, konnten wir anhand der Entwicklung in der Automobilindustrie deutlich erkennen, welche Form der europäische Wettbewerb einnimmt: Optimierung, Verdrängung, Darwinismus. Wachstum und Veränderung waren nicht existent, die Preiskämpfe tobten, die Profitmargen waren durch die Bank weg schwach und die großen »Gewinner« der ersten 20 Jahre nach der Einführung des Euro generierten kaum Cash, gaben dafür aber drei bis vier Mal so viel Geld für ihre Finanzierungsabteilungen als für Forschung und Entwicklung aus. Ein besseres Beispiel für einen zerstörerischen Wettbewerb hätte man kaum finden können.

Bei einem darwinistischen Verdrängungswettbewerb handelt es sich letztendlich um eine Form des Wettbewerbs, bei dem alle verlieren. Die deutschen Konzerne, die auf den ersten Blick so stark gewachsen sind und so erfolgreich waren, hatten in diesem Wachstum und Erfolg wenig Substanz. Eine Person aus dem Finanzsektor, die im Rahmen der Forschungsarbeiten zu diesem Buch offen mit dem »Erfolgsnarrativ« der deutschen Automobilindustrie konfrontiert wurde, gab brüsk zurück:

»Ich wäre da ein bisschen vorsichtig zu sagen, dass die jetzt so (…) erfolgreich waren. Wenn ich mir angucke, dass die Premiumhersteller mit Renditen im mittleren, niedrigen einstelligen Prozentbereich unterwegs sind, dass kaum Cashflows generiert werden, dass kaum Dividenden ausgeschüttet werden, dann würde ich nicht sagen, dass sie erfolgreich waren. Wenn ich mir die Bewertung der Unternehmen an den Börsen angucke… also eine VW-Aktie, eine

Daimler-Aktie, eine BMW-Aktie hat relativ, relativ zum Dax, 50–60 Prozent abgewertet. Nicht nur absolut ist die Bewertung über die letzten 10–20 Jahre in den Keller gerauscht, sondern auch relativ zum Leitindex. Also ich sehe da nicht den Erfolg. Und [rechnen wir] das End-Equity Ergebnis aus China mit ein: Bereinigt macht Mercedes, ich sage mal, 2–3 Prozent Umsatzrendite. Mercedes! Wenn wir die Preisflexibilität hätten, dann wären die profitabler.«[11]

So gerne wir uns in Deutschland einreden, wir hätten alles richtig gemacht und uns über unsere Innovationstätigkeit und unseren Fleiß die Vorteile im Markt erarbeitet, so wenig überzeugend sind die Daten für eine solche Interpretation – und das selbst am Beispiel der Automobilindustrie, der Paradeindustrie der Deutschen schlechthin! Wer hätte das gedacht…

# 6. Jeder gegen jeden: Darwin in Aktion

Die letzten beiden Kapitel zeigten uns, inwieweit der Wettbewerb in der europäischen Automobilindustrie all die Merkmale eines zerstörerischen Wettbewerbs erfüllt. Bevor wir zur Frage kommen können, was geändert werden müsste, um den Darwinismus in einen schumpeterianischen Wettbewerb umzuwandeln, müssen wir neben einer gründlichen Analyse stärker auf die Rolle der europäischen Institutionen und Staaten eingehen. Anders gefragt: Welchen Einfluss hatten Faktoren, die über die Firmen selbst hinausgehen? Welche Wechselwirkungen bestanden zwischen den Dynamiken, die wir bei den einzelnen Herstellern und im Markt insgesamt beobachten konnten?

## Externe Faktoren: Euroschwäche und Wachstum in China

Rund um die Debatte über die deutschen Exportüberschüsse tauchen oft dieselben Argumente auf. Diejenigen, die die Exportüberschüsse verteidigen, beziehen sich auf die Qualität der Produkte. Deutsche Waren seien schließlich beliebt, sodass die Nachfrage hoch ist. Ein schwacher Euro mag helfen, ist aber weiter unwesentlich. Der zweite Punkt, um die deutschen Exportüberschüsse zu verteidigen, ist das Wachstum in China, welches hohe Exportüberschüsse nach sich zog.

Wir sahen bereits, dass das erste Argument, sofern es sich auf den Automobilsektor bezieht, nicht erklären kann, weshalb die Margen dort für die deutschen Hersteller so gering sind. Es war ein klassisches Beispiel für einen Verdrängungs- und gerade nicht für einen

Innovations- beziehungsweise Qualitätswettbewerb. Bezüglich des zweiten Punkts konnten wir feststellen, dass Europa eine viel größere Rolle für das Wachstum der deutschen Firmen und die deutschen Exporte einnimmt als die Überseemärkte, was jedoch nicht heißt, dass Exporte nach China und in die USA die Schwäche im europäischen Markt nicht teilweise abfedern konnten. Die Überseeexporte wiederum profitierten von der Schwäche des Euro. Dass letzterer Faktor keine oder nur eine geringe Rolle spielte, scheint angesichts des Verhaltens der Unternehmen und der Kennzahlen, die wir beobachteten, geradezu absurd.

Zunächst spiegeln die geringen Margen und Preiskämpfe die Intensität des Wettbewerbs wider, bei der es sich keine Firma im Markt erlauben könnte, nicht zu optimieren. Um zu sehen, inwiefern die Entwicklungen der Wechselkurse mit denen der Produktionsnetzwerke zusammenhängen, können wir einen Blick darauf werfen, was die deutschen Hersteller taten, als der Euro gegenüber dem US-Dollar zwischen den Jahren 2000 und 2008 stark aufwertete. Bereits 2003 finden wir die ersten Berichte, denen zufolge der starke Euro den Absatz der Hersteller zu belasten begann. Um das Währungsrisiko zu minimieren, begann beispielsweise der VW-Konzern die Produktion in Mexiko hochzufahren, sodass »für den US-Markt außer Beetle und Jetta auch der Bora [dort] gebaut und auch nach Europa exportiert wird.«[1] Zwei Jahre später, als der Dollar weiter abwertete, beschwerte sich der damalige Präsident des Verbands der Automobilindustrie (VDA), Bernd Gottschalk: »Es sieht so aus, als ob die USA Währungspolitik nach dem Motto machen: Unsere Währung – euer Problem«,[2] während Daimler und BMW den Verkaufsstart neuer Modelle in den USA verschoben und alle deutschen Hersteller jeweils ihre Produktion im Dollar-Raum ausweiteten. Daimler legte im Jahr 2005 mit der Ausweitung der Produktion im Mercedes-Werk Tuscaloosa in Alabama vor, BMW und Volkswagen zogen 2007 beziehungsweise 2008 nach.[3] 2009 baute Daimler die Kapazitäten in seinem US-Werk weiter aus, da man sich Patriotismus »nicht mehr leisten« könne.[4] Erst, als es ab 2010 mit dem Euro abwärts ging, löste sich der Druck zur Lokalisierung.

Wenn die Währungsrelationen keinen Unterschied machen, weshalb haben die Unternehmen bis 2009 einen solchen Aufwand betrieben, ihre Produktion im Dollarraum auszuweiten? Zu den Arbeiten dieses Buches wurde ein Experte im Finanzsektor mit dem Argument konfrontiert, der Wert des Euro spiele keine oder nur eine geringe Rolle, da es bei den deutschen Exporten um die Qualität der Produkte gehe. Seine trockene Antwort:

»Das ist kompletter Bullshit! Also die Elastizität im Automobilsektor, auch im Premiumsektor, ist extrem hoch. Extrem hoch! (…) Die Marktdaten sind da völlig klar! Wenn ich mir die Discounts und Incentives angucke, die BMW und Co. auf 7er und S-Klasse in den USA geben müssen und wie die Nachfrage reagiert auf kleine Veränderungen im Pricing, das ist brutal! (…) Hier schlägt die Konkurrenz innerhalb des Automarktes voll durch. Sowohl innerhalb eines Markts, zum Beispiel 5er gegen 7er, als auch zwischen Marken. Kunden, insbesondere gewerbliche Kunden, die für die Premium-Marken extrem relevant sind, sind nur sehr bedingt markenloyal. Financial Services, insbesondere Leasing, hilft dabei, die Kunden zu binden, [aber] zu sagen, ›unsere Produkte sind so gut, die Amis und die Chinesen hätten die auch gekauft, wenn sie 20 Prozent teurer wären‹, ist absoluter, absoluter non-sense!! Absoluter non-sense!«

Was die Euroschwäche angeht, so kann man dies natürlich nicht der Automobilindustrie in die Schuhe schieben. Doch es war die deutsche Lohnpolitik, die die EZB dazu veranlasste, ihre Niedrigzinspolitik zu fahren, was die Währung gegenüber anderen Währungen abwerten ließ. In Kapitel 3 sahen wir bereits, dass die Lohnstückkosten die Inflation bestimmen. Je stärker die Löhne im Verhältnis zur Produktivität steigen/fallen, desto stärker steigen/fallen die Preise. Abbildung 6.1 zeigt die Entwicklung der Lohnstückkosten in Relation zum Inflationsziel der EZB in einigen europäischen Volkswirtschaften. Wir sehen deutlich, dass es vor allem die Lohnzurückhaltung der frühen 2000er-Jahre war, die den deutschen Unternehmen einen Vorteil im Markt gab. Andererseits ist es ebenso offensichtlich, dass einige südeuropäischen Länder wie Griechenland, Spanien oder Italien mit ihrer Lohnpolitik über das Ziel hinausgeschossen

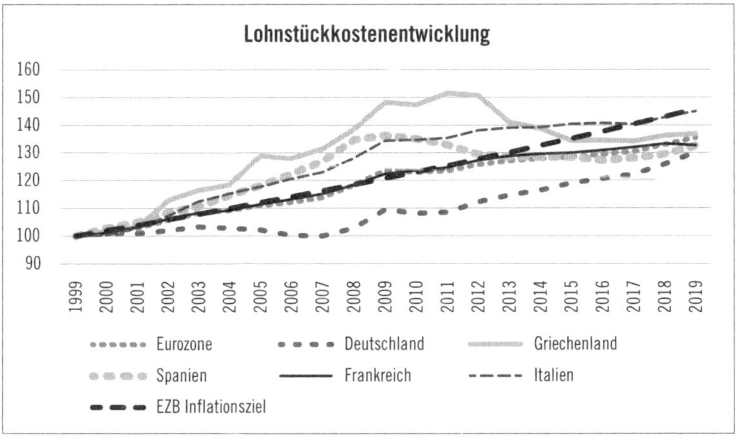


Abbildung 6.1 *Quelle: AMECO*

sind. Im Zuge der Eurokrise wurden den Defizitländern sogenannte Strukturreformen aufgezwungen, ohne, dass die Überschussländer groß etwas änderten. Mit anderen Worten: Alle mussten versuchen, sich so weit wie möglich auf das deflationäre, deutsche Niveau anzupassen. Doch für eine Lohnpolitik, die für eine niedrige, stabile Inflationsrate sorgen sollte, müssen sich auch die Deflationsländer anpassen. Selbst Frankreich, das Land, welches als einziges die Lohnentwicklung an das Inflationsziel der EZB anpasste, drückte sein Lohnstückkostenniveau, um vor allem gegenüber seinem östlichen Nachbarn an Wettbewerbsfähigkeit zu gewinnen. Statt 2 Prozent Inflation, wie es die EZB als Zielmarke von der Bundesbank übernahm, gibt es in der Eurozone nun Deflation für alle. Es ist von daher kein Wunder, dass die EZB seither verzweifelt versucht, irgendwie ihre Zielinflationsrate zu erreichen, was sie ohne Unterstützung der Politik nicht erreichen wird.

## China-Boom und Lokalisierungstendenzen

Nebst der Euroschwäche profitierte die Industrie in Deutschland vom Boom in China. Allerdings hätte es der deutschen Politik klar sein sollen, dass es sich hierbei nur um ein temporäres Phänomen handeln kann – insbesondere, wenn es um die Automobilindustrie geht. Wir sahen in Kapitel 4 bereits, dass es sich bei ihr um eine höchst regionalisierte Industrie handelt, sodass die langfristige Entwicklung von der Dynamik des regionalen Marktes abhängt.

Kurzfristig jedoch hatte der Boom in China einen Nachzieheffekt für die Produktion im Inland. Wenn ausländische Automobilhersteller nämlich internationalisieren, dann werden sie, sofern es die Möglichkeit gibt, zunächst im Gastland mit Importen aus der Heimat arbeiten, denn meistens werden sie nicht sofort ein Volumen erreichen, bei dem sich eine lokale Produktion lohnen würde. Wenn ich in einem Land nur 10 000 Fahrzeuge absetze, ist es sinnfrei, diese Nachfrage aus einer lokalen Produktion heraus zu bedienen. Bei 500 000 Einheiten sieht das schon anders aus. Andere Faktoren, wie beispielsweise die Produktionsbedingungen vor Ort, die eine Fertigung in einer gewissen Qualität sicherstellen müssen, werden ebenfalls mitberücksichtigt. Bei erfolgreichem Wachstum wird sich im Normalfall somit die lokale Produktion erhöhen – sowohl aus Gründen der Rentabilität als auch durch politischen Druck, der sich entweder bei langfristigen, hohen Defiziten einstellen wird oder von vornherein ausgeübt wird, wenn die Automobilindustrie als ein wichtiger Pfeiler der nationalen Entwicklungspolitik angesehen wird.

Wir konnten diese Tendenz der Lokalisierung in China bereits anhand der Produktionszahlen der deutschen Automobilproduzenten in Kapitel 4 verfolgen, die immer weniger in Deutschland und immer mehr im Ausland produzierten. Die Exporte gingen 2019 (ohne Corona-Effekt) auf 3,5 Millionen Einheiten zurück – etwa so viel wie im Krisenjahr 2009 und nur 50 000 Einheiten mehr als 1999. Durch die Exportabhängigkeit sank die Inlandsproduktion auf 4,7 Millionen Einheiten. Das entspricht dem niedrigsten Wert seit 20 Jahren und 600 000 Einheiten weniger als 1999. Angesichts der Dynamik in China und den USA, bei gleichzeitiger Nachfrageflaute in Europa, geringen Margen in der Branche und zunehmendem politischen Lokalisierungsdruck gibt es wenig, was für einen erneuten Exportboom nach China von deutschem Boden aus schließen lässt. Der bereits zuvor zitierte Finanzexperte fasste die Lage folgendermaßen zusammen:

»Die Chinesen haben irgendwann gesagt: ›Wenn ihr weiterhin exportieren wollt, dann müsst ihr aber 70 Prozent eurer Produktion in China haben.‹ Also 70 Prozent der verkauften Autos müssen lokal hergestellt werden, 30 Prozent könnt ihr importieren. Das führte dazu, dass die Deutschen dann erstmal die Kleinwagen, die Massenprodukte in China lokalisiert haben, aber jetzt zunehmend auch hochklassige Fahrzeuge. BMW wird im nächsten Schritt den X5 in China lokalisieren, sodass die Deutschen zunehmend zu lokalen Playern dort werden. Das führt dazu, dass die schöne Auslastung, die man in der Vergangenheit durch den chinesischen Konsumenten in den deutschen Werken oder westlichen Werken, auch in den US-Werken hatte, dass diese Auslastung jetzt wegfällt. Und wenn man sich dann überlegt, dass das Verhältnis mit den USA im Handel schwierig ist, das heißt, da muss man auch stärker lokalisieren. Da hat man für die nächsten 10–20 Jahre das Problem, dass diese Exportmärkte zunehmend lokalisiert werden und damit wegfallen, um die deutschen Kapazitäten auszulasten. Das heißt es wird schon jetzt zunehmend in den USA produziert, was der Amerikaner will. In China wird produziert, was der Chinese will. So, und die deutschen Werke müssen sich dann um den europäischen Markt kümmern, der aber natürlich nicht mehr wächst, wenig profitabel ist, was dazu führt, dass die Kapazitäten hier zu groß sind. Das kommt on top zu den ganzen anderen Themen: Elektrifizierung, Batterietechnologie und so weiter.«[5]

## Arbeitskämpfe mit harten Bandagen

Spätestens seit der Coronakrise ist jedem bewusst, dass die europäische Wirtschaft in einer Sackgasse steckt. Technologisch ist man enorm von amerikanischen und chinesischen Produzenten abhängig geworden und in wichtigen Sektoren fehlt es einfach an führenden europäischen Konzernen. Im Automobilsektor ist dies besonders anhand der Produktion von Elektroautos sichtbar geworden. Volkswagen konnte zwar durch die hohen Cash-Reserven eine große Offensive starten und beeindruckende Anfangserfolge vorweisen; ob es sich in den neuen Technologien jedoch an die Spitze setzen wird, ist immer noch fraglich. Wie konnte es so weit kommen? Auf Grundlage der im zweiten und dritten Kapitel dargelegten Theorie müsste die Antwort darin liegen, dass nur optimiert und nicht innoviert wurde. Und tatsächlich finden wir für diese Interpretation eine Fülle an empirischen Hinweisen.

Wie wir gesehen haben, waren die frühen 2000er-Jahre vor allem bei Daimler und Volkswagen eine Zeit geringer Rentabilität. In einer solchen Situation gäbe es für die Unternehmen zwei Möglichkeiten, ihre Wettbewerbsfähigkeit zu verbessern. Entweder das Unternehmen wird zum Pionier und geht über Investitionen in neue Technologien und erzielt dadurch eine höhere Produktivität und einen relativen Kostenvorteil bei gegebenem Lohnniveau, oder die bestehenden Produktionstechniken und Produkte werden mit einem Absenken der Löhne kombiniert. Da der letztere Weg einfacher und weniger riskant ist, zumal sich die Ergebnisse viel schneller einstellen, werden Unternehmen, die unter Druck stehen, für gewöhnlich auf letzteres bauen. In manchen Fällen kann es sein, dass die Kapitalmärkte der Unternehmensführung keine Wahl lassen, denn entweder wird die Refinanzierung angesichts des Verlusts von Marktanteilen und niedrigen Margen unerschwinglich und/oder der Börsenwert der Aktie fällt ins Bodenlose. Sobald die Marktkapitalisierung in den Keller geht, kann das Unternehmen dann von einem anderen Player aufgekauft werden. 2001 stand das bei Volkswagen zur Debatte, als man sich in Wolfsburg gegen eine feindliche Übernahme durch Ford wappnete.[6] Dieser Versuch wurde schließlich durch Porsche im Jahr 2005 gestartet, doch er scheiterte am VW-Gesetz und dem Widerstand des Landes Niedersachsen.

Nichtsdestotrotz, dass die Löhne zu hoch waren und die Arbeitsmarktflexibilität zu gering, das wurde als Wurzel der deutschen Misere ausgemacht. Da die Regierung Schröder auf das neoklassische Verständnis des Arbeitsmarkts setzte und glaubte, dass Lohnsenkungen zu einer höheren Nachfrage nach Arbeit führen, übernahm die Politik im Prinzip die einzelunternehmerische Sichtweise und wandte sie auf die gesamte Volkswirtschaft an. Das Gebot der Stunde lautete: Wettbewerbsfähigkeit durch Kostensenkungen – also genau das Gegenteil dessen, was Schumpeter vorschlägt. Ab Anfang und Mitte der 2000er-Jahre waren es vor allem Daimler und Volkswagen (Opel und Ford folgten), die hohen Druck auf die Gewerkschaften ausübten, um die Kosten zu senken und dem Druck der Kapitalmärkte nachzugeben. Ansonsten drohte man mit dem Abzug der Produktion.

Bei Daimler erreichten die Auseinandersetzungen im Jahr 2004 einen ersten Höhepunkt, als der damalige Vorstandsvorsitzende Jürgen Hubbert Einsparungen von 500 Millionen Euro allein an den Produktionsstandorten in Baden-Württemberg forderte. Andernfalls würde die Produktion der C-Klasse nach Bremen oder nach Südafrika gehen.[7] Mitte Juli setzte er dem Betriebsrat ein Ultimatum, das bis zum Monatsende laufen würde. Die Daimler AG sowie die Arbeitgeberverbände beriefen sich dabei auf den Pforzheimer Tarifvertrag, der im Februar 2004 geschlossen wurde und der es Unternehmen ermöglichte, »nach gemeinsamer Prüfung mit Betriebsräten und Geschäftsleitungen für einzelne Betriebe ergänzende tarifliche Regelungen vereinbaren«.[8] Mit anderen Worten: Unternehmen können Regelungen einführen, die von den bestehenden Tarifverträgen abzuweichen, womit damals vor allem »in Bedrängnis geratene Firmen die Möglichkeit erhalten [sollten], ihre Wettbewerbsfähigkeit und Innovationskraft zu stärken«.[9]

Darwin lässt grüßen. Anstatt, dass Unternehmen investieren und sich durch Innovationen einen Vorteil auf dem Markt erarbeiten, wird ihnen die Möglichkeit gegeben, dieselben Produktionstechniken zu verwenden und dabei einfach die Arbeit flexibler einzusetzen und die Löhne zu drücken. Aus einem schumpeterianischen Verständnis heraus sind es solche Vereinbarungen, die wirtschaftliche Entwicklung behindern, weil die Gesamtnachfrage darunter leidet und es keinen Anreiz zu Investitionen gibt (was sich auch in dem Niedergang der Investitionsquote seither widerspiegelt). Diese

Pforzheimer Vereinbarung war es, auf die der damalige Gesamtmetall-Präsident, Martin Kannegiesser, verwies, als er die IG Metall daran erinnerte, dass die »diesen Vertrag vor gut fünf Monaten in Pforzheim unterschrieben [hat] und nun auch dahinter stehen [muss].«[10] Erich Klemm, der langjährige Gesamtbetriebsratsvorsitzende bei Daimler schimpfte: »Das sind keine Verhandlungen, das ist der Versuch einer knallharten Erpressung.«[11] Doch es half nichts. Im Juli, nach einer Reihe von Streiks, gaben die Gewerkschaften im Gegenzug für die Sicherung der Arbeitsplätze bis 2012 allen Forderungen der Geschäftsführung nach.[12]

Diese Einigung diente als »Steilvorlage«[13] für die Tarifverhandlungen bei Volkswagen und Opel, die im Herbst 2004 folgten. Der damalige Ministerpräsident Niedersachsens, Christian Wulff, machte bereits vor den Verhandlungen klar, dass VW mit seinem Haustarifvertrag seine 176 000 Arbeitsplätze in Deutschland nicht halten können wird.[14] Der stellvertretende Opel-Gesamtbetriebsratsvorsitzende, Peter Klein, führte an, dass wenn ein Premiumhersteller wie Mercedes ein solches Sparpaket schnüre, der Druck auf die Gewerkschaften stark zunimmt.[15] Die Einigung bei Daimler wurde entsprechend als »gut für den Standort Deutschland«[16] (ehemaliger Bundeswirtschaftsminister Wolfgang Clement, SPD) befunden. Kanzler Schröder setzte hinzu, dass er sich sicher sei, dass »nach DaimlerChrysler auch die Verhandlungen bei Volkswagen über Kosteneinsparungen und Beschäftigungssicherung in Deutschland zu einem erfolgreichen Abschluss führen werden.«[17] Wenig verwunderlich, war dies auch der Fall. Die Richtung war durch die Tarifrunde in Stuttgart ohnehin gesetzt.[18]

Dadurch, dass Volkswagen der größte Autokonzern und Marktführer in Europa war, hatten die umfangreichen Kostensenkungsprogramme logischerweise Auswirkungen auf die anderen Hersteller – zumal es im Euroraum keine Möglichkeit mehr gab, dass sich die absoluten Vorteile durch eine Aufwertung der Währung, in dem Falle wäre es die Deutsche Mark, ausgleichen lassen würden. Wie wir gesehen haben, war die Mitte der 2000er-Jahre der Wendepunkt der Industrie in Europa: Marktanteile der deutschen Hersteller begannen zu wachsen, ebenso verbesserten sich die operativen Margen. Bei den Franzosen war das Gegenteil der Fall. Einzig BMW hielt sich aus den Sparorgien raus, denn laut dem damaligen BMW-Chef Helmut Panke wäre ein Sparpaket nur das Eingeständnis, dass bisher Geld verschwendet wurde.[19]

## Der Optimierungswahn nimmt Fahrt auf

Es ist wichtig, die obigen Einsparungen nicht nur im Lichte der direkten Lohnkostensenkungen zu sehen, denn die Produktionskosten in der Automobilindustrie insgesamt werden von der Auslastung der Werke und somit auch von der Flexibilität der Arbeit bestimmt. Wer Menschen heute feuern oder ohne Bezahlung nach Hause schicken und morgen wieder einstellen kann, der hat Wettbewerbsvorteile. Für die Menschen selbst ist diese Unsicherheit ein Albtraum und aus gesamtwirtschaftlicher Sicht katastrophal, doch einzelnen Firmen kann dies zugutekommen – vor allem in einer Währungsunion.

BMW profitierte von den umfassenden Flexibilisierungsmaßnahmen der Bundesregierung durch den Einsatz von Leih- und Werksarbeitern mehr als Daimler oder Volkswagen. Im Jahr 2012, also inmitten der »Boomphase« der Automobilindustrie in Deutschland, kamen laut IG Metall in Bayern bei BMW »in den deutschen Werken auf gut 70 000 Beschäftigte 11 000 Leiharbeiter und zusätzlich 3 000 bis 5 000 Werkverträge, die befristet und schlechter bezahlt sind.«[20] Dies war nicht nur bei BMW der Fall, denn auch Daimler und Volkswagen bedienten sich am Instrument der Leiharbeit oder der Werksverträge – jedoch ist BMW bekannter Spitzenreiter in der Kategorie.[21]

Obgleich es sich dabei um eine Optimierung par excellence handelt, ist Flexibilität mit der Zeit zu einem entscheidenden Kriterium für die Wettbewerbsfähigkeit geworden, was die Weitläufigkeit der Nutzung dieser Instrumente erklärt. Einige Industrieexperten sehen diesen Faktor sogar noch wichtiger an als die »traditionellen« Lohnsenkungen.

## Die neue Wettbewerbsfähigkeit

Die Maßnahmen zur Verbesserung der Wettbewerbsfähigkeit waren dabei nicht nur auf die Kosten oder Flexibilisierungen innerhalb der Betriebe beschränkt. Die Arbeitsmarktreformen der 2000er-Jahre hatten zur direkten Folge, dass es insbesondere die Sektoren traf, die keinerlei gewerkschaftliche Organisation hatten. Ein bundesweiter Mindestlohn kam erst 2015. Da keine Firma in einem Vakuum operiert, sondern die Produktion überhaupt erst durch Beziehungen und Kooperationen mit anderen Unternehmen möglich wird, ist die Einbettung der Autokonzerne in die deutsche Volkswirtschaft insgesamt entscheidend, um den vollen Umfang der Lohnkürzungen zu verstehen. Da reicht es nicht, auf die nominalen Löhne bei dem einen oder anderen Hersteller zu verweisen.

Das beste Beispiel ist die Logistik- und Zulieferindustrie, wo beispielsweise Volkswagen im Rahmen seines »For Motion«-Sparprogramms im Jahr 2005 ebenfalls »die Daumenschrauben anzog«.[22] Diese Industrie ist nur eine von vielen, welche die Arbeitsmarktreformen der 2000er-Jahre zu spüren bekamen. Ein Gewerkschafter beschwerte sich, dass sich die Schröder-Reformen vor allem hier durchschlugen: »Sie haben hier viele Leiharbeiter mit sehr schlechten Arbeitsbedingungen, ohne Rechte. Der Leiharbeitssektor war nicht reguliert und bis vor kurzem hatten Sie keinen Mindestlohn. (...) In vielen Fabriken werden die Leiharbeiter nicht als Mitarbeiter gezählt. Sie sind eine Dienstleistung, die von der Firma eingekauft wird, und man sieht sie nicht in den Beschäftigungszahlen.«[23] Tatsächlich stieg die Zahl der Leiharbeiter in den wichtigsten Branchen ununterbrochen. Ende 2013, also inmitten der Hochphase der Industrie in Deutschland, war jeder dritte Beschäftigte in der Metall- und Elektroindustrie ein Leiharbeiter.[24]

Ein weiterer Gewerkschafter führte aus: »Wir haben natürlich viele, gerade im Zulieferbereich, viele zum Teil sehr schmerzhafte Zugeständnisse machen müssen, um Verlagerungen zu verhindern. (...) [Die Verhandlungsmacht der Arbeitgeber] war eine andere, und zwar deshalb, weil die Verlagerungsbedrohung in einem Betrieb, wo wir gut organisiert waren, wo wir eine gute Mitbestimmungspraxis haben, wo wir einen nachhaltigen investierenden Ankeraktionär oder Eigentümer haben, eine ganz andere Auseinandersetzung ist, als wenn alles drei fehlt. Dann sitzen Sie auch als Interessensvertretung im kurzen Gras.«[25]

Die hohe Arbeitslosigkeit kam selbstverständlich dazu, die die Gewerkschaften in eine schwierige Position brachte, und sofern die politische Unterstützung fehlt, bleibt den Gewerkschaften fast nichts anderes übrig, als nachzugeben. Somit mögen die Einschnitte in anderen Bereichen tiefer und gravierender gewesen sein, durch die Vernetzung der Produktionsketten der Automobilindustrie mit anderen Sektoren jedoch profitierte letztere davon direkt.

Die Verhandlungsmacht der Arbeitgeber gegenüber den Arbeitnehmern trug in der Phrase entscheidend dazu bei, dass die Reformen in der Form und Tragweite durchgesetzt werden konnten. Ohne einen vernünftigen institutionellen Rahmen, der die gesamtwirtschaftliche Entwicklung begünstigt, war und ist die Bedrohung der Verlagerung der Produktion in den Osten real. Insbesondere zu den deutschen Standorten sind die Distanzen nämlich fast vernachlässigbar. Durch die Finanzierung der Infrastruktur durch die EU in den Ostländern gibt es keinerlei Probleme, die Region in die eigene Produktion einzubinden. Sei es beim Training der Mitarbeiter oder der Produktion der Zulieferteile. Rohstoffe und Vorprodukte (wie beispielsweise Motoren) kommen per Zug aus Ungarn nach Ingolstadt, wo sie in die Audis verbaut werden, was die Kosten für die Produktion der Fahrzeuge enorm reduzierte. Teilweise findet in Deutschland auch nur die Endmontage statt, die mit der höchsten Wertschöpfung einhergeht:

»Wenn Sie mal schauen, wie viele Autowerke, wie viele der Zulieferer der deutschen Autoindustrie mittlerweile in Osteuropa zu günstigsten Konditionen arbeiten, die sozusagen hier in Deutschland dann veredelt werden! Gucken Sie sich mal so ein Projekt wie den Porsche Cayenne an. Der wird mehr oder weniger in Bratislava gebaut, zu großen Teilen zu fantastisch günstigen Kosten, in Leipzig veredelt, geht dann als deutsches Produkt durch und beschert

Porsche wunderbare Gewinne. So ist Osteuropa zu einer günstigen Werkbank geworden für die deutsche Autoindustrie.«[26]

Aus den Vorteilen der Osterweiterung für die deutschen Hersteller sowie den Lohnsenkungen und weitreichenden Flexibilisierungsmaßnahmen im Land folgte eine höhere Wettbewerbsfähigkeit der Produzenten. Dies wiederum führte zu höheren Margen und dem Gewinn von Marktanteilen sowohl in Europa als auch auf Drittmärkten, was seinerseits eine weitere positive Dynamik in Gang setze, denn die Produktion zog an und erhöhte die Auslastung der Kapazitäten, was die Produktionskosten senkte. Da die Fixkosten in der Autoindustrie nämlich sehr hoch sind, ist es wichtig, dass aus den Fabriken so viele Autos wie möglich vom Band laufen. Wettbewerbsfähigkeit setzt eine hohe Kapazitätsauslastung voraus, die selbst wiederum die Wettbewerbsfähigkeit erhöht. Mit anderen Worten, wir haben es hier mit dem Matthäus-Effekt aus der Bibel zu tun: »Denn wer da hat, dem wird gegeben, dass er die Fülle habe; wer aber nicht hat, dem wird auch das genommen, was er hat.«[27]

Durch das Wachstum, das die deutschen Hersteller nach den Sanierungen anwarfen, stieg naturgemäß die Kapazitätsauslastung – wodurch die Deutschen noch wettbewerbsfähiger wurden. In den Jahren nach 2010 kamen weitere, bedeutende Skaleneffekte hinzu. Jenseits der Grenze allerdings bedeutete die Expansion von BMW, Daimler und Volkswagen in einem stagnierenden Markt, dass die anderen Hersteller an die Wand gedrängt wurden.

## Abwanderung der französischen Automobilindustrie

Der Wendepunkt in der französischen Autoindustrie kam mit den Reformen im Nachbarland Mitte der 2000er-Jahre: Steigende operative Profitabilität und Marktanteile für die deutschen Konzerne ging mit einem Rückgang beider Indikatoren für die französischen Firmen einher. Wir sahen bereits, dass dies zu Beginn der 2000er-Jahre noch anders war. PSA steigerte seinen Marktanteil kontinuierlich bis 2004, während Renault sich auf dem europäischen Markt gut behaupten konnte. Es fanden allerdings keine »schmerzhaften Reformen« im Mantra des »alle müssen wettbewerbsfähig werden« statt. Obwohl die Produktion im Ausland sowohl von PSA als auch von Renault stärker wuchs als die Inlandsproduktion, wie wir in Kapitel 4 sahen, blieb letztere relativ stabil. Gleiches galt für die Beschäftigung in der Branche insgesamt. Je mehr die deutschen Hersteller allerdings ihre Sanierung vorantrieben und so ihre operative Profitabilität und ihre Marktanteile erhöhen konnten, desto mehr wurden die Franzosen auf dem insgesamt stagnierenden Markt ins Abseits gedrängt.

Dieses ins Abseits gedrängt Werden manifestierte sich vor allem über den Druck auf die Marge, der einerseits durch den Preisdruck aufgrund der Überkapazitäten im Markt erzeugt und andererseits durch den Verlust von Marktanteilen und den entsprechenden Absatzrückgang bedingt wurde. Letzteres verschlechterte die Kostenposition der französischen Firmen durch die geringe Kapazitätsauslastung erheblich.[28] In den Renault-Werken Sandouville und Dieppe beispielsweise lag die Kapazitätsauslastung Ende 2005 bei nur 43 beziehungsweise 30 Prozent.[29] Zum Vergleich: Bei Volkswagen schrillten bereits die Alarmglocken, als die Kapazitätsauslastung 2006 bei 70 Prozent lag, denn selbst das ist nicht genug, um profitabel zu operieren.[30] Für gewöhnlich gilt eine Schwelle von 85 Prozent Kapazitätsauslastung, um Verluste in einem Werk zu vermeiden.[31]

Als Carlos Ghosn, der Manager, der zuvor Nissan schnell und erfolgreich umgekrempelt hat, im Jahr 2005 Renault als CEO übernahm, machte er direkt klar, in welche Richtung er das Unternehmen fuhren wollte: »Mein Hauptanliegen ist Performance. (…) In unserem Management gibt es nicht viele, die Ihnen sagen, dass das Unternehmen mit einer operativen Marge zwischen 3 und 4 Prozent gut dastehen wird.«[32] Bei PSA war die immer schwächer werdende operative Marge ebenfalls das Hauptanliegen des Managements und der Finanzmärkte. Im Januar 2006 reagierten Analysten schockiert, als das Management das Ziel für die operative Marge von »zwischen

4 und 4,5 Prozent« auf »rund 4 Prozent« revidierte und bekannt gab, dass die Marge im zweiten Halbjahr 2005 sogar bei nur 2,7 Prozent lag.[33] Wie im Fall der deutschen Unternehmen hatten die französischen Konzerne zwei Möglichkeiten: Sie konnten ihren absoluten Vorteil im Markt dadurch verbessern, indem sie entweder investierten, um die Produktivität bei einem gegebenen Lohnniveau zu erhöhen, oder indem sie bestehende Produktionsmethoden mit niedrigeren Lohnkosten kombinierten. Ebenso wie die deutschen Firmen entschieden sie sich für letzteren Weg, indem sie die Produktion im Ausland, vor allem in Mittel- und Osteuropa, ausweiteten.[34] Folglich beschleunigte sich der Rückgang der Produktion in Frankreich ab 2006, obgleich es bei Renault deutlich extremer war als bei PSA. Ein Wissenschaftler aus Frankreich erinnerte sich:

»Die Verlagerung kam früher und war bei Renault viel entschlossener als bei PSA. Aber für uns in Frankreich bedeutet eine Auslagerung der Produktion, im Gegensatz zu den Deutschen, die Schließung der Produktion hier. Die Deutschen (…) konnten im Osten ihre Kapazitäten aufbauen, ohne sie zu Hause abbauen zu müssen. (…) Es wäre anders, wenn Frankreich dort läge, wo Deutschland liegt und Deutschland dort läge, wo Frankreich ist. Wenn man just-in-time arbeitet, kann man nämlich nicht über tausende Kilometer just-in-time arbeiten.«[35]

## Jeder gegen jeden

Die Option, in der Zulieferung billig einzukaufen und so die Produktion im eigenen Land wettbewerbsfähiger zu gestalten, war daher für die französischen Produzenten nicht möglich. Die Auslagerung blieb in der gegebenen Situation die einzige Lösung. Da die Marktanteile von Renault und PSA in Frankreich dennoch hoch blieben (bei circa 50 Prozent), bedeutete dies, dass der negative Beitrag des Automobilsektors zur Handelsbilanz hauptsächlich daher rührte, dass die Franzosen ihre »eigenen« im Ausland produzierten Renaults und Peugeots importierten. Auch in Paris weiß man, dass es ohne einen Aufbau der Automobilproduktion in Frankreich nicht möglich sein wird, das Defizit in der Handelsbilanz zu reduzieren und somit den Druck auf die Leistungsbilanz zu verringern. Entsprechend wären Investitionen zur Steigerung der Produktivität im Inland und die Schaffung von etwas Neuem wünschenswerter gewesen, doch aufgrund der zunehmend schwieriger werdenden Refinanzierung auf den Finanzmärkten und dem freien Fall der Marktkapitalisierung war diese Möglichkeit eher theoretischer Natur. Da die Mitbestimmung in Frankreich dünn ist, gab es bei den Auslagerungen nicht einmal wirkliche Verhandlungen. Das Management verlegte die Produktion direkt ins Ausland und spielte, um die Wettbewerbsfähigkeit weiter zu erhöhen, ein Werk gegen das andere aus:

»Das Konzept aus den 1980er-Jahren, das auch heute noch sehr weit verbreitet ist, besteht darin, die Mitarbeiter in direkte Konkurrenz zueinander zu setzen. (…) [Die Franzosen] benutzten den [EU-Beitritt] Spaniens und dann der Länder Mittel- und Osteuropas, um zuerst französische Mitarbeiter in Konkurrenz zu spanischen Mitarbeitern zu setzen. Dann setzte man französische und spanische Mitarbeiter in Konkurrenz zu rumänischen Mitarbeitern, rumänische Mitarbeiter wiederum in Konkurrenz zu polnischen Mitarbeitern, slowakischen, tschechischen Mitarbeitern und so weiter. (…) Nach der Finanzkrise können Sie das Beispiel von Renault nehmen. Renault wollte eine neue Fabrik bauen, weil Dacia sehr gut lief. Sie hatten die Wahl zwischen zwei Alternativen: Entweder die rumänische Produktion auf ein Niveau zu erhöhen, das (…) 600000 Einheiten erreicht hätte, was ungefähr einem rumänischen Wolfsburg entspräche oder ein neues Werk anderswo hochzuziehen. (…) Die rumänischen Mitarbeiter wussten, wie wichtig sie für Renault sind, und sie nutzten das aus, um in den Verhandlungen relativ hohe Lohnzuwächse zu fordern. Und was macht Renault? Sie eröffnen eine Fabrik in Marokko! Der Wettbewerb, der zunächst die französischen Mitarbeiter innerhalb des Unternehmens betraf, betrifft heute alle.«[36]

## Nahtoderfahrung Eurokrise: Preiskriege und Blutbäder

Diese Tendenzen der Auslagerungen beschleunigten sich durch die Finanz- und Eurokrise, die die französischen Unternehmen, insbesondere PSA, sehr hart trafen. Da die Franzosen im Vergleich zu den Deutschen abhängiger vom europäischen Markt waren, setzten ihnen die Preiskämpfe in Europa merklich zu. Wir sahen bereits in Kapitel 4, dass die Inflation in der Automobilindustrie weit hinter dem Inflationsziel von 2 Prozent zurücklag, während die Rabattschlachten sich intensivierten.

Nichts zeigt diesen darwinistischen Verdrängungswettbewerb und die Probleme der Expansion deutscher Hersteller für die südeuropäischen Produzenten deutlicher als die Erfahrungen der Eurokrise. Letztere warfen insbesondere Volkswagen vor, einen destruktiven Preiskampf zu führen. Fiat-CEO Sergio Marchionne benutzte die drastischste Sprache und sagte, Volkswagen würde »ein Blutbad bei der Preisgestaltung und ein Blutbad bei den Margen« anrichten.[37] Dass Volkswagen diese Art von Preiskampf erfolgreicher als andere führen konnte, lag vor allem an den Skaleneffekten, die die Kosten für Entwicklung und Produktion auf eine Vielzahl von Marken aufteilte. Die aggressive Expansion verschärfte die Situation für konkurrierende Unternehmen.

Unterstützt wurden die südlichen Automobilkonzerne in ihren Vorwürfen gegen Volkswagen vom deutschen »Auto-Papst«, Professor Ferdinand Dudenhöffer, einem der renommiertesten Automobilexperten in Deutschland.[38] Bereits im Mai 2012 legte Dudenhöffer dar, dass Volkswagen bei einer Reihe von Modellen im Kompakt- und Kleinwagensegment, wie dem Golf Cabrio oder dem VW Polo, Rabatte von bis zu 23 Prozent gewährte.[39] Die Intensität der Preisnachlässe nahm im Laufe des Jahres zu und die Einführung des VW Golf VII im Herbst 2012 erfolgte seiner Analyse zufolge mit Rabatten von mehr als 27 Prozent.[40] Er führte an, dass es noch nie »einen Marktstart mit einem solch wichtigen Modell mit so hohen Rabatten« gab – schließlich ist der Golf »der Volumenträger im Europageschäft.«[41] Außerdem kritisierte Dudenhöffer, dass Volkswagen mit aggressiven Bonusprogrammen bei den Händlern Umsätze generiere, die letztlich die Rentabilität des Unternehmens aushöhlten.[42] Volkswagen wies die Vorwürfe als »völligen Unsinn« zurück und betonte, dass die Rabattpolitik eine Entscheidung der einzelnen Händler sei, die als »eigenständige Unternehmen« agierten.[43] Der Konzern bestätigte zwar indirekt, dass es hohe Nachlässe gäbe, wies aber zurück, dass diese Teil einer Vertriebsstrategie seien – ein Argument, das Dudenhöffer »nicht ernst nehmen konnte«.[44] Ganz unabhängig davon, welche Seite nun recht hatte, ist nicht von der Hand zu weisen, dass die Rabattpolitik von Volkswagen, dem unangefochtenen Marktführer in Europa, einen enormen Einfluss auf die Preise im gesamten Markt hat, denn sie stellen einen Referenzpunkt für die Wettbewerber dar.

Die Eurokrise war der absolute Tiefpunkt der französischen Autohersteller, obgleich sich Renault durch die Einnahmen seiner Beteiligung an Nissan besser über Wasser halten konnte als PSA. Es war eine Frage des nackten Überlebens und im wirtschaftspolitischen Kontext des darwinistischen »survival of the fittest« in Europa war eine radikale Restrukturierung der einzige Ausweg. Die Restrukturierungsmaßnahmen, die auf die Krise folgten, ähnelten im Prinzip denen in Deutschland: Lohn- und Kostensenkungen in den Unternehmen, die wiederum eingebettet waren in eine Volkswirtschaft, in der, nach deutschem Vorbild der 2000er-Jahre, gewaltige Anstrengungen unternommen wurden, die preisliche Wettbewerbsfähigkeit zu stärken. In den Unternehmen bedeutete dies Entlassungen, Lohnmäßigungen, Flexibilisierung sowie die Einführung einer modularen Produktion – ähnlich wie beim Volkswagen, aber in kleinerem Maßstab.[45] Abgesehen von der Confédération générale du travail (CGT) gab es wenig Widerstand von Seiten der Gewerkschaften. Der Deal war – wiederum ähnlich wie in Deutschland –, gegen die Zugeständnisse die Produktion in Frankreich bei mindestens einer Million Einheiten für PSA und 750 000 Einheiten für Renault zu halten.[46] Verglichen mit dem Niveau von 1999, als PSA und Renault jeweils 1,5 Millionen beziehungsweise 1,1 Millionen Fahrzeuge in Frankreich produzierten, war dies der Versuch, das vollständige

Dahinschmelzen der Industrie zu verhindern. Gleichzeitig hat sich der Grad der Flexibilität in den französischen Fabriken deutlich erhöht: Bei Renault bestanden Ende 2015 45 Prozent der Belegschaft in Frankreich aus Leih- und Zeitarbeitern.[47]

## Frankreich setzt auf Strom, Europa tritt auf die Bremse

Nebst der Lohnkürzungsstrategie jedoch versuchte die französische Regierung nach der Krise den Weg einer höheren Wettbewerbsfähigkeit durch Investitionen in neue Technologien zu fahren. In dem Zusammenhang wurden ab 2009 mehrere Programme zur Förderung der Elektrifizierung der Industrie ins Leben gerufen. Wie wir in Kapitel 3 gesehen haben, weist Schumpeter in seinen Werken dem Staat »die Funktionen des Ephors im Finanzwesen, des Unternehmers in der Wissenschaft, des Innovators und Entscheiders bei Investitionen und des Managers der schöpferischen Zerstörung«[48] zu. Die französische Regierung setzte alle oben genannten Elemente ein: In der Forschung arbeitete die öffentliche Atombehörde an der Entwicklung von Batterien, während die Umweltbehörde mit der Entwicklung der Stromnetze für das Laden von Batterien beauftragt wurde. Im Finanzbereich subventionierte ein öffentlicher Fonds die Batterieproduktionsanlage von Renault mit 125 Millionen Euro, mit der Zusage weiterer Subventionen in der Größenordnung von 150 Millionen Euro (PSA wurde ebenfalls mit einem zunächst kleineren Betrag von 100 Millionen Euro subventioniert). Der staatlich dominierte Energiekonzern Électricité de France (EDF) erhielt 900 Millionen Euro für den Aufbau von 75 000 Ladestationen. Der Verkauf von Elektroautos wurde mit 5 000 Euro subventioniert und öffentliche Unternehmen wie La Post, der Energiekonzern EDF und die staatliche Eisenbahngesellschaft SNCF wurden aufgefordert, insgesamt 50 000 Einheiten zu bestellen.[49] Zusätzlich legte der Staat Vorschriften zur Standardisierung fest, um die Branche weiter zu entwickeln.[50] In Deutschland löste so viel staatlicher Dirigismus nur Kopfschütteln aus.[51]

2013 ging die französische Regierung in ihren Anstrengungen noch einen Schritt weiter, indem sie eine umfassende Industriestrategie »New Industrial France« auf den Weg brachte, bei der der Zusammenhang zwischen dem Verlust der Wettbewerbsfähigkeit und der Notwendigkeit, eine Führungsposition in neuen Technologien zu erlangen, vom damaligen Präsidenten Hollande von Anfang an deutlich gemacht wurde. Die ersten Worte des Papiers lauten: »Frankreichs Industrie hat eine lange Zeit der Krise hinter sich. Im Juni 2012 beschloss die französische Regierung angesichts einer immer größer werdenden Zahl von Entlassungen, dem drastischen Verlust der Wettbewerbsfähigkeit des Landes ein Ende zu setzen. Um Frankreichs Platz in einer globalisierten Welt zu sichern, musste unsere Industrie gestärkt werden. (…) [Der] Kampf um die Wettbewerbsfähigkeit wird nicht allein auf der Basis von Kosten gewonnen werden. Unser Ziel ist es, ein Innovationsführer zu sein und die Grenzen des technologisch Möglichen zu verschieben.«[52] Das Programm umfasste weitere Forschungsmittel, Investitionen in die Infrastruktur, Verkaufssubventionen und direkte Einkäufe von Regierungsstellen bei Renault und PSA.[53]

Vor allem Renault wurde durch die staatliche Förderung zum »Pionier der Elektromobilität«[54] in Europa. Selbst im Jahr 2020 hielt der Vorsprung noch, auch wenn er angesichts der Aufholjagd Volkswagens geschmolzen ist. Nichtsdestotrotz verkaufte sich der Renault Zoé fast doppelt so häufig wie der ID.3 von Volkswagen (100 000 vs. 57 000)[55] und blieb vor Teslas Model 3 das am meisten verkaufte Elektrofahrzeug im Markt. Die *Financial Times* berichtete, dass Luca de Meo, der bei Renault im Sommer 2020 das Steuer übernahm und zuvor Chef der Volkswagen-Marke SEAT war, überrascht war, wie weit fortgeschritten die Technologie bei den Franzosen ist.[56] Obwohl er von »einem Unternehmen kam, das eine Milliarde Euro in die Entwicklung eines viel gepriesenen Batterieautosystems investiert hatte«, stellte er fest, »dass die Technologie des französischen Unternehmens überlegen war«.[57] Inwiefern die Aussagen Ausdruck seiner wahren Eindrücke sind und inwiefern sie eher Marketingzwecken dienen, bleibt eine offene Frage. Doch zweifelsohne haben die Franzosen viel eher und entschiedener den Schritt in die Elektromobilität gewagt als die Deutschen, die erst durch den Dieselskandal und dann die Coronakrise entschlossener auf alternative Antriebe setzten.

Trotz des technologischen Vorsprungs in Bezug auf die Elektrifizierung blieb der Markt jedoch extrem klein, wie wir in Kapitel 4 sahen. Für eine weitgehende Elektrifizierung der Industrie oder der Entwicklung anderer, weniger ressourcenintensiver Technologien und Mobilitätskonzepte, sind staatliche Förderungen unabdingbar, wie es die Beispiele vor allem in den skandinavischen Ländern belegen.[58] Die fiskalischen Regeln in Europa, das Streben nach ausgeglichenen Haushalten, der deflationäre Druck durch die restriktive Lohnpolitik – all das ist Sand im Getriebe der technologischen Entwicklung.

Auf der regulatorischen Seite gab es ebenfalls wenig Anreize, die Industrie umweltfreundlicher zu machen, da die deutsche Regierung ständig in Brüssel intervenierte, um zu verhindern, dass Umweltauflagen den Absatz der profitabelsten und umweltschädlichsten SUVs und anderer Premiumfahrzeuge behindern könnten. Insbesondere ab 2007 standen die $CO^2$-Emissionsstandards zunehmend im Mittelpunkt der Debatte. Die deutschen Hersteller, deren Produkte mit den höchsten Margen gleichzeitig die umweltschädlichsten sind, drängten auf lockere Standards, während die Franzosen und Italiener strengere Vorgaben bevorzugten – wohl wissend, dass ihnen dies durch ihre Spezialisierung auf kleinere Autos einen Vorteil verschaffen würde.[59] Durch intensives Lobbying und Druck aus Berlin gab die EU-Kommission allerdings immer wieder den Forderungen der deutschen Regierung nach[60] oder die Kommission verzögerte die Umsetzung der Umweltvorschriften.[61]

## Wirtschaftspolitischer Darwinismus

Mangels eines Durchstartens alternativer Technologien wurden PSA und Renault daher spätestens 2016 dank »rücksichtsloser Kostenjagd« im altbewährten Optimierungsmodell zu den »neuen Champions der Profitabilität.«[62] Insbesondere die Lohnkosten, die während der Eurokrise als wesentlicher Wettbewerbsnachteil angesehen wurden,[63] wurden massiv gesenkt. Trotzdem bestehen bei den direkten Produktionskosten, wie wir im letzten Kapitel sahen, nach wie vor große Disparitäten zwischen den französischen und den deutschen Produzenten.

Der Preis, den die französische Wirtschaft für die neue Profitabilität von PSA und Renault zahlen musste, ist eine deutlich geringere Produktion und Beschäftigung in der Automobilindustrie. Aus Perspektive der einzelnen Unternehmen ließ ihnen die darwinistische Natur des Verdrängungswettbewerbs keine andere Wahl. Wie in Kapitel 4 dargelegt, wird ein Unternehmen, das nicht wächst und nicht profitabel ist, vom Markt verschwinden, da das Eigenkapital schmilzt und der Zugang zu Kapital immer knapper und teurer wird. Der Drang, das wirtschaftliche Umfeld zu kontrollieren, setzt also sowohl Wachstum als auch Gewinne voraus, die sich wiederrum gegenseitig bedingen. Für die französischen Konzerne war es die Wiederherstellung der Rentabilität, die ihnen die Rückkehr zu den Kapitalmärkten und zum Wachstum ermöglichte. Im Fall von PSA erfolgte das Wachstum sowohl organisch in Form steigender Umsätze als auch anorganisch durch den Kauf von Opel und durch die Fusion mit Fiat-Chrysler. Im Geschäftsbericht 2017 machte CEO Carlos Tavares keinen Hehl aus der Strategie, die das Unternehmen auch in Zukunft verfolgen wird. Er sagte: »Mehr denn je müssen wir darwinistisch und agil sein.« Dabei stelle die Performance, sowohl die finanzielle als auch die nicht-finanzielle, »die einzig [wirksame] Schutzvorrichtung« dar.[64] Seit Januar 2021 verfolgt Tavares nun dieses Ziel mit Stellantis – dem Unternehmen, das aus der Fusion von PSA und Fiat-Chrysler hervorgegangen ist.

## Finanzialisierung

Zusätzlich zu den Wertschöpfungsketten- und Kostenstrukturen der fünf Konzerne spielte die Finanzialisierung eine wesentliche Rolle bei der Entwicklung der Marktanteile und Ungleichgewichte. Grob versteht man unter der Finanzialisierung einen wachsenden Einfluss der Finanzmärkte auf die Realwirtschaft. Wir konnten bereits in Kapitel 5 sehen, dass die Finanzierungssparten bei den deutschen Unternehmen sowohl auf den Bilanzen als auch im Hinblick auf die Kostenstrukturen einen größeren Fußabdruck hinterlassen, als es bei den Franzosen der Fall ist. Ebenso stellten wir fest, dass teilweise mehr als die Hälfte des eigenen Absatzes der deutschen Produzenten über die eigene Autobank finanziert wird.

Die Finanzdienstleistungen sind insbesondere für die Premiumhersteller ein wichtiges Wettbewerbsinstrument, um ihre Autos in den Markt zu bringen. Eine Dimension dieser Strategie ist der Verkauf der Neuwagen an Firmenkunden, die in der Regel aufgrund ihrer Absatzmengen höhere Rabatte durchsetzen können.[65] Dies drückt auf die Marge und hält den Kosten- und Preisdruck hoch, denn Firmenkunden haben, im Gegensatz zu Privatpersonen, eine geringere Markentreue und eine höhere Kostensensibilität. Der Vorteil, den die deutschen Hersteller gegenüber anderen Produzenten haben, ist, dass aufgrund des soliden Markenwerts die Restwerte der Fahrzeuge höher sind, als es beispielsweise bei einem Renault oder Peugeot der Fall ist. Wenn Firmen die Neuwagen einer Premiummarke somit nach drei Jahren abgeben, hat das (nun gebrauchte) Fahrzeug nicht so viel an Wert verloren wie ein Volumenwagen. Das macht es für die Premiumhersteller leichter, die Gebrauchtfahrzeuge zu einem Preis über den Herstellungskosten in den Markt zu drücken.

## Staatsanleihen als Ankerpreise

Um Umsätze und Marktanteile zu generieren, sind daher die Bedingungen, die die Firmen ihrer Kundschaft zur Finanzierung ihrer Umsätze anbieten können, ein wichtiges Wettbewerbsinstrument. Bereits im letzten Kapitel sahen wir, dass die Emission von Anleihen dabei hauptsächlich als Refinanzierungsinstrument genutzt wird. In

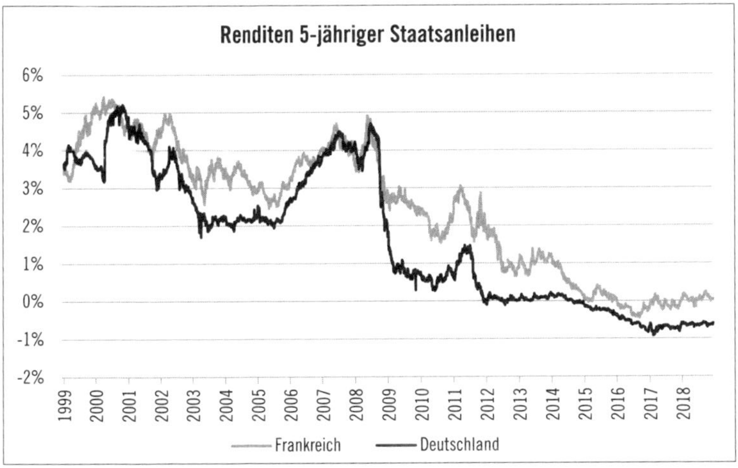


Abbildung 6.2 *Quelle: Eikon Refinitiv*

Kapitel 3 haben wir uns mit der Funktionsweise von Anleihemärkten befasst und festgestellt, dass Staatsanleihen als sichere Anlage für alle anderen Preise im Finanzmarkt als Referenzpunkt dienen. Erinnern wir uns: Je günstiger die Renditen der Staatsanleihen sind, desto günstiger werden sich die Unternehmen des Landes verschulden können – was einem Wettbewerbsvorteil entsprechen kann, wenn andere Faktoren, wie zum Beispiel Wechselkurse, gleichbleiben.

Schauen wir auf die Renditen der 5-jährigen Staatsanleihen von Deutschland und Frankreich (vgl. Abbildung 6.2), sehen wir sofort, was für einen gewaltigen Vorteil die Firmen in Deutschland gegenüber ihren französischen Wettbewerbern haben. Durchweg – mit einigen wenigen Ausnahmen während der Jahre der Finanzkrise – lagen die Unterschiede bei circa einem Prozent, was 100 Basispunkten entspricht. Das ist enorm, wenn man bedenkt, welche Milliardensummen jährlich auf den Anleihemärkten aufgenommen werden. Egal, wie sich die französischen Papiere entwickelten, die deutschen waren immer »einen Schritt voraus«. Bei den 10-jährigen Staatsanleihen (hier aus Gründen der Übersicht nicht gezeigt), die für gewöhnlich mit höheren Renditen einhergehen, da eine längere Laufzeit mit einem höheren Risiko einhergeht, werden die Unterschiede vor allem seit der Finanzkrise deutlich. Ein Unterschied von mindestens 50 Basispunkten ist seit 2009 fast täglich zu beobachten. Was schließen wir daraus? Nun, wir haben extrem verzerrte Startbedingungen im europäischen Wettbewerb. Während deutsche Firmen bei einem 100-Meter-Lauf von der 70-Meter-Linie starten dürfen, müssen sich die Franzosen und die restlichen Länder hintenanstellen.

Was in Kapitel 3 theoretisch dargelegt wurde, nämlich, dass die Preise der Staatsanleihen den Anker für die Preise der Unternehmensanleihen bilden, zeigt sich in auch in der Automobilindustrie in aller Deutlichkeit. Vergleichen wir die Preise der sogenannten Kreditausfallversicherungen (Credit Default Swaps, CDS) staatlicher und privatunternehmerischer Schuldtitel, so stellen wir fest, dass die Korrelationen enorm hoch sind. Korrelationen geben an, wie die Entwicklung einer Variable mit der einer anderen zusammenhängt. In unserem Fall ist die Entwicklung der Preise der staatlichen Schuldtitel die eine Variable, die der privaten Schuldtitel die andere. Den höchsten Wert, den ein Korrelationskoeffizient annehmen kann, ist 1. Dies bedeutet, dass die Veränderung der einen Variable um eine Einheit, sagen wir, dem Anstieg der Renditen um einen Basispunkt (dem Hundertstel eines Prozentpunktes), mit demselben Grad der Veränderung bei der anderen Variablen einhergeht. In unserem Beispiel würde dies bedeuten: Steigen die Renditen auf Staatsanleihen um 1 Basispunkt, steigen die Renditen auf Unternehmensanleihen ebenfalls um denselben Betrag.

Eine Korrelation von 1 ist in den Sozialwissenschaften jedoch fast nie gegeben, da für gewöhnlich eine Vielzahl verschiedener Faktoren eine Rolle spielen, was eine perfekte Korrelation fast unmöglich macht. Eine Korrelation von 0,8 gilt als Richtwert für einen sehr hohen linearen Zusammenhang zwischen zwei Variablen – und genau das ist der Wert, den wir bei der Korrelationsanalyse zwischen der Preisentwicklung der staatlichen Schuldtitel und denen der jeweiligen nationalen Hersteller erhalten. Die Korrelation zwischen Renault und dem französischen Staat liegt bei 0,82 (die Daten zu PSA waren nicht erhältlich). Bei den deutschen Akteuren finden wir

Werte zwischen 0,75 (BMW) und 0,78 (Daimler). Die Preisentwicklung der Papiere von Daimler, Volkswagen und BMW ist somit sehr eng mit der Entwicklung der Preise auf deutsche Staatsanleihen verbunden.[66] Wer hier noch von einer Trennung von Staat und Markt spricht, der redet an dieser empirischen Realität vorbei.

## Unterschiedliche Zinsen jagen einen Keil in die Eurozone

Abgesehen von den Unterschieden bei Renditen auf Staatsanleihen als Referenzpunkt gibt es unternehmens- (Wachstum, Profitabilität et cetera) und industriespezifische Risikofaktoren, die sich auf die Kreditwürdigkeit und damit auf die Bedingungen auswirken, zu denen Unternehmen Zugang zu den Kapitalmärkten erhalten. Aufgrund des fehlenden Wachstums und des Drucks auf die Rentabilität wurden die französischen Firmen von den Rating-Agenturen ab Mitte der 2000er-Jahre kontinuierlich herabgestuft. Zudem kamen noch eine hohe Arbeitslosigkeit und trübe Wachstumsaussichten im Heimatmarkt Frankreich, was sich wiederum in einer höheren Kreditrisikovorsorge niederschlägt. So wurden die Jahre der Finanz- und Eurokrise zu einer existenziellen Bedrohung für die französischen Unternehmen.

Die einzige Gegenmaßnahme, um zügig zum Erfolg und zurück auf die Kapitalmärkte zu kommen, waren radikale Sanierungsmaßnahmen mit all den negativen Auswirkungen auf die Wirtschaft. Die deutschen Konzerne hingegen konnten ihren günstigen Zugang zu den Kapitalmärkten als Wettbewerbsinstrument nutzen, um in Europa weiter zu wachsen und zu expandieren. Wieder haben wir es mit dem Matthäus Effekt zu tun: Wer hat, dem wird gegeben. Die unterschiedlichen Renditen auf Staatsanleihen, die sogenannten »Spreads«, sowie die damit einhergehenden unterschiedlichen Refinanzierungsbedingungen, trieben einen Keil in die Eurozone, der die Ungleichgewichte vertiefte. Vor allem zu Zeiten der Eurokrise waren die Unterschiede gewaltig, was die Wettbewerbsfähigkeit der jeweiligen Hersteller massiv beeinflusste. Am Beispiel der Automobilindustrie hieß das konkret: VW kann die Leasingrate für den Golf bei rund 80 Euro billiger anbieten als Peugeot. Die 6 Prozent Zinsen, die Fiat für den Kleinwagen Fiat 500 bietet, werden von VW mit Null-Prozent auf den vergleichbaren Up gekontert.[67]

Das Argument, der französische und der italienische Staat hätten einfach »ihre Hausaufgaben« machen sollen, greift an der Stelle zu kurz. Erstens sahen wir an der Entwicklung der Lohnstückkosten, dass die Südeuropäer ihre Hausaufgaben bereits gemacht haben. Zweitens gibt es weitere, grundlegendere Schwierigkeiten. Da wäre zunächst das Problem, dass es allein von der Logik her einen Unterschied gibt zwischen dem, was »jeder« tun kann, und dem, was »alle« tun können. In einer Welt, in der die Unternehmen Nettosparer geworden sind, also als Sektor mehr einnehmen, als sie ausgeben, muss es andere Sektoren geben, die mehr ausgeben, als sie einnehmen. Deutschland »umging« dieses Problem, indem es das Ausland zum Schuldner machte. Insbesondere das europäische Ausland, den mit Abstand wichtigsten Schuldner, zwang man, dasselbe zu tun. Die Eurozone sollte ein großes Deutschland werden. Selbst wenn es für eine kurze Zeit funktionieren mag und die Länder der Eurozone gegenüber dem Rest der Welt Überschüsse erwirtschaften, so kann die Strategie auf Dauer nicht erfolgreich sein. Auf lange Sicht wird entweder die Währung aufwerten und die Vorsprünge in der Wettbewerbsfähigkeit sind dahin, oder die Handelspartner werden sich durch höhere Zölle schützen. Donald Trump hat bereits eine Duftmarke dagelassen.

Nein, ein solcher Merkantilismus, bei dem es allein um Exportüberschüsse geht, zettelt nur einen Kampf der Nationen an, bei dem letztendlich alle verlieren. Wollte man diese zwingende Logik außer Acht lassen, so stellt sich allerdings ohnehin die Frage, welche »Schuld« die Unternehmen trifft, dass sie in Italien oder Frankreich basiert sind. Faire Wettbewerbsbedingungen setzen faire Startbedingungen voraus – ganz gleich, ob die Politik ihre Hausaufgaben macht oder nicht. Obwohl sich die Situation für die Automobilhersteller nach dem Höhepunkt der Eurokrise etwas entspannte, blieben die hohen Ungleichgewichte bei den Refinanzierungsbedingungen bestehen – ebenso wie die hohe Arbeitslosigkeit im Süden und der hohe Deflationsdruck, den der wirtschaftspolitische Darwinismus entfacht.

## Race to the bottom

Was sich in den vorherigen Kapiteln stark andeutete, wurde uns in diesem Kapitel nochmals in aller Deutlichkeit vor Augen geführt: Es ging in der Automobilindustrie nie um einen Wettbewerb der Innovation, sondern um rücksichtslose Kostenoptimierung. Dabei ist es gleich, ob es sich um sogenannte Premiumproduzenten oder Volumenhersteller handelt. Alle haben massiv auf Leiharbeit und eine hohe Flexibilität gesetzt, Löhne gedrückt und Tarifverträge aufgeweicht, ihre Produktion ausgelagert. Der Wettbewerb und die Kapitalmärkte zwangen sie dazu – da kann man den Firmenchefs noch nicht einmal einen Vorwurf machen. Gefördert und gefordert wurde der wirtschaftspolitische Darwinismus von einer Politik, bei der eine einzel- und betriebswirtschaftliche Sicht kurzerhand in eine volkswirtschaftliche umgewandelt wurde – unter eingehender Beratung der neoklassischen Ökonomie, versteht sich. Trotz aller Beschwörungen der Tarifautonomie, der zufolge sich der Staat eigentlich aus Tarifverhandlungen raushalten sollte, übte die Politik einen enormen Druck auf die Gewerkschaften aus. Letztere waren durch die hohe Arbeitslosigkeit selbst in einer schwachen Verhandlungsposition, sodass man im Austausch gegen Jobgarantien Aufweichungen der Tarifverträge, Lohnkürzungen und Flexibilisierungsmaßnahmen durchgehen ließ. Dies verlagerte das Problem jedoch nur in andere Länder, wie beispielsweise Frankreich. Der Verlust von Marktanteilen und Druck auf die Margen dort ließ den Franzosen keine andere Wahl, als selbst die deutschen Reformen und Maßnahmen zu kopieren. Es endete in einem Kampf der Nationen, einem »Race to the Bottom«, bei dem alle versuchten, durch Lohnsenkungen (nicht durch Innovationen!) auf das deutsche Niveau der Lohnstückkosten zu kommen. Entwicklung sieht anders aus.

# 7. Entwicklungsfreundliche Wirtschaftspolitik

Das wirtschaftspolitische Modell der EU und insbesondere der Eurozone funktioniert nicht. Wettbewerb allein bringt uns nicht weiter, denn es kommt auf die Art des Wettbewerbs an. Wir haben am Beispiel der Automobilindustrie eindrucksvoll gesehen, dass ein darwinistischer Wettbewerb die wirtschaftliche Entwicklung keineswegs fördert, sondern bremst. Den Staaten – allen voran in der Eurozone – sind bei der Finanzierung des Übergangs in neue Technologien die Hände gebunden, während eine hohe Arbeitslosigkeit und Prekarität für Unmut und Perspektivlosigkeit in weiten Teilen Europas sorgt. Die schwache wirtschaftliche Entwicklung ist ein Hauptgrund für das Erstarken populistischer Parteien und der Furcht vor dem technologischen Wandel. Es ist eben etwas anderes, ob beispielsweise Digitalisierung und Automatisierung in einem Umfeld stattfinden, in dem Vollbeschäftigung herrscht und es eine starke soziale Absicherung gibt, oder ob der potenzielle Jobverlust einen Abstieg in ein würdeloses Leben unter Hartz IV bedeutet.

Die wirtschaftspolitische Richtung, die Europa einschlagen muss, wird derzeit auf der anderen Seite des Atlantiks praktiziert. Marco Rubio, einer der führenden Republikaner, legte bereits 2019 ein Papier mit dem Titel »Amerikanische Investitionen im 21. Jahrhundert«[1] vor. Wir können uns für den Moment an diesem Papier orientieren, denn selbst wenn man viele seiner politischen Positionen nicht teilt und definitiv nicht teilen muss, so zeigt das Beispiel Rubio wie sehr man in den USA selbst in konservativsten Kreisen zu einem ökonomischen Umdenken bereit ist, während man in Europa – allein aus ideologischem Dogmatismus heraus – weiterhin die Einführung und Einhaltung völlig sinnfreier »Schulden- und Stabilitätsregeln« einfordert.

Rubio kritisiert also in Bezug auf die wirtschaftliche Entwicklung in den USA, dass »der American Dream (…) zunehmend unerreichbar [ist]. Altbekannte Wege zur Erlangung von Skills und Beschäftigung sind für Millionen von normalen Amerikanern verschwunden, und mit ihnen die Aussichten, eine Familie zu gründen und einen Beitrag zum Gemeinschaftsleben zu leisten. Selbst diejenigen, die es in die oberen Bereiche des Arbeitsmarktes schaffen, stellen oft fest, dass ihre Position unsicherer ist, als sie als sie es sich vorgestellt haben.«

Die Gründe für die Misere ist Rubios Analyse zufolge, dass der Privatsektor nicht mehr investiert. Wie wir in Kapitel 3 gesehen haben, ist dies auch in Europa der Fall, da der Unternehmenssektor zum Nettosparer geworden ist. Dies bedeutet, dass die Annahme – die in sämtlichen ökonomischen Theorien grundlegend ist – dass Unternehmen die Rolle des Nettoschuldners übernehmen, in der Welt von heute nicht gegeben ist. Rubio stellte sich deshalb schon vor der Coronakrise die Frage, mit der wir uns auch endlich in Europa beschäftigen müssen: Wer wird der primäre Investor, oder, wie Rubio schreibt, »Investor of first ressort«, wenn wir in einer Welt sparender Unternehmen leben?

## Wenn der Staat zum Schuldner werden muss

Idealerweise übernehmen Unternehmen die Rolle des Investors, denn sie können die gegebenen Informationen viel besser verarbeiten als der Staat. Allerdings ist es ebenso klar, dass es ohne Anreize und dynamische Nachfrage nicht dazu kommen wird. Die Wirtschaftspolitik, die wir brauchen, um die Dynamik wieder in Schwung zu bringen, ist in vielerlei Hinsicht das Gegenteil dessen, was die EU und ihre Mitgliedsstaaten in den letzten 20 Jahren veranstaltet haben.

Im Arabischen gibt es ein Sprichwort, das sinngemäß ausdrückt, dass etwas, das krumm begonnen hat, auch krumm bleiben wird.[2]

Wie wir feststellen durften, entspringt der in der EU verankerte Ordoliberalismus, inklusive des Mantras »Alle müssen sparen«, einer solch krummen Idee. Weder ist diese Theorie brauchbar, um eine dynamische Marktwirtschaft zu verstehen noch kann man aus ihr in einer Welt sparender Unternehmen wirtschaftspolitische Schlussfolgerungen ableiten. Da die Ausgangslage sparender Unternehmen in den USA und in Europa dieselbe ist, können wir uns in der Hinsicht weiterhin an Marco Rubio orientieren, der im Gegensatz zur europäischen Politik die Problematik erkannte:

»Wenn die Unternehmen keine Kredite aufnehmen und investieren, wer tut es dann? Wenn ein Unternehmen Löhne an seine Mitarbeiter auszahlt, werden diese als Kosten für das Unternehmen und als Einkommen für die Mitarbeiter ausgewiesen. (…) Wenn Unternehmen ihre Kreditaufnahme oder ›Nettoinvestitionen‹ reduziert haben, dann (…) muss es größere Investitionen an anderer Stelle geben. (…) Es muss einen Schuldner geben. Die sektoralen Salden (…) sind eine buchhalterische Identität, die sich zu Null summieren muss. Hier hat das Sparen der Unternehmen in den USA wichtige Implikationen. Wenn die USA die permanente Position der Privatwirtschaft als Sparer akzeptieren sollte, dann muss per Definition ein anderer Sektor der Investor sein, und da landen wir sehr schnell bei der Regierung, die diese Rolle übernimmt.«[3]

Da Marco Rubio im Herzen Republikaner ist und staatliche Eingriffe ihm ebenso wehtun wie vielen Ordoliberalen hierzulande, fordert er, dass es auf lange Sicht das Ziel sein muss, den Unternehmenssektor wieder zum Schuldner zu machen. So, wie es in einer Marktwirtschaft eigentlich sein sollte, um die Risiken der staatlichen Verschwendung und Misswirtschaft kleinzuhalten. Zunächst aber sind wir in der Position, dass wir von A nach B kommen müssen, denn aus dem Nichts werden die Unternehmen nicht plötzlich wieder die Rolle übernehmen, die ihnen eigentlich zufällt. Öffentliche Investitionen sind damit das Gebot der Stunde.

Da die Ausgaben des Staates den Einnahmen des Privatsektors entsprechen, wird die Nachfrage angeregt. Unternehmen stellen Leute ein und beginnen zu investieren. Um den Effekt am Beispiel des Elektroautos zu verdeutlichen: Angenommen, der Staat subventioniert deren Verkauf. Die Ausgaben, also die Subventionen, werden zwangsläufig zu Einnahmen der Unternehmen, die durch die anziehende Nachfrage die Belegschaft erhöhen, um die Nachfrage zu bedienen. Die Kundschaft freut sich über erschwinglichere Fahrzeuge, während öffentliche Investitionen in Ladestationen die Attraktivität der Elektroautos zusätzlich erhöhen. Letzteres macht es für die Firmen selbst wiederum attraktiv, in die Technologie zu investieren.

## Generationengerechtigkeit durch Vermögensaufbau

Ganz abgesehen von der Notwendigkeit, für den Staat in einer Welt sparender Unternehmen die Rolle des Investors zu übernehmen, sollte hier ebenso darauf hingewiesen werden, wie stark die Mentalität, dass die Staatsfinanzen wie ein Haushalt gehandhabt werden müssen, bleibende Schäden in der Wirtschaft hinterließ. Gerne wird davon gesprochen, dass wir die nachkommenden Generationen nicht mit Schulden belasten könnten. Auch im vergangenen Bundestagswahlkampf stieß man immer wieder auf diesen Satz, egal, um welche Partei es sich handelte. Da Schulden jedoch gleichzeitig Vermögen sind, zeigt sich, dass diese Art zu denken zu kurz greift. Wenn der Staat beispielsweise eine Anleihe ausgibt und diese am Ende auf der Bilanz der Zentralbank landet, dessen Eigentümer der Staat ist, dann sind staatliche Schulden und Vermögen um exakt denselben Betrag gestiegen. Schulden und Vermögen sind zwei Seiten einer Bilanz, die sich immer zu null ausgleicht. Jeder Investor oder Wirtschaftsprüfer würde sofort gefeuert werden, wenn er ein Unternehmen nach denselben Prinzipien evaluieren würde, wie die Öffentlichkeit in den meisten Fällen die Staatsfinanzen bewertet. Wenn das nächste Mal jemand dieses Argument der »Generationsgerechtigkeit« von sich gibt – in Deutschland hören wir es gerne aus der Ecke CDU-FDP-AfD –, ersetzen Sie das Wort »Schulden« durch den Begriff »Vermögen.« Inhaltlich sagen Sie genau dasselbe, doch wie viel unsinniger klingt es, dass man die nachfolgenden Generationen nicht mit höheren Vermögen belasten will?

Und so geht es häufig unter, dass das, was seit 20 Jahren in Deutschland forciert wird, tatsächlich einen Abbau öffentlicher Vermögen zur Folge hat. Kann das im Sinne der Generationsgerechtigkeit sein? Die Schulden- und Investitionsphobie hat dazu geführt, dass die Kommunen seit 2003 durchgängig negative Nettoinvestitionen aufweisen. Das heißt, seit 2003 schrumpft unser öffentliches Vermögen.[4] Hinzu kommt der Investitionsrückstand, den wir der schwarzen Null verdanken. Die Förderbank Kreditanstalt für Wiederaufbau (KfW) beziffert diesen im Jahr 2020 auf 149 Milliarden Euro, davon 47 Milliarden Euro an Schulen, 33,6 Milliarden Euro an Straßen und 16,4 Milliarden Euro an Verwaltungsgebäuden.[5] Zwei Drittel der deutschen Unternehmen haben bereits vor der Coronakrise angegeben, sie würden durch Mängel an der Infrastruktur in ihrer Geschäftstätigkeit behindert werden.[6] Sieht so das Vorzeigeland der Eurozone aus, das fit werden soll für die Zukunft? Gott bewahre, wenn es so weitergeht, denn zu diesem Investitionsstau gesellt sich der *zusätzliche* Investitionsbedarf zur Erreichung der Klimaziele. Der nicht gerade als aktivistisch oder links bekannte Bundesverband der Deutschen Industrie (BDI) schätzt diesen auf 860 Milliarden Euro, wenn wir die Klimaziele 2030 erreichen wollen.[7]

## Woher kommt das Geld?

Wenn wir nun eine neue Investitionsoffensive fordern, wo soll dann das Geld dafür herkommen? Schließlich betont die Politik doch ständig, dass kein Geld da sei. Die Kassen sind leer und Corona hat alles nur schlimmer gemacht. Typisch für diese Denkweise drückte es die ehemalige Premierministerin Großbritanniens, Theresa May, aus, als sie auf die Beschwerde einer Krankenpflegerin hin, die acht Jahre keinen Lohnzuwachs hatte, erwiderte: »Es gibt keinen magischen Geldbaum, den wir schütteln können, der plötzlich für alles sorgt, was die Menschen wollen.«[8]

Das ist das beste Beispiel für ein verfehltes Geldverständnis, das in der Öffentlichkeit sehr weit verbreitet ist. Woher kommt denn eigentlich das Geld? Die meisten Menschen beziehen es als Einkommen und haben daher das Gefühl, dass es etwas ist, was man »sich verdienen« muss. Es wäre somit bereits irgendwie da und man müsse es sich erarbeiten. Tatsächlich wird alles Geld der Welt jedoch aus dem Nichts per Kredit geschaffen. Ja, jeder Euro und jeder Cent, den Sie besitzen, sind aus dem Nichts geschaffene Schulden. Die Geldschöpfung aus dem Nichts geschieht per sogenannter Bilanzverlängerung: Die Bank schreibt dem Schuldner nach Bonitätsprüfung den gewünschten Betrag per Tastatur als Einlage gut und erhöht so ihre Bilanzsumme. Wir kommen gleich zu einem anschaulichen Beispiel, das den Prozess verständlich macht.

Doch zunächst ist es wichtig, irrtümliche Grundvorstellungen aus dem Weg zu räumen. Die meisten Ökonomiestudenten lernen, dass Banken als Intermediäre fungieren, die bestehende Ersparnisse weiterverleihen. Die Bank of England war eine der ersten Zentralbanken der Welt, die dieses Prinzip in aller Deutlichkeit widerlegte. Sie stellte klar, dass »die Realität der heutigen Geldschöpfung (…) sich von der Beschreibung [unterscheidet], die in einigen Lehrbüchern der Volkswirtschaftslehre zu finden sind. Anstatt dass die Banken Einlagen erhalten, wenn Haushalte sparen, und diese dann verleihen, schafft die Kreditvergabe der Banken Einlagen [im Privatsektor].«[9] Die Bundesbank bestätigte, dass es sich bei der Vorstellung, »wonach die Bank im Augenblick der Kreditvergabe nur als Intermediär auftritt, also Kredite lediglich mit Mitteln vergeben kann, die sie zuvor als Einlage von anderen Kunden erhalten hat«, um einen »weit verbreiteten Irrtum« handle.[10] Ebenso »sind vorhandene überschüssige Zentralbankguthaben keine notwendige Voraussetzung für die Kreditvergabe (und die Geldschöpfung) einer Bank«.[11]

Die obigen Aussagen stellen die Grundlehre der Ökonomie somit auf den Kopf, denn sie implizieren, dass – wie Schumpeter schon in aller Deutlichkeit ausführte – Ersparnisse keine Voraussetzung für Investitionen beziehungsweise das Geldausgeben sind, sondern vielmehr das Ergebnis einer vorangegangenen Kreditaufnahme. Es ist deshalb falsch, wenn es aus der Politik heißt, man müsse sparen, um investieren zu können. Ersparnisse könnten für die Investitionstätigkeit irrelevanter nicht sein. Das ist keine Theorie, der man angehören kann oder eben nicht. Das ist einfache Buchhaltung.

## Ein zweistufiges Geldsystem

Eine ausführliche Abhandlung des Geldsystems würde zwar den Rahmen des Buches sprengen, allerdings ist ein Grundlagenverständnis durchaus hilfreich.[12] Zunächst ist es wichtig zu begreifen, dass das Geldsystem zwei Stufen beziehungsweise Kreisläufe hat (vgl. Abbildung 7.1). Es gibt zum einen den Reserven- und zum anderen den Giralgeldkreislauf. Letzterer dürfte den meisten bekannter sein, denn in diesem Kreislauf nimmt Geld die Form von Einlagen auf Bankkonten (Giralgeld) und Bargeld an, die für den täglichen Zahlungsverkehr verwendet werden. Wenn Sie Ihre Einlagen auf dem Konto bei einer gewöhnlichen Geschäftsbank haben und damit Überweisungen tätigen oder wenn Ihr Arbeitgeber Ihnen auf dieses Konto Ihr Gehalt zukommen lässt, so finden all diese Transfers innerhalb des Giralgeldkreislaufs statt. Durch Ihre Überweisungen verringert sich der Bestand Ihrer Einlagen bei der Bank und erhöht sich im gleichen Maße bei der Person, die ihre Überweisung erhält. Wenn Sie der Empfänger sind, ist es umgekehrt.

Neben dem Giralgeld- gibt es einen zweiten Kreislauf, bei dem die sogenannten Zentralbankreserven die Geld- beziehungsweise Zahlungsfunktion übernehmen. So, wie Sie ein Konto bei einer Geschäftsbank führen, so führen Geschäftsbanken ein Konto bei der Zentralbank. Das Guthaben, das die Geschäftsbanken auf dem Konto bei der Zentralbank haben, bezeichnet man als Zentralbankreserven. Die Bankleitzahl ist nichts weiter als die »Kontonummer« der Geschäftsbank bei der Zentralbank.[13] Die Reserven werden in diesem Kreislauf gebraucht, um anfallende Zahlungen der Banken untereinander auszugleichen. Solche Zahlungen fallen an, wenn

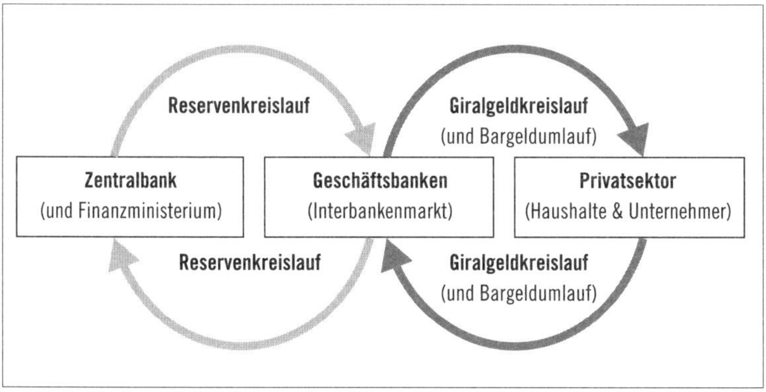


Abbildung 7.1 *Quelle: Michael Paetz: Makroökonomie für Betriebswirte, Wintersemester 19/20, S. 148, verfügbar unter: https://www.wiso.uni-hamburg.de/fachbereich-vwl/ueber-den-fachbereich/mitglieder/paetz-michael/daten/makro/makro2019-kapitel-1-18.pdf.*

beispielsweise jemand mit einem Konto bei der Commerzbank eine Überweisung an eine Person macht, die ihr Konto bei der Citibank führt. In dem Fall verringern sich die Reserven (Aktiva) der Commerzbank in derselben Höhe wie die Einlagen des Kunden (Passiva). Die Citibank hingegen erhält die Reserven in Höhe der getätigten Überweisung der Commerzbank, das heißt der Reservenbestand der Citibank erhöht sich und letztere schreibt ihrem Kunden wiederum die erhöhten Einlagen gut. Normalerweise leihen sich Banken auf dem Interbankenmarkt untereinander überschüssige Reserven. Sollte dieser Prozess mal ins Stocken kommen, können sich die Banken an die Zentralbank wenden, die dann die benötigten Reserven aus dem Nichts per Knopfdruck schaffen kann – egal, in welcher Höhe.

Zentralbankreserven können auch von einer Bank bei der Zentralbank gegen Bargeld getauscht werden, welches Sie aus einem Geldautomaten ziehen. Geldscheine dürfen nämlich nur von der Zentralbank geschaffen werden, weshalb auf den Euroscheinen oben links die Unterschrift einer Christine Lagarde oder eines Mario Draghi zu sehen ist, die die Geschicke der EZB leiten beziehungsweise geleitet haben.

## Die Geldschöpfung aus dem Nichts

Um den Prozess der Geldschöpfung nun zu veranschaulichen, können wir uns eines einfachen Beispiels aus dem Giralgeldkreislauf bedienen – denn das mit Abstand meiste Geld wird auf diese Weise geschöpft. Da wir versuchen wollen, im Rahmen einer richtigen Marktwirtschaft zu bleiben, also in einer Wirtschaft, in der der Unternehmenssektor die Rolle des Investors nehmen wir an, dass ein gegebenes Unternehmen eine Investitionsmöglichkeit sieht und einen Kredit von 100 000 Euro aufnehmen möchte.[14] Es geht zur Bank. Letztere schaut sich an, ob der Business-Plan stimmig ist, verlangt gegebenenfalls gewisse Sicherheiten und gewährt schließlich den Kredit. Dafür tippt die Bank die Zahl »100 000« in den Computer ein – und der Betrag wird den bestehenden Einlagen auf dem Konto der Firma hinzugefügt.

Auf der einen Seite der Bilanz der Bank haben sich jetzt die Aktiva – in Form des Kredits – um 100 000 Euro erhöht. In derselben Höhe stiegen die Passiva – das heißt die Einlagen des Kunden – in Höhe von 100 000 Euro. In der Bilanz der Firma ist es genau umgekehrt. Die Aktiva steigen um den Betrag von 100 000 Euro, denn das Unternehmen hat nun diese Summe auf ihrem Konto zur Verfügung, um damit neues Personal einzustellen, Maschinen zu kaufen und so weiter. Auf Seite der Passiva hingegen ist es der Kredit, der die Summe an Verbindlichkeiten um 100 000 Euro erhöht. Da sich im Prozess der Geldschöpfung nur die Bilanzsummen erhöhen, und zwar ohne dass zuvor Ersparnisse gebraucht werden, spricht man bei der Kreditvergabe von Geldschöpfung per Bilanzverlängerung. Zahlt das Unternehmen den Kredit zurück, wird Geld wieder vernichtet.

Wenn ein Staat Geld ausgibt, entsteht Geld nach demselben Prinzip, obwohl hierbei im Gegensatz zum Giralgeld, das bei der »normalen« Kreditvergabe entsteht, Zentralbankgeld geschaffen wird. Mit anderen Worten: Bei sämtlichen Staatsausgaben und Zahlungen an den Staat bewegen wir uns im linken Kreislauf des Diagramms (Abbildung 7.1), dem Reservenkreislauf. Bei sämtlichen privaten

Ausgaben und Zahlungen bewegen wir uns hingegen im rechten Kreislauf, dem Giralgeldkreislauf. Nur Geschäftsbanken haben Zugang zu beiden Geldformen.

Sofern der Staat nun eine Ausgabe tätigen möchte – sagen wir mal, die Verteidigungsministerin will zur Abwechslung einen Hubschrauber haben, der fliegen kann –, dann wird das Finanzministerium, das sein Konto bei der Zentralbank hat, die Zentralbank anweisen, die Reserveguthaben der Geschäftsbank des Zahlungsempfängers zu erhöhen. Das heißt, wenn beispielsweise Airbus uns einen solchen Hubschrauber bauen kann und die Firma aus ethischen Gründen ihr Konto bei der Deutschen Bank führt, dann wird die Zentralbank dem Konto der Deutschen Bank den entsprechenden Betrag gutschreiben, der für den Hubschrauber fällig wird. Das geht per Tastatur, vorherige Ersparnisse braucht es nicht. Die Deutsche Bank wiederum passt den Kontostand von Airbus entsprechend an, sodass wir es wieder mit einer einfachen Bilanzverlängerung zu tun haben: Die Deutsche Bank hat nun sowohl höhere Verbindlichkeiten (die Kundeneinlagen) wie auch höhere Guthaben (Reserven). Durch die Ausgabe des Staates entsteht somit neues Zentralbankgeld sowie zusätzliche Einlagen. Der Prozess funktioniert immer nach demselben Muster. Sobald der Staat Waren und Dienstleistungen erwirbt, werden die Reserven den Geschäftsbanken gutgeschrieben, bei denen die Unternehmen ihre Konten führen. Für die Unternehmen selbst erhöhen sich die Einlagen auf ihrem Konto. Mit anderen Worten: Die Ausgaben des Staates werden zu den Einnahmen des Privatsektors.

Eine Grenze dafür, wie viel Geld aus dem Nichts geschaffen werden kann, gibt es nicht, weshalb Geld nicht als knappes Gut bezeichnet werden sollte. Da jederzeit so viel Geld wie nötig per Knopfdruck zur Verfügung gestellt werden kann, wird unser Geldsystem auch als »Fiat-System« bezeichnet – vom lateinischen Wort »fiat« abstammend, was so viel heißt wie »es werde«. Obwohl es beim Geld keine Knappheit gibt, finden wir Knappheit hingegen auf der Seite der Kreditnehmer und der real verfügbaren Ressourcen, Waren und Dienstleistungen. Hier gibt es zwei Extreme. Entweder, die Nachfrage ist tot und niemand will sich verschulden. Dann kann der Zins noch so niedrig sein, die Investitionen werden nicht anziehen. Das ist genau das, was wir seit der Finanzkrise vor allem in der Eurozone erleben. Das andere, aber seltenere Knappheitsextrem ist eine Wirtschaft am Kapazitätslimit. Denn wenn die Kapazitäten einer Volkswirtschaft voll ausgelastet sind, besteht die Gefahr einer Überhitzung und Inflation. Von einer solchen Situation ist Europa jedoch sehr weit entfernt. Die Panikmacher, die in der EU im gegenwärtigen Umfeld das Gespenst der Inflation an die Wand malen, gleichen jenen Menschen, die während der Urflut eine Brandwarnung ausrufen.

## Alles Geld der Welt sind Schulden

Bei all den Details und den vielleicht etwas ungewohnten Mechanismen, die das moderne Geldsystem ausmachen, sind zwei wesentliche Merkmale absolut zentral: 1.) Geld ist keine begrenzte Ressource und 2.) alles Geld, jeder Cent und jeder Euro in Ihrem Portemonnaie und auf Ihrem Konto, sind aus dem Nichts geschaffene Schulden. Was für Sie ein Vermögenstitel ist, ist für jemand anderen eine Verbindlichkeit (entweder für die Bank oder die Zentralbank). Wer somit am liebsten alle Schulden auf der Welt streichen wollte, der würde damit auch den gesamten Geldbestand ausradieren.

Dass der Geldmenge nach oben keine Grenzen gesetzt ist, hat den Vorteil, dass bei einer Krise, wie der Finanz- oder der Coronakrise die Liquidität sichergestellt wird. In Momenten der Panik gibt es immer einen Run aufs Geld und wenn die Zentralbanken nicht eingreifen könnten, würde es zu einem Zusammenbruch der Wirtschaft kommen. Die Instabilität und Unvorhersehbarkeit der Geldnachfrage macht es unausweichlich, dass die Geldmenge flexibel und der Nachfrage entsprechend aus dem Nichts geschaffen werden kann. Würde man der instabilen und volatilen Nachfrage nach Geld ein stabiles Angebot entgegensetzen, wie es diejenigen fordern, die von einem durch Gold gedeckten Geldsystem träumen oder im Bitcoin die Lösung aller Probleme sehen, hätte man verrücktspielende Zinsen und regelmäßige Liquiditätsengpässe. Es gibt keine Marktwirtschaft auf der Welt, die in einem solchen Geldsystem funktionieren könnte.

Der zweite Vorteil des Fiat-Geldsystems ist, dass es dem Staat die Möglichkeit gibt, ohne Probleme und völlig unabhängig vom Verschuldungsstand die Wirtschaft wieder zum Laufen zu bringen. Sofern sich der Staat in seiner eigenen Währung verschuldet und die Zentralbank sich bereiterklärt, Staatsanleihen zu kaufen, gibt es keine Summe der Welt, die nicht beglichen werden könnte. Die Zentralbank ist zudem die einzige Institution in einer Marktwirtschaft, die mit negativem Eigenkapital operieren kann. Weder muss für die Steigerung der öffentlichen Ausgaben irgendein Akteur in der Wirtschaft »belastet« werden noch wird jemandem etwas weggenommen. Rein technisch gesehen ist eine derartige Finanzierung der Ausgaben auch nicht möglich, denn kein privater Akteur (außer den Geschäftsbanken) hat Zugang zu Zentralbankreserven – und tatsächlich werden alle Ausgaben des Staates und alle Zahlungen an den Staat über Reserven beglichen.

Die Frage, wer denn für die Schulden beispielsweise in der Coronakrise aufkomme oder wie wir anhand der gestiegenen Verschuldung eine Investitionsoffensive starten können, erübrigt sich damit, denn die Schulden können einfach auf der Bilanz der Zentralbank liegen bleiben. Sollten bei der Zentralbank etwaige Überschüsse anfallen, werden diese wieder an ihre Eigentümerin ausgeschüttet – den Staat. Eine Regierung kann sich somit in eigener Währung bei sich selbst verschulden, schafft dadurch Vermögen in der Privatwirtschaft, und zahlt die Zinsen, die von der Zentralbank festgelegt werden und *nicht* von irgendwelchen Schuldenständen abhängen, effektiv an sich selbst.

Im Fall eines Entwicklungslandes funktioniert der Mechanismus nicht so einfach, denn die Entwicklungsländer sind weitgehend Opfer eines Währungssystems, das ihnen nur wenig Raum zur Verschuldung in eigener Währung gibt. Durch Finanzmarktspekulationen wird es für die meisten Entwicklungsländer unmöglich, den Außenwert ihrer Währung zu stabilisieren. Für die Finanzmärkte sind die Spekulationsgeschäfte und das damit verbundene Jo-Jo-Spielen mit den Wechselkursen hingegen enorm profitabel. Für die Entwicklungsländer selbst bedeutet es regelmäßig wiederkehrende Währungskrisen mit gravierenden Auswirkungen auf die Realwirtschaft und Entwicklung. Ohne ein vernünftiges globales Währungssystem, von dem wir derzeit so weit entfernt sind wie von der Besiedelung des Mars, ist die Frage der währungs- und geldpolitischen Souveränität für Entwicklungsländer eine völlig andere als im reichen, globalen Norden.

Abgesehen von dem Skandal, dass wir seit 50 Jahren nichts unternommen haben, um diesen Missstand zu ändern, ist es unverantwortlich, dass wir in Zeiten größter realwirtschaftlicher und gesellschaftlicher Herausforderungen von den Vorteilen unseres Geldsystems keinen Gebrauch machen und dies teilweise noch mit dem Argument der Generationengerechtigkeit begründet wird. Sowohl die Schulden als auch die Vermögen werden jedoch an die nachfolgenden Generationen weitervererbt. Wer könnte es letzteren verübeln, dass sie gerne nicht nur ein höheres Vermögen, sondern auch eine solide Infrastruktur, ein gutes Gesundheits- und Bildungssystem, und nicht zuletzt einen bewohnbaren Planeten erben möchten?

## Was ist nun mit der Inflation?

Schön und gut, mögen Sie nun vielleicht anmerken, doch wie sieht es mit der Inflation aus? Haben wir nicht gelernt, dass, sobald Staaten die Druckerpresse anwerfen, die Preise durch die Decke gehen und das Geld nichts mehr wert ist? Viele denken beim Stichwort Inflation vermutlich an die Bilder aus den 1920er-Jahren, als die Menschen mit Schubkarren voll von wertlosen Papierscheinen ihre Brötchen beim Bäcker kaufen wollten. Diese vor allem in Deutschland verbreitete Urangst der Inflation führte dazu, dass es der Artikel 123 des EU-Vertrags ausdrücklich verbot, dass die EZB direkt von den Euro-Staaten Anleihen aufkaufen darf. Das käme einer direkten Staatsfinanzierung gleich, was in der ordoliberalen Vorstellung gleichbedeutend mit Inflation ist. Allein, dass dieses Verbot existiert, zeigt, dass es technisch nichts gibt, was den Staat daran hindern könnte, in eigener Währung so viel Geld aus dem Nichts zu schaffen, wie er für seine Ausgaben benötigt. Das ist der erste Punkt. Man musste sich aus diesem Grund selbst in die Zwangsjacke stecken, um die Art der Finanzierung, die in Ländern wie beispielsweise Kanada gegeben ist (ohne, dass es dort eine Hyperinflation gibt), zu untersagen. Womöglich hat die Politik da an eine »Strategie« gedacht, die Ihnen aus Ihrem eigenen Haushalt bekannt sein könnte – oder die zumindest bei mir ihre Anwendung findet: Wenn ich meinen Zähnen und meinem Körper eine Schokoladenpause gönnen möchte, dann reiße ich mich im Supermarkt zusammen und kaufe keine Schokolade. Denn hätte ich einen Vorrat zuhause, so würde direkt ein Riegel nach dem anderen verschwinden. Und nun stellen Sie sich vor, was wäre, wenn ich daheim eine Maschine hätte, die mir unbegrenzt Schokolade zur Verfügung stellen würde, sobald ich einen Knopf drücke! Das würde nicht gut ausgehen. Von daher versperrt man sich selbst den Zugang zu dieser Maschine. »Aus den Augen, aus dem Sinn« heißt es deshalb sowohl für die Schokolade als auch für die staatliche Druckerpresse.

## Monetäre Staatsfinanzierung: ja – aber wo ist der Bus?

In der Eurozone musste man schmerzhaft feststellen, dass, auf die Realwirtschaft angewandt, die Strategie des Finanzierungsverbots in die Katastrophe führt. Ohne eine Zentralbank, die die Renditen auf Staatsanleihen (durch deren unbegrenzten Ankauf) stabilisieren kann, gibt es schlichtweg keine Finanzmarktstabilität. Wir haben in Kapitel 3 gesehen, dass Staatsanleihen in jedem Kapitalmarkt den Referenzpunkt für alle weiteren Preise bilden. Wenn Spekulanten das Gefühl haben, dass ein Staat seine Anleihen nicht wird bedienen können – was nur bei Anleihen der Fall ist, die in Fremdwährungen ausgegeben wurden –, dann werden sie aktiv auf einen Zahlungsausfall wetten. Die Preise für die Anleihen fallen in den Keller, die Renditen schießen hoch, und damit einhergehend wird die gesamte Wirtschaft in den Abgrund gerissen. Genau dies war während der Eurokrise der Fall, da sich die EZB unter der Leitung Jean-Claude Trichets weigerte mit aller Entschiedenheit in den Anleihemärkten zu intervenieren. Die Spreads, also die unterschiedlichen Renditen auf Staatsanleihen, wurden durch eine Spekulationswelle wie eine Schere auseinandergetrieben. Investoren wetteten darauf, dass »Südeuropa« einknicken würde.

Erst als Mario Draghi die Leitung der EZB übernahm und auf dem Höhepunkt der Spekulation, im Sommer 2012, in London verkündete, die EZB würde »alles tun, was notwendig ist«, um den Euro zu retten, stabilisierte sich die Lage. Dieses »whatever it takes« ging als Wendepunkt in die Geschichte ein, denn die Spekulanten wussten nun, dass sie es mit einem Gegner zu tun bekamen, gegen den sie nicht gewinnen konnten. Die Zentralbank konnte auf der einen Seite unendlich viel Geld ins Spiel werfen und auf der anderen Seite den Ausgang der Wette selbst bestimmen. Niemand war folglich so dumm, gegen die von der EZB gestützten Staatspapiere zu wetten.

Der Ankauf von Staatsanleihen der EZB läuft gemäß den europäischen Verträgen über den Sekundärmarkt ab, das heißt die EZB kauft den Geschäftsbanken die Staatsanleihen ab. De facto laufen die Anleihekäufe selbstverständlich auf eine indirekte monetäre Staatsfinanzierung hinaus, denn wenn die Banken wissen, sie können die Staatsanleihen bei der Herausgabe erwerben und dann direkt an die EZB weiterleiten ist das Risiko gleich Null – und sie können dabei durch die Transaktion noch attraktive Gebühren einsacken. Deshalb müssen sich die EZB, der Bundesgerichtshof und der Europäische Gerichtshof immer wieder mit dem Vorwurf der Staatsfinanzierung herumschlagen. Vor allem aus Deutschland kommen die Anklagen in zuverlässiger Regelmäßigkeit. Obwohl es der EZB durch juristische Akrobatik immer wieder gelungen ist, die

Anleihenkäufe nicht als Staatsfinanzierung auszulegen, haben die Kläger im Grundprinzip natürlich recht. Doch das Problem ist, dass das, was juristisch festgelegt wurde, makroökonomischer Unfug ist. Die EZB hat somit keine andere Wahl, als alle ihr zur Verfügung stehenden Mittel zu benutzen, um die Zentrifugalkräfte in der Eurozone im Zaun zu halten.

## Zeit, die Regeln den Gegebenheiten anzupassen

Ein Auseinanderbrechen der Eurozone hat die EZB durch ihr entschiedenes Eingreifen bisher verhindern können. Das können wir mit hundertprozentiger Sicherheit festhalten. Ihr Inflationsziel von knapp zwei Prozent hingegen bleibt unerreichbar, da dies geldpolitisch allein nicht machbar ist. Anstelle der endlosen gerichtlichen Auseinandersetzungen, die der alternativ- und zugleich aussichtslose Kampf der EZB gegen die Deflation mit sich bringt, sollte man es sich einfacher machen. Die Verträge müssen so geändert werden, dass sie den neuesten theoretischen und empirischen Erkenntnissen entsprechen.

Es wird Zeit, dass man es in Europa (und da ganz besonders in Deutschland) zur Kenntnis nimmt, dass trotz der Interventionen der Zentralbanken auf der ganzen Welt die Inflation in den Industriestaaten längere Zeit auf historisch niedrigem Niveau war. Japan schlägt sich seit 30 Jahren mit dem Problem der Deflation herum – und das bei durchgängig expansiver Geldpolitik und einem öffentlichen Schuldenstand von knapp 250 Prozent des BIP, wovon fast die Hälfte auf der Bilanz der Bank of Japan, der japanischen Zentralbank, zu finden ist.[15] Auch in der Eurozone blieb der Deflationsdruck trotz der Anleihenkäufe der EZB hoch. Erst mit der Coronapandemie, als die Weltwirtschaft für kurze Zeit stillgelegt wurde, um dann wieder hochgefahren zu werden, führten Lieferengpässe, steigende Energiepreise, sowie Sonder- und Basiseffekte zu leicht höheren Inflationsraten. Im Gegensatz zu den USA, wo die Löhne etwas anzogen, blieben die Lohnabschlüsse in Westeuropa auf sehr niedrigem

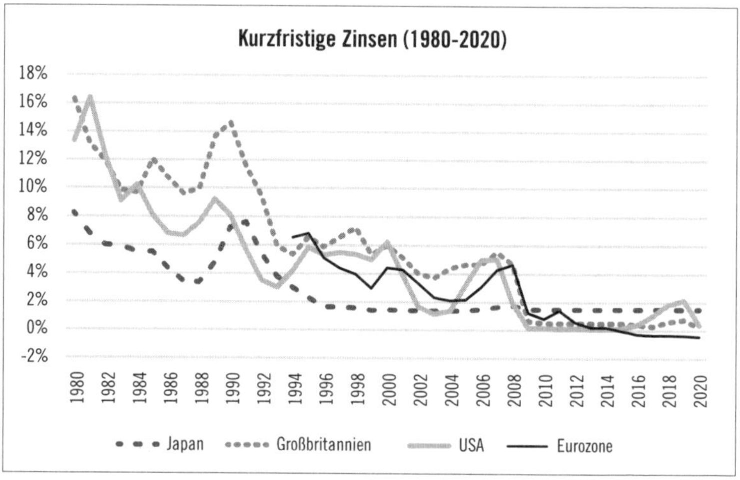


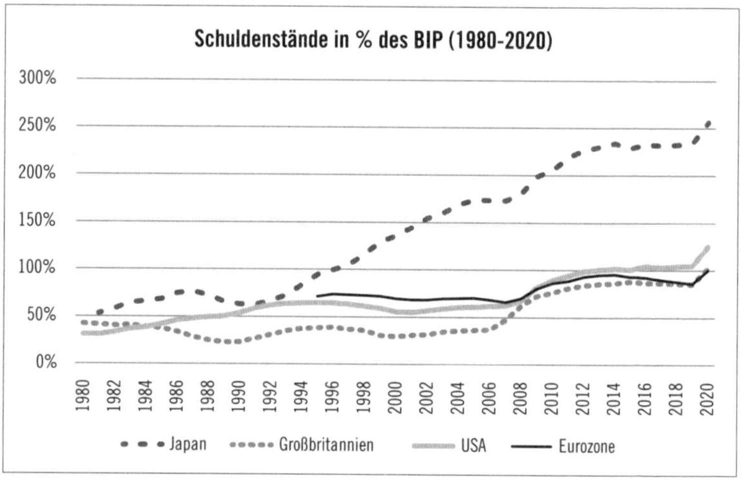


Abbildung 7.2 *Quelle: FRED, AMECO, Bank of England, S&P Global Market Intelligence, Bank of Japan*

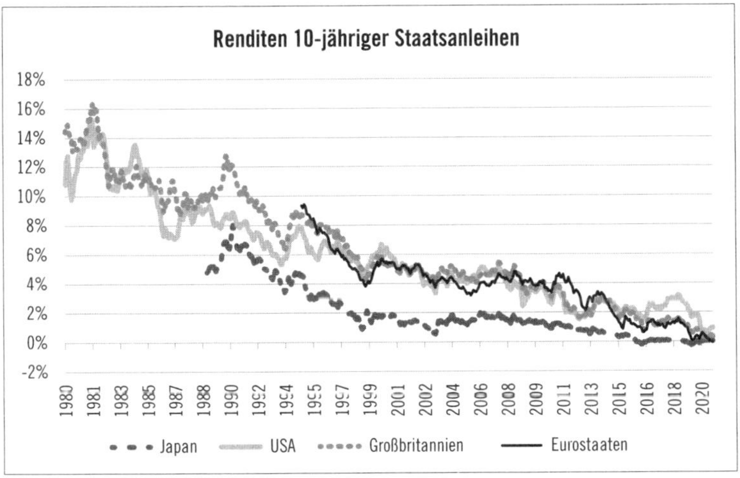


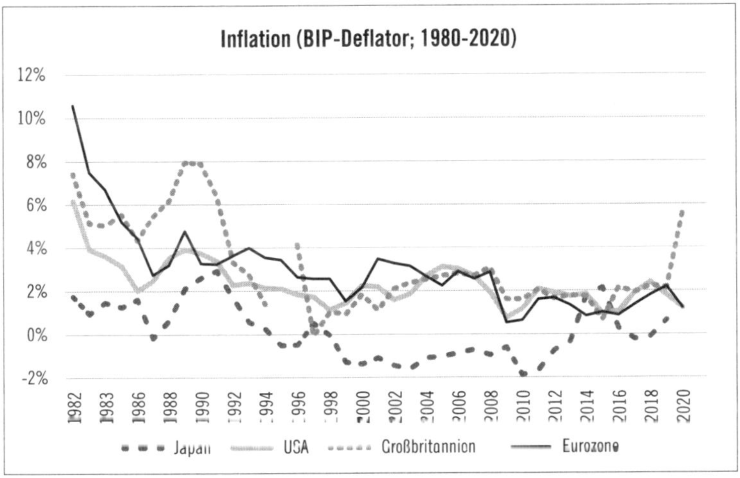


Abbildung 7.2 *Quelle: FRED, AMECO, Bank of England, S&P Global Market Intelligence, Bank of Japan*

Niveau, sodass die Inflation sich im Jahr 2022 wieder legen und die Zinsen niedrig bleiben dürften – denn, wie wir gesehen haben, wird die Inflationsrate vor allem über das Lohnstückkostenwachstum bestimmt.

Die Trennung von Geld- und Finanzpolitik, die die Grundlage für die Verträge von Maastricht bildete, mag gesetzlich geregelt sein, in der realen Welt gibt es sie aber nicht. Die Refinanzierungsbedingungen werden von der Zentralbank *gesetzt* und beeinflussen damit zwangsläufig die Entwicklungen in der Realwirtschaft. Der von der Zentralbank gesetzte Zins hängt wiederum von der Zielinflationsrate ab, wobei die Inflation selbst von der Lohn- und Fiskalpolitik der Regierung bestimmt wird. Die Schulden sind dafür gänzlich irrelevant. Abbildung 7.2 zeigt dies empirisch in aller Deutlichkeit. Die Grafik zeigt die Daten zu den Inflationsdynamiken, öffentlichen Schuldenständen, kurzfristigen Zinsen und Renditen auf 10-jährige Staatsanleihen. Die Staatsschulden im Verhältnis zum BIP sind dabei explodiert, die kurzfristigen Zinsen, die Inflation und die Refinanzierungskosten für Staaten sind hingegen nahe oder sogar unter der Nulllinie. Wer anhand der empirischen Wirklichkeiten der letzten 40 Jahre jedoch immer noch an die Märchen glaubt, die in den Medien und zum Teil noch in den Universitäten gelehrt werden – wie beispielsweise, dass höhere staatliche Schulden mit einer höheren Zinslast einhergehen oder Staatsausgaben zwangsläufig in die Inflation führen –, der wird wahrscheinlich auch in den nächsten 40 Jahren seine Meinung nicht ändern.

In Teilen Nordeuropas muss hinzugefügt werden, dass auch der angenommene Zusammenhang zwischen dem Wachstum der Geldmenge und der Inflation mittlerweile bei keiner modernen Zentralbank der Welt mehr ernst genommen wird. Hierzulande wird das zwar häufig noch so dargestellt, als handle es sich um den neusten Stand der Forschung oder ein unumstößliches Gesetz, doch international spielt dieser Ansatz keine Rolle mehr. Thilo Sarrazin, der vielen Deutschen noch durch die Veröffentlichung seines Buches *Deutschland schafft sich ab* bekannt sein dürfte, meinte auf Basis ebendieser Theorie im Dezember 2012, also wenige Monate nach der Ankündigung des Outright Monetary Transactions (OMT)-Programms der EZB, mit dem sich die Zentralbank dazu ermächtigte, wenn nötig, in unbegrenztem Ausmaß kurzfristige Staatsanleihen aufzukaufen: »Wenn wir innerhalb der nächsten zehn Jahre keine starke Inflation bekommen, gebe ich mein Diplom als Bonner Volkswirt zurück und bin bereit, alles neu zu lernen.«[16] Einige Monate hat er noch Zeit. Dann können Sie ihm gerne eine E-Mail schreiben – es sei denn, er verweist auf die kurzfristige und durch Sondereffekte bedingte Inflation von 5-6 Prozent, um sich aus der Verantwortung zu stehlen.

## Wirtschaftspolitische Maßnahme # 1: Staatsanleihen ohne Risiko

Ersetzen wir den Dogmatismus durch mehr Pragmatismus, so können wir dem Staat die Möglichkeit geben, als Manager der schöpferischen Zerstörung tätig zu werden. Dazu müssen sowohl die Anleihenmärkte stabilisiert werden als auch die in der Eurozone selbst angelegten Zwangsjacken beseitigt werden. Vor allem in Anbetracht der gewaltigen Summen, die zum Abbau des gewaltigen Investitionsrückstands und zur Finanzierung der Transition in eine nachhaltigere Wirtschaft benötigt werden, sind die Regeln aus dem Maastrichter Vertrag mehr denn je aus der Zeit gefallen.

Die erste Schlussfolgerung für eine entwicklungsförderliche Wirtschaftspolitik lautet somit: Es muss der EZB die formale Erlaubnis erteilt werden, Staatsanleihen zu kaufen – im Notfall auch auf dem Primärmarkt. Das ist eine entscheidende Voraussetzung für langfristig stabile Investitionsbedingungen. Obwohl der Ankauf von Staatsanleihen bereits gängige Praxis ist, brächte eine Abänderung der Verträge mehrere Vorteile. Erstens besteht beim derzeitigen Modell immer ein gewisses Risiko, dass eine Klage auf Grundlage der veralteten und sinnfreien Gesetzgebung doch durchkommt. Das wäre mit der Regeländerung passé. Zweitens würde es die kurzfristigen Unsicherheiten beseitigen, die in der

Eurozone jedes Mal mit den Urteilen aus Karlsruhe einhergehen. Eine formal-rechtliche Erlaubnis würde den Finanzmärkten klarmachen: Der Euro ist gekommen, um zu bleiben. Spekulationen sind zwecklos. Damit würden sich auch die unterschiedlichen Renditen auf Staatsanleihen schließen. Diese »Spreads«, so haben wir es im vorherigen Kapitel gesehen, verzerren den Wettbewerb in der Eurozone massiv, denn sie geben Firmen in Staaten wie Deutschland einen entscheidenden Vorteil auf den Kapitalmärkten. Wer somit einen fairen Wettbewerb im europäischen Binnenmarkt haben möchte, der muss die Spreads beseitigen. Mit anderen Worten: Es muss die Bedingung geschaffen werden, dass alle Unternehmen bei einem 100-Meter-Lauf von derselben Startlinie loslaufen. Unterschiede bei den Refinanzierungsraten wären folgerichtig die Risikoaufschläge für einzelne Branchen und Firmen, die sich im Markt ergeben – und die nicht daher stammen, das eine Firma gegenüber einer anderen im Vorteil sein könnte, nur weil sie geographisch etwas weiter nördlich liegt. Zu guter Letzt, das wäre der dritte Vorteil, würde der formal genehmigte Ankauf von Staatsanleihen durch die EZB den Diskussionen ein Ende bereiten, die vor einer »Transferunion« oder einer »Vergemeinschaftung« der Schulden waren. Weder gibt es bei der Art der Finanzierung von Staatsausgaben irgendeine gemeinsame Haftung der Staaten noch kommen deutsche oder sonstige Steuerzahler für die Ausgaben der anderen Länder auf.

## Wirtschaftspolitische Maßnahme # 2: Auf die Löhne kommt es an

Nebst stabilen Ankerpreisen (Staatsanleihen) brauchen Investoren eine stabile und vorhersehbare Preisentwicklung. Geht die Inflation zu stark durch die Decke, wird die Zentralbank die Zinsen anziehen müssen, was die wirtschaftliche Dynamik abwürgen wird. Gibt es eine Deflation, so wird es ebenfalls problematisch, denn kein Investor wird in ein solches Umfeld investieren. Fallende Preise bedeuten schließlich sinkende Einnahmen für das Unternehmen. Zudem resultiert die Deflation immer aus einer geringen Nachfrage – und wieso sollte jemand investieren, wenn man aus der Investition keinen Profit schlagen kann? Wenn die Menschen kein Geld in der Tasche haben oder verunsichert sind, sodass sie sich fürchten, ihr Geld auszugeben, so wird man in einem solchen Markt kaum Einnahmen generieren können.

Das führt uns zur zweiten Schlussfolgerung für eine entwicklungsförderliche Wirtschaftspolitik: Um eine vorhersehbare und stabile Preisentwicklung zu gewährleisten, braucht es eine auf das Inflationsziel angepasste Lohnpolitik. Da Löhne auf jeder Stufe im Wertschöpfungsprozess ein wichtiger Kostenfaktor sind und gleichzeitig für die Menschen das Einkommen bilden, das sie ausgeben können, bestimmen sie sowohl die Entwicklung der Produktionskosten als auch die Entwicklung der allgemeinen Nachfrage – und damit die Entwicklung der Preise. Empirisch könnte der Zusammenhang kaum stärker belegt werden, weshalb moderne Zentralbanken sowie die internationalen Institutionen verstärkt die Lohnentwicklung und den Arbeitsmarkt im Blick haben, wenn es um die Inflation geht (vgl. Kapitel 3).

In einer Währungsunion geben sich die Staaten automatisch ein Inflationsziel, denn da Auf- und Abwertungen der Währungen nicht mehr möglich sind, ist dies die einzige Möglichkeit, dass kein Land in seiner Wettbewerbsfähigkeit hinten abfällt oder seine Wettbewerbsfähigkeit auf Kosten anderer Länder erhöht. Es wurde bereits darauf hingewiesen, dass es logisch unmöglich ist, dass »alle« gleichzeitig wettbewerbsfähiger werden, weil es sich beim Thema Wettbewerbsfähigkeit um ein relatives Konzept handelt. Wer im 100-Meter-Sprint seine Zeit gegenüber seiner Konkurrenz um 1 Sekunde verbessert, gewinnt an Wettbewerbsfähigkeit. Wer langsamer wird, verliert an Wettbewerbsfähigkeit. Wenn alle ihre Zeit um 1 Sekunde verbessern oder verschlechtern, hat keiner an Wettbewerbsfähigkeit dazugewonnen oder verloren. In einer Währungsunion ist das genauso: Wenn die Preise überall um 2 Prozent steigen, haben alle dasselbe Niveau der Wettbewerbsfähigkeit, denn Abwertungen gibt es keine mehr. Wer zu hohe Preissteigerungen hat, sagen wir eine Inflation von 5 Prozent, der verliert gegenüber dem Rest der Währungsunion. Wer zu niedrige Preissteigerungen hat, zum Beispiel von 1 Prozent, der gewinnt an Wettbewerbsfähigkeit. Wenn alle nun versuchen, Preissteigerungen von nur einem Prozent zu erreichen, dann erhalten wir das, was wir in der Eurozone sehen: Deflation und Arbeitslosigkeit.

Wenn die Zentralbank einer Währungsunion somit ein Inflationsziel von 2 Prozent ausgibt, ist es essenziell, dass alle Länder ihre Lohnpolitik an dieses Ziel anpassen. Die Art der Anpassung haben wir in Kapitel 3 angesprochen: Es ist die goldene Lohnregel. Die Nominallöhne müssen dem Inflationsziel plus dem erwarteten Zuwachs der gesamtwirtschaftlichen Produktivität entsprechen. Bei einem Inflationsziel von 2 Prozent und einem Produktivitätswachstum von 3 Prozent wäre die nominale Lohnsteigerung, die es für die 2 Prozent Inflation bräuchte, 5 Prozent.

Eine solche Lohnpolitik muss vom Staat orchestriert werden. Vor allem in einer Zeit, in der sich das Machtverhältnis zugunsten der Arbeitgeber verschoben hat, braucht es jemanden, der die Balance wiederherstellen kann. Dies geht auf der einen Seite über Tarifverträge, die dafür sorgen, dass alle Unternehmen dieselben Löhne zahlen müssen, sodass die Gewinne der Firmen sich allein aus den Unterschieden in der Produktivität speisen. Zum anderen aber auch über gute Bezahlung im öffentlichen Dienst, was den Druck auf die Löhne im Privatsektor erhöht. Eine solide Mindestlohnpolitik gehört ebenso dazu. So, wie der Staat in Deutschland die Tarifautonomie in den frühen 2000er-Jahren aufgab und den Deflationsdruck befeuerte, so muss der Staat die Fehler der Vergangenheit in die andere Richtung korrigieren.

## Direktinvestitionen – wenn Fabriken wandern gehen

Falls nun eine Lohnpolitik eingeführt werden würde, die der goldenen Lohnregel folgt, würde es womöglich dazu führen, dass Unternehmen ihre Produktion in Niedriglohnländer verlagern würden. Wir haben in Kapitel 3 gesehen, dass es für Firmen zwei Möglichkeiten gibt, ihre Wettbewerbsfähigkeit zu verbessern: Entweder sie investieren und erhöhen bei gegebenem Lohnniveau ihre Produktivität – was in einem schumpeterianischen Wettbewerb die Profitrate bestimmt – oder sie benutzen die gegebene Produktivität und kombinieren sie mit niedrigen Löhnen, indem sie beispielsweise eine Fabrik von Deutschland aus nach Polen verlagern. In einer geschlossenen Volkswirtschaft verbessert sich der Lebensstandard nur durch die Erneuerung der Produktionsstrukturen, also durch einen schumpeterianischen Wettbewerb. Firmen haben hier keine andere Wahl, als zu investieren, denn wer mit der Produktivität seiner Konkurrenz nicht mitkommt, der verliert entweder Marktanteile (durch zu hohe Preise) oder gerät bei der Marge ins Schleudern, wodurch das Unternehmen früher oder später von den Kapitalmärkten abgestraft oder durch einen seiner Konkurrenten aufgekauft wird.

In einer Welt, in der Kapitalmobilität gegeben ist, können die Unternehmen einem steigenden Lohndruck durch eine einfache Auslagerung entgehen. Wir haben gesehen, dass dies in der Automobilbranche während der Auseinandersetzungen zwischen Management und Gewerkschaften in den 2000er-Jahren ein erfolgreiches Druckmittel der Arbeitgeber war: Lohnkürzungen oder die Produktion wandert ab! Und gewiss wäre auch ein Teil der Produktion abgewandert, denn bei der geringen Profitabilität war es unter Druck der Kapitalmärkte aus einzelunternehmerischer Sicht leichter, die bestehende Produktionstechnik in ein Niedriglohnland zu verfrachten. Allerdings sollte das Argument mit einer gewissen Nuance betrachtet werden. Zunächst ist da der Umstand, dass die Lohnkürzungen unter Rot-Grün dazu beitrugen, dass die Menschen kein Geld zum Konsumieren hatten, der deutsche Binnenmarkt schrumpfte und die Preise in Europa unter Druck blieben. Mit höheren Löhnen wäre der Preisdruck nicht so hoch gewesen und die Hersteller hätten in einem wachsenden Markt hierzulande mehr Autos absetzen können. Der andere Punkt ist, dass Nominallöhne immer ins Verhältnis zur Produktivität gesetzt werden müssen – und selbst in der Autoindustrie gibt es Insider, die im Nachhinein der Abwanderungsdrohung kritisch gegenüberstehen:

»Ein übergeordneter Faktor in der Automobilindustrie ist, dass Produktion dort Sinn macht, wo auch die Abnehmer sind. So muss man die Karren nicht verschiffen und kann die ganze Zulieferindustrie nah beim Werk halten. Das ist ein ganz pragmatisches Erfordernis und da hast du in Kerneuropa mit Deutschland noch einen relativ starken Absatzmarkt. Das hat nichts mit nationaler Gesetzgebung zu tun, sondern mit betriebswirtschaftlicher Sinnhaftigkeit. Man kann sich sicher sein, dass die relative Lohnzurückhaltung, die Lohnabschlüsse, eine Rolle [für die Expansion der deutschen Hersteller in Europa] gespielt hat. Es wird immer gesagt, dass die Lohnkosten hier so hoch sind. Aber im europäischen Vergleich waren die Lohnsteigerungen moderat und gerade im Hinblick auf die Produktivität der Arbeit, da ist ein deutscher Arbeitnehmer und damit letztlich das Werk, mit allem Drum und Dran, ganz weit vorne. Also macht es da keinen Sinn, Lohnkosten zu sparen, indem ich irgendwo ins Ausland gehe.«[17]

Auch wenn solche rückblickenden Ansichten ihre Validität haben, so waren die Machtverhältnisse in der deutschen Wirtschaft und Politik so, dass den Gewerkschaften kaum was übrigblieb, als das Spiel der Lohnzurückhaltung mitzuspielen. Polen, Tschechien und die Slowakei waren schließlich nur ein paar Autostunden entfernt – und dort Fabriken zu bauen, die dieselbe Produktionstechnologie wie die deutschen Fabriken hatten, war eine glaubwürdige Alternative.

## Wirtschaftspolitische Maßnahme #3: Löhne als Produktivitätspeitsche – auch international

Die dritte Schlussfolgerung für eine entwicklungsfördernde Wirtschaftspolitik muss somit angehen, dass sich die Unternehmen auf lange Sicht nicht auf einer Optimierung der existierenden Produktionsmethoden und Produkte ausruhen können. Innovationen müssen zur Existenzvoraussetzung werden. Dies ist nur möglich, wenn die goldene Lohnregel nicht nur im Heimatmarkt fest befolgt wird, sondern auch als festgelegte Bedingung an Direktinvestitionen gekoppelt wird. Wenn ein Unternehmen seine Produktion in einem Niedriglohnland aufzieht, muss es vertraglich dazu verpflichtet werden, die Löhne seiner Belegschaft in dem Maße zu erhöhen, wie es der gesamtwirtschaftlichen Produktivitätssteigerung und dem Inflationsziel im Gastland entspricht. Um es an einem Beispiel zu veranschaulichen: Wenn Volkswagen, Daimler oder Fiat beschließen, in Polen eine Fabrik zu errichten, die polnische Notenbank ein Inflationsziel von 2,5 Prozent ausgibt und die gesamtwirtschaftliche Produktivität jedes Jahr um 3,5 Prozent wächst, dann müssen die ausgezahlten Nominallöhne in den Werken um 6 Prozent jährlich steigen.

Aus unternehmerischer Sicht ergäbe sich daraus die folgende Position. Sofern ich gegenüber anderen Wettbewerbern an Wettbewerbsfähigkeit verloren habe, kann ich sie kurzfristig wieder verbessern, indem ich durch eine Direktinvestition meine kapitalintensive Produktion mit den nominal niedrigen Löhnen kombiniere. Einfach die Löhne in den Werken im Industrieland zu senken ist schließlich nicht möglich. Allerdings weiß ich, dass die so gewonnene Verbesserung der Wettbewerbsfähigkeit nur für einen begrenzten Zeitraum besteht, denn auch in Polen werden meine Löhne im Laufe der Jahre kräftig zulegen. Ich muss von daher in neue Technologien investieren, um meine Produktivität zu erhöhen, denn nur so kann ich langfristig profitabel bleiben.

Selbst wenn es also zu einer Abwanderung der Produktion kommt, haben Firmen keine andere Wahl, als zu investieren, wenn sie überleben wollen. Hätte bei einer angemessenen Lohnpolitik während der 2000er-Jahre die heimische Nachfrage in Deutschland nicht ausgereicht, um die Profitabilität und den Absatz der deutschen Hersteller zu steigern, so wäre ein Teil der Produktion gewiss in den Osten gegangen. Das ist aber nicht weiter schlimm, sondern ein normaler Entwicklungsvorgang. Technologien und Produkte werden im Laufe der Zeit für gewöhnlich billiger und die neuen Produkte, die in den Markt kommen, sind für gewöhnlich teurer und bringen deshalb höhere Margen mit sich. Sofern die Preise für die »veralteten« Güter fallen, lohnt sich deren Produktion in einem Industrieland nicht mehr, sodass die Produktion ins Ausland verlagert wird. Dort wiederum trägt sie dazu bei, dass sich der Kapitalstock erhöht beziehungsweise die Produktionsstrukturen sich erneuern. Von den Direktinvestitionen zur Produktion der ehemals im Industrieland hergestellten Güter können die Länder profitieren. In den Industrieländern werden dann verstärkt neue Produkte und Technologien entwickelt. In der Literatur trägt dieser Prozess den Namen »Flying Geese« (fliegende Gänse), da an der Spitze der Formation der Gänse die Innovationen entstehen und die Auslagerung ehemaliger Innovationen den Nachzüglern in ihrer Entwicklung hilft. Sofern die Entwicklungsländer einen hinreichend großen Kapitalstock aufgebaut haben, können sie selbst natürlich in die neuesten Technologien investieren und dort die Marktführerschaft übernehmen – wie es China im High-Tech Bereich eindrucksvoll belegt.

An diesem Prinzip kann man natürlich aussetzen, dass viele Länder, wie Japan oder Korea, sich gerade nicht durch Direktinvestitionen entwickelt haben. Im Gegenteil, sie haben ihre Wirtschaft abgeschottet und den Kapitalstock selbst aufgebaut und Technologien kopiert (wie es zuvor Deutschland oder die USA gemacht haben). Wie der Kapitalstock wächst und die Produktionsstrukturen im Land sich erneuern, ist zweitrangig. Die Hauptsache ist, dass es passiert. Vor allem in einer Welt, in der die Entwicklungsländer Teil eines Finanzsystems sind, das ihnen durch Währungs- und Zinsspekulationen eine autonome Entwicklungspolitik fast unmöglich macht, *kann* das Prinzip der Flying Geese *ein* Weg sein, um den materiellen Lebensstandard zu erhöhen.

Wären die Löhne in Deutschland als Produktivitätspeitsche eingesetzt worden, so hätten sich die Automobilhersteller neu orientieren müssen. Sie hätten in Bereiche, Technologien und Produkte investieren müssen, die an der Spitze der Innovation stehen – denn hier lassen sich die Güter aufgrund ihres monopolistischen Vorsprungs besser bepreisen und kommen mit höheren Margen. Die veralteten Technologien hätten sich bei einem hohen Lohnniveau nicht mehr rentiert. Ein Industriefachmann zeigte sich im Rahmen der Forschungsarbeiten zu diesem Buch überzeugt davon, dass das Prinzip der fliegenden Gänse dafür gesorgt hätte, dass die Produzenten technologisch nicht meilenweit hinter den anderen Herstellern geblieben wären – allen voran aus China und den USA:

»Ich gehe fest davon aus, dass sich die Industrie anders entwickelt hätte. Wir würden nicht unsere ganzen jungen Leute in irgendwelche Produktionsbetriebe reinschicken, um Motoren oder Getriebe oder sonst was zu bauen, sondern wir hätten andere, innovative Technologien stärker nach vorne gebracht, weil man diese Innovation natürlich besser preisen kann als irgendwelche Verbrennungsmotoren. Deswegen ist Deutschland in vielen Bereichen old-school, was die Autoindustrie angeht, weil man lange zu bequem aufgrund der Währung, aufgrund der Exportmärkte, Geld verdienen konnte. (…) Ohne die Währung, die für Deutschland natürlich unterbewertet ist, hätte es nie diese Exportschlager gegeben. Sowohl im innereuropäischen Bereich, aber auch gerade nach China und in die USA, weil man in einer Währung die 30, 40 oder 50 Prozent teurer ist, kein Geld mehr verdienen kann. Das schuf eine Übergangsfrist. Die Lokalisierung, die jetzt in den Märkten stattfindet, hätte dann schon eher stattgefunden. Das heißt, Deutschland hätte sich schon eher dem Weltmarkt angepasst, mit einer stärker lokalisierten Produktion und hätte in Deutschland andere Strukturen aufgebaut, in andere Technologien investiert als in Dieselmotoren, weil es diesen Veränderungsdruck eher gegeben hätte.«[18]

Die Elektrifizierung der Industrie wäre dabei nur eine von vielen Richtungen, in die es hätte gehen können. Eventuell wären andere Technologien weiter nach vorne gebracht worden, die es heute überhaupt nicht auf dem Markt gibt. Doch die Lohnzurückhaltung, Auslagerungen in der Zulieferindustrie und die Vorteile auf den Kapitalmärkten, die vor allem seit 2010 zu einem Wachstum der Marktanteile führten, haben es den Konzernen in Deutschland – und damit auch dem Produktionsstandort Deutschland – ermöglicht, ihre absoluten Vorteile im Markt auszunutzen, ohne dass groß in neue Technologien investiert werden musste. Die anderen Hersteller mussten der Optimierung natürlich folgen, da das Wettbewerbsmodell der EU überhaupt nicht darauf ausgelegt ist, dass Anreize für Investitionen in neue Technologien geschaffen werden. Nicht nur dadurch, dass die Schulden- und Defizitregelungen die Staaten bei der grundlegenden öffentlichen Finanzierung in Ketten legen, sondern auch dadurch, dass es die institutionellen Rahmenbedingungen leichter machen, gegebene Produktionsmethoden einfach auszulagern. Für die Unternehmen ist das die sicherere und leichtere Methode im Vergleich zu Investitionen in eine höhere Produktivität. Bedenkt man zudem, welchen Druck die Finanzmärkte auf die Konzernleitungen haben, dann muss man tatsächlich konstatieren, dass Kostensenkungsorgien aus ihrer Sicht alternativlos waren. In einem solchen Verdrängungswettbewerb überlebt schließlich nicht derjenige, der am innovativsten ist, sondern der, der sich am besten anpasst. »Alles optimieren, was geht«, lautet die entsprechende Devise – also genau das Gegenteil dessen, was es für eine dynamische Entwicklung à la Schumpeter bräuchte.

# 8. Ausblick

Wir haben gesehen, dass eine moderne, makroökonomische Entwicklungstheorie mit einem ganz anderen Verständnis von Wettbewerb einhergeht. Im Gegensatz zur Stammtischökonomie, in der »mehr Wettbewerb« oder gar »mehr Sparsamkeit« automatisch zu mehr Fortschritt und Entwicklung führen, suggeriert eine tiefergehende theoretische und empirische Analyse, dass es auf die Art des Wettbewerbs ankommt. Im Gegensatz zum Modell des »Kampfs der Nationen«, welches dem EU-Wettbewerbsrecht und dem Vertrag von Maastricht zugrunde liegt und in der Politik der jeweiligen Nationalstaaten seinen Ausdruck findet, braucht es einen Wettbewerb, in dem die Staaten miteinander so kooperieren, dass die Unternehmen miteinander im Wettbewerb stehen und langfristig nur über Investitionen und eine höhere Produktivität ihre Wettbewerbsfähigkeit steigern können.

Was im Mainstream als »links«, »sozialdemokratisch« oder teilweise gar »sozialistisch« betitelt werden mag, ist in Wahrheit die treibende Kraft der kapitalistischen Entwicklung. Lohnerhöhungen, staatliche Investitionen in Bildung, Infrastruktur und das Gesundheitswesen sowie eine starke soziale Absicherung zur Bewältigung des Strukturwandels sind nicht nur Wohlfahrtsgeschenke – selbst, wenn es einige Wenige gibt, die das so ausnutzen mögen –, sondern elementare Voraussetzungen für eine dynamische Entwicklung.

In Europa haben wir hingegen einen darwinistischen *Verdrängungswettbewerb* installiert, weil wir Betriebswirtschafts- mit Volkswirtschaftslehre gleichsetzen und meinen, der Prämisse folgen zu müssen, dass »alle« wettbewerbsfähiger werden sollen. Obwohl es uns theoretisch besser gehen sollte, war das Resultat das genaue Gegenteil: hohe Arbeitslosigkeit, Prekarität, Perspektivlosigkeit sowie eine geringe wirtschaftliche Dynamik, die populistischen Parteien auf dem ganzen Kontinent in die Karten spielt.

Interessanterweise teilen »Marxisten« auf der einen und »Kapitalisten« auf der anderen Seite den Glauben, dass in einer kapitalistischen Wirtschaft die Löhne und Sozialleistungen immer weiter gesenkt werden müssen, damit die Unternehmer höhere Profite fahren und die Wirtschaft läuft. Nur in den Schlussfolgerungen aus dieser Annahme unterscheiden sich das linke und das rechte Spektrum. Die theoretische Basis ist gleich. Die Tatsache, dass höhere Löhne gesamtwirtschaftlich zu höheren Einnahmen und Profiten für die Unternehmen führen, passt in beide Weltanschauungen nicht hinein.

Würden wir in Europa jedoch begreifen, dass auf gesamtwirtschaftlicher Ebene anders gedacht werden *muss* als es die betriebswirtschaftliche Logik verlangt, hätten die Unternehmen – entgegen ihren eigenen Befürchtungen – eine bessere Ertragslage und wir als Gesellschaft wären von deutlich weniger Arbeitslosigkeit und Prekarität geplagt. Auch das Problem, dass breite Teile der Bevölkerung teilweise seit Jahrzehnten keine oder kaum Reallohnsteigerungen hatte und nun beispielsweise aufgrund explodierender Mietpreise oder klammer Rentenkassen ins Schwimmen gerät, wäre nicht existent. Demographischer Wandel – die Alterung der Gesellschaft – ist an sich überhaupt kein Problem, wenn es vernünftige Produktivitätszuwächse und Lohnsteigerungen gibt. Dann wird nämlich mehr in die Rentenkassen eingezahlt und durch die höhere Produktivität können im Umlageverfahren weniger junge Menschen mühelos mehr alte Menschen »versorgen«. Zuletzt sollte ebenso darauf verwiesen werden, dass wir in Deutschland nicht jeden Tag über die Niedrigzinspolitik der EZB herziehen würden. Bei einer der Zielinflationsrate angemessenen Lohnpolitik gäbe es nun mal weniger Deflationsdruck und damit mehr Raum für höhere Zinsen. Die Zentralbanker kaufen schließlich nicht aus purer Lust an der Freude jeden Monat Anleihen im Wert von hunderten Milliarden Euro, selbst wenn das in den deutschen Boulevard-Blättern und Qualitätsmedien so dargestellt sein mag.

## Einsicht ist der erste Schritt zur Besserung

Die ökonomische Misere in Europa ist hausgemacht und nicht von irgendwelchen externen Faktoren abhängig. Während China und die USA durch eine aktive Industrie- und Fiskalpolitik viel besser und schneller aus der Coronakrise kommen und ein nachhaltiger Umbau der Wirtschaft dort mit großem Tempo voranschreitet, drehen wir uns in Europa im Kreis. Die Chinesen praktizieren seit 40 Jahren eine schumpeterianische Entwicklungspolitik und mittlerweile haben auch die Amerikaner begriffen, was es heißt, eine Wirtschaft von innen heraus zu entwickeln. Nun werden in den USA massive öffentliche Investitionen in die Erneuerung der Infrastruktur und in die Entwicklung erneuerbarer Energien getätigt. Von einer unabhängigen Zentralbank fehlt jede Spur. Dafür aber gibt es eine sehr pragmatische Zusammenarbeit zwischen dem Finanzministerium und der Fed. Ohne dieses Maß an Koordination und Kompetenz wäre es wohl undenkbar, dass die Finanzmärkte in einer solch turbulenten Zeit so ruhig geblieben wären. Auch im Hinblick auf die Lohnpolitik zieht die US-Regierung mittlerweile die Zügel an. Selbst wenn das anfangs ambitionierte Programm von Joe Biden in den eigenen Reihen immer noch torpediert wird und die politische Umsetzung unsicher ist, ist die Stoßrichtung des »Build Back Better Acts« viel umfangreicher und effektiver als das, was wir in Europa an Bewegung sehen.

Bei uns drängt allerdings ebenso die Zeit, einen neuen Kurs einzuschlagen, doch eine genuine geistig-moralische Wende kommt nur langsam in Bewegung. Zwar haben wir wieder eine sozialdemokratische Partei an der Spitze der Regierung, doch wie wirksam die Politik insgesamt sein wird, hängt vor allem von der FDP ab. Sollte es hier kein »Update« geben, was das antiquierte Verständnis von Marktwirtschaft in der Partei angeht, dann wird es auf lange Sicht schwierig. Allerdings weisen die ersten zaghaften Signale darauf hin, dass sich die Dinge in diese Richtung verändern. Das ist auch gut, denn mit den selbst auferlegten wirtschaftspolitischen Einschränkungen, insbesondere in Form der schwarzen Null, werden wir die gewaltigen Herausforderungen definitiv nicht meistern können. Sollten wir nach dem Auslaufen der Coronamaßnahmen zu einer Wirtschaftspolitik zurückkehren, die bereits vor der Krise in Europa zu nichts als Arbeitslosigkeit, Prekarität und Elend führte, könnte Covid-19 als Katalysator in die Geschichte eingehen, durch den die Eurozone zerrissen wurde – zumal populistische Parteien in die Wahlen der kommenden Jahre von einer viel stärkeren Startposition aus ins Rennen gehen als es zu Zeiten der Finanz- und Eurokrise der Fall war.

Wir müssen deshalb im Hinblick auf das europäische Wirtschaftsmodell so schnell wie möglich begreifen, dass etwas, das *grundlegend* falsch ist, nicht durch ein wenig Makulatur verbessert werden kann. Schließlich wird ein Auto ohne Räder auch dann nicht fahren können, wenn der Seitenspiegel anders lackiert wird. Anders gesagt: Wir brauchen mehr wirtschaftspolitischen Pragmatismus und da können wir uns von den Amerikanern ein paar Scheiben abschneiden.

## Pessimismus des Verstandes, Optimismus des Willens

Wie realistisch ist es, dass wir bei uns einen ähnlichen wirtschaftspolitischen Kurswechsel wie in den USA und China hinkriegen? Immerhin verstoßen die drei Minimalmaßnahmen, die ich in diesem Buch vorschlage, allesamt gegen die Europäischen Verträge und sind somit in naher Zukunft politisch nicht zu realisieren – eine ernüchternde Bilanz. Um grundlosen Optimismus zu versprühen, müssten wir somit eine geistige Akrobatik betreiben, bei der wir uns so verdrehen, dass wir nicht wirklich ehrlich zu uns sind. Und selbst wenn es manchmal so scheint, als würde Ehrlichkeit zur knappsten Ressource unserer Zeit werden, müssen wir uns diesem Trend nicht anschließen.

Andererseits soll dies selbstverständlich keine Aufforderung dazu sein, das Handtuch zu werfen. Nein, was wir in Europa brauchen, ist schlicht etwas mehr Sachlichkeit. Ich persönlich bin in der Hinsicht ein großer Fan des italienischen Philosophen Antonio Gramsci (1891–1937),[1] der in seinem bekanntesten Schriftwerk, den Gefängnisheften, schreibt, dass wir als »nüchterne, geduldige Menschen« nicht verzweifeln und uns »nicht an jeder Dummheit begeistern« dürfen, sondern stattdessen auf den »Pessimismus des Verstandes und Optimismus des Willens« setzen sollen.[2] Das heißt, eine nüchterne Analyse sollte weder in einem grundlosen Optimismus münden noch zu einem düsteren Zynismus führen. Das gilt auch für die Entwicklungen in Deutschland und in Europa.

## Die neue Regierung: gute Ansätze und ein großes Fragezeichen

Wenn wir nun eine Einschätzung über die Entwicklungen in Europa abgeben wollen, kommen wir nicht um die Rolle Deutschlands herum. Auf der einen Seite hat das Land, indem es fast ein Drittel des BIP der Eurozone erwirtschaftet, allein aufgrund seiner Größe einen gewaltigen Einfluss auf die Entwicklung im Rest der Währungsunion. Auf der anderen Seite hält Berlin spätestens seit Beginn der Eurokrise auch im Rest des Kontinents die Zügel in der Hand.

Die neue Bundesregierung will als »Bündnis für Freiheit, Gerechtigkeit und Nachhaltigkeit« gerne »mehr Fortschritt« wagen. Tatsächlich finden wir im Koalitionsvertrag einige der Punkte, die in diesem Buch als richtig und wichtig angesehen wurden. Da wäre vorneweg die Erhöhung des Mindestlohns auf 12 Euro, die die heimische Nachfrage ankurbeln und geschätzten 8,6 Millionen Menschen das Leben leichter machen dürfte.[3] Vor allem Frauen werden von dieser Politik profitieren. Zudem einigten sich die Koalitionäre darauf, die Tarifbindung zu stärken. Nicht nur in Deutschland, sondern auch in Europa, was sehr erfreulich ist. Es wäre ein wichtiger Schritt, um sicherzustellen, dass einfache Lohnsenkungen als Maßnahmen zur Erhöhung der Wettbewerbsfähigkeit der Vergangenheit angehören. Wenn die Lohn- und Rohstoffkosten für die Firmen in einer Industrie gleich sind, dann hat die Firma mit der höchsten Produktivität die besten Profit- und Wachstumsaussichten. Das ist

Marktwirtschaft! Was die Investitionen betrifft, so wird aus dem Koalitionsvertrag deutlich, dass alle Parteien im Grundsatz begriffen haben, was unsere Wirtschaft braucht. Der Wille ist da, die 2020er-Jahre »zu einem Jahrzehnt der Zukunftsinvestitionen, insbesondere in Klimaschutz, Digitalisierung, Bildung und Forschung sowie die Infrastruktur« zu machen.[4]

An dieser Stelle folgt jedoch schon das ABER, denn es stellt sich die Frage, ob und wie diese Investitionen in der Praxis umgesetzt werden. Kurz nach dem Bekenntnis zu mehr Investitionen folgt im Koalitionsvertrag nämlich das Bekenntnis zum »verfassungsrechtlichen Normalpfad« der Staatsverschuldung.[5] Ferner lesen wir, dass »Deutschland als Stabilitätsanker weiterhin seiner Vorreiterrolle in Europa gerecht werden [muss]« und »[finanzielle] Solidität und der sparsame Umgang mit Steuergeld Grundsätze [der] Haushalts- und Finanzpolitik [sind]«.[6] Nun, es mag sein, dass diese Aussagen alleine dazu dienen, um Teile der Wählerschaft der FDP und die konservative Wirtschaftspresse in Deutschland zu besänftigen. Dafür spräche ebenfalls die Tatsache, dass – anders als in früheren Koalitionsverträgen – keine genaueren Quantifizierungen der geplanten Investitionen vorliegen. Wenn man sieht, wie harsch und ohne jegliche theoretische Fundierung über ein paar Prozent Inflation berichtet wird, dann kann man es sich nur grob ausmalen, was los wäre, wenn die erste Ankündigung der neuen Bundesregierung lauten würde: »Wir haben gelernt, dass die Schuldenbremse in einer Welt sparender Unternehmen keinen Sinn ergibt und wir zur Finanzierung des Strukturwandels höhere Defizite fahren müssen. Wir werden aus diesem Grund versuchen, die Schuldenbremse im Parlament wieder zu kippen.« Die *BILD* hätte am nächsten Tag wahrscheinlich das Ende der Welt verkündet. Abgesehen davon, dass ein solcher Vorstoß bei den gegebenen Mehrheitsverhältnissen eine Erfolgswahrscheinlichkeit von genau null hätte, wäre es somit taktisch sehr unklug, eine Investitionsoffensive in der Art und Weise einzuläuten.

Nichtsdestotrotz findet sich im Koalitionsvertrag Einiges, was darauf schließen lässt, dass die Schuldenbremse formal beibehalten, in der Praxis jedoch ausgesetzt wird. Es soll geklotzt werden, nicht gekleckert. Und um es klar zu sagen: Das war in der gegenwärtigen Lage (Stichwort: keine Zweidrittelmehrheit) das Beste, auf das man hoffen konnte! Wir haben gesehen, dass die Privatwirtschaft den massiven Investitionsbedarf und die damit einhergehenden Unsicherheiten und Risiken nicht stemmen können wird. Um zu illustrieren, wie weit weg wir von einer privaten Investitionsoffensive auf unserem Weg in eine nachhaltige Ökonomie sind, verwies der bekannte Wirtschaftshistoriker Adam Tooze darauf, dass die derzeitigen globalen (!) Privatinvestitionen in die Forschung und Entwicklung in erneuerbare Energien mit 13 Milliarden US-Dollar nur ein Drittel dessen ausmachen, was die US-Amerikaner allein (!) für ihr Haustierfutter ausgeben. Die Rechnung dafür beläuft sich nämlich auf knapp 38 Milliarden US-Dollar.[7] Für eine strukturelle Transformation unserer Wirtschaft braucht es – wie in jeder strukturellen Transformation in der Geschichte – eine kluge Industriepolitik und einen finanziell schlagkräftigen Staat. Nur bei stabilen und soliden Rahmenbedingungen werden die privaten Unternehmen nämlich investieren und damit ihr innovatives Potenzial abschöpfen können. Zumindest kurz- und mittelfristig kommt man dabei allerdings nicht um Defizite im Haushalt herum.

Der Koalitionsvertrag macht deutlich, dass die Bundesregierung plant, der sich selbst auferlegten Zwangsjacke dadurch zu entgehen, dass die Investitionen aus dem Haushalt ausgelagert werden. Entsprechend dienen als Investitionshebel staatliche Unternehmen und Förderbanken, wie die Deutsche Bahn oder die KfW, oder öffentliche Fonds, wie der Klima- und Transformationsfonds. Zudem soll die Methodik, nach der die Produktionslücke (ein aus theoretischer Sicht höchst zweifelhafter Indikator, der die Differenz zwischen der tatsächlichen Produktion einer Volkswirtschaft und dem Produktionspotenzial angeben soll) geschätzt wird, revidiert werden. Sie ist Teil der Konjunkturkomponente, die den Ausgabenspielraum des Staates beschränkt, sodass dies zusätzlichen Spielraum bei der Neuverschuldung ergeben könnte. Und schließlich – das ist wohl der schönste Zidane-Trick, mit dem die Schuldenbremse umkurvt wird – nutzt die Ampelkoalition die Möglichkeit, dass die Schuldenbremse 2022 noch ausgesetzt ist, um in diesem Jahr circa 100 Milliarden an Rücklagen aufzubauen (als Sondervermögen), die in den kommenden Jahren der Legislaturperiode ausgegeben werden können. Die Ausgaben, die dann aus diesem Topf getätigt werden, fallen nicht unter die Regelung der Schuldenbremse, selbst wenn letztere wieder ab 2023 gilt.

Die Politiker, Juristen und Ökonomen waren somit sehr kreativ, was die Möglichkeiten für mehr Staatsausgaben angeht. Ob und in welchem Umfang die Investitionsoffensive jedoch tatsächlich stattfindet, wird letztendlich im Finanzministerium entschieden. Und genau hier ist das große Fragezeichen. Wenn Christian Lindner seine bisherigen Äußerungen zu Staatsausgaben und Inflation aus tiefster innerer Überzeugung getroffen hat, dann besteht die Gefahr, dass die im Koalitionsvertrag recht vage formulierten Investitionsinitiativen nie das Licht der Welt erblicken. So wie der größte Ferrari ohne Benzin im Tank nicht fahren kann, so nützen auch die besten Ideen nichts, wenn keine Finanzierung dahintersteht. Schlimmer noch: Sollte es in den nächsten Jahren in Europa einen weiteren Schock geben und schnelles, zielgerichtetes Handeln erforderlich sein, dann ist das Risiko mit einem »schwäbischen Haushälter« groß, dass er Europa gegen die Wand fährt. Die schwarz-gelbe Koalition (2009–2013) hat uns während der Eurokrise bereits erschreckendes Anschauungsmaterial geliefert. Insbesondere Wolfgang Schäuble hat die Eurozone mit seiner Sparpolitik an den Rand des Abgrunds gebracht. Diese Fehler dürfen sich nicht wiederholen, denn es wäre vermutlich der endgültige Genickbruch der Eurozone. Allerdings spricht zumindest die erste Amtshandlung von Christian Lindner, die Aufstockung des Energie- und Klimafonds mit einem 60 Milliarden schweren Nachtragshaushalt, dafür, dass er kein Schäuble 2.0 sein wird. Auch der Ton beim ersten Staatsbesuch in Paris, den Lindner bei seinem Treffen mit seinem französischen Kollegen Bruno Le Maire anschlug, war deutlich progressiver und fortschrittlicher als das, was wir von der Union gewohnt waren. Das macht Hoffnung.

## Wie sieht es mit Europa aus?

Wenn sich die Politik in Deutschland nicht ändern sollte, wird sich auch in Europa nichts ändern. Dass sich in Deutschland etwas in Bewegung setzt, gibt Anlass zur Hoffnung. Im Koalitionsvertrag selbst hingegen wird das Thema Europa recht vage abgehandelt, was einige schon als Fortschritt sehen. Im schlimmsten Fall hätte es sein können, dass man sich bereits ab dem kommenden Jahr fest zu den veralteten Regeln des Maastrichter Vertrags bekennt und dabei keinerlei Flexibilität zeigt. Das ist zum Glück nicht der Fall.

Doch selbst wenn dies der Fall wäre, wäre es höchst zweifelhaft, inwiefern sich eine ähnliche Krisenpolitik wie 2012 durchboxen ließe. Eine positive Tendenz der letzten 10 Jahre ist zweifelsohne, dass nicht nur in Deutschland, sondern auch im Rest der Union zunehmend das Verständnis über die Ursachen der Ungleichgewichte und Krisen wächst. Während sich zu Beginn der 2010er-Jahre noch sämtliche Politiker dem »Alle müssen wettbewerbsfähiger werden«-Narrativ beugten, formiert sich seit geraumer Zeit in einigen Schlüsselländern intellektueller Widerstand. Niemand brachte beispielsweise die Empörung über die wirtschaftspolitische Ausrichtung der Nordländer Europas so präzise auf den Punkt, wie es der französische Präsident Emmanuel Macron zu Beginn der Coronakrise tat: »[Die Länder des Nordens] sind für Europa, wenn es darum geht, die von ihnen produzierten Waren zu uns zu exportieren. Sie sind für Europa, wenn es bedeutet, dass unsere Arbeitskräfte zu ihnen gehen und die Autoteile herstellen, die wir nicht mehr zu Hause produzieren. Aber sie sind nicht für Europa, wenn es darum geht, Lasten zu teilen.«[8] Macron bezeichnete die Coronakrise als »Moment der Wahrheit« für die EU und forderte eine Anpassung der Regeln, die den neuen Realitäten gerecht wird. Das heißt, insbesondere im Hinblick auf staatliche Industriepolitik und die Finanzierung der Staatsausgaben forderte er alte Dogmen über Bord zu werfen.

Wie wir in diesem Buch gesehen haben, sind die Regeln, die der europäischen Wirtschaftspolitik zugrunde liegen, völlig aus der Zeit gefallen. Die Tatsache, dass es diese Regeln gibt, die auf Grundlage einer unzureichenden Theorie erlassen wurden, heißt selbstverständlich nicht, dass diese Regeln nie geändert werden können. Regeln wurden von Menschen geschaffen und können von Menschen entsprechend angepasst werden, so wie sich unser Wissen und unsere Erkenntnisse erweitern. Da die Ausgaben des einen die Einnahmen des anderen sind und es deshalb unmöglich ist, dass alle Akteure höhere Einnahmen als Ausgaben haben, sind die Regelungen zu den Schulden- und Defizitkriterien der Staaten in einer Welt sparender Unternehmen ungefähr so sinnvoll wie die Regel, dass der Finanzminister jeden Tag vor dem Betreten des Büros 50 Liegestütze machen muss. So etwas könnte man einführen und gerne auch in den Verfassungsrang erheben. Sobald der Minister nach drei Tagen nicht mehr zur Arbeit erscheint, weil er vor lauter Muskelkater nicht mehr aufstehen kann, würde sich allerdings jeder rational denkende Mensch fragen, ob diese Regelung vielleicht nicht doch gestrichen werden sollte.

Vorausgesetzt, man ist für Freihandel und gegen Merkantilismus (wo das Schuldenmachen einfach ins Ausland verschoben wird), gilt dasselbe für die Grundpfeiler des Maastrichter Vertrags und die in der Eurokrise getroffenen Regeln zur wirtschaftspolitischen Verantwortungslosigkeit (oft auch »fiskalische Disziplin« genannt). Wenn sparende Unternehmen die marktwirtschaftliche Welt auf den Kopf stellen, gibt es eben keine andere Möglichkeit, als dass der Staat die Rolle des Netto-Investors übernimmt. Was, wie wir im 7. Kapitel gesehen haben, mit Marco Rubio einer der konservativsten Republikaner in den USA begriffen hat, das löst bei uns in Europa jedoch noch viel zu viel Bauchschmerzen aus.

Dass es für eine grundlegende Reform der europäischen Verträge in naher Zukunft eine Einstimmigkeit der 27 EU-Staaten geben wird, ist somit äußerst unwahrscheinlich. Noch unwahrscheinlicher wirkt es, wenn man bedenkt, wie dogmatisch einige kleine Länder, wie zum Beispiel die Niederlande, Schweden, Dänemark oder Österreich, selbst in einer akuten Notlage wie der Coronapandemie darauf bestanden haben, dass »fiskalische Disziplin« beim Rettungspaket gewährleistet werden müsse. Es ist klar, dass diese Länder Europa lieber in den Abgrund treiben, anstatt wirtschaftliche Rationalität und Pragmatismus walten zu lassen. Was man hoffen kann, ist, dass sich – ähnlich wie in Deutschland – Mechanismen finden und durchsetzen lassen, die die Regeln formal in Kraft lassen, sie aber in der *Praxis* umgehen können. Präzedenzfälle dafür gibt es mittlerweile *en masse*.

## Steter Tropfen höhlt den Stein

All dies heißt nicht, dass der Status quo der EU-Regeln auf ewig derselbe bleiben wird. Betrachten wir die Lage mit dem Optimismus des Willens, so sehen wir, dass es positive Veränderungen gegeben hat. So wie die Finanz-, Euro- und jetzt die Coronakrise das Scheitern der alten Theorien offenlegten, so sehr haben wir in den letzten 10 Jahren starke intellektuelle und öffentliche Gegenbewegungen erlebt. Zum einen haben soziologische und politökonomische Ansichten viel mehr Gehör erhalten. Ein naiver Glaube an den Markt mag unter neoklassischen Ökonomen vielleicht noch gegeben sein. Doch der Kreis derer, die bei jedem Euro Staatsausgaben »böse Schulden«, »Hyperinflation« oder »Ineffizienz« rufen, wird immer kleiner. In der Öffentlichkeit und in weiten Teilen der Sozialwissenschaften werden solch primitive und naive Ansichten kaum noch ernst genommen.

Vor allem in Ländern wie den USA und in Großbritannien – den einstigen Vorzeigekindern des Neoliberalismus – bilden neue, ganzheitlichere Ansätze eine starke Alternative zur veralteten, mikrofundierten Neoklassik. Industriepolitik und öffentliche Investitionen sind plötzlich keine Tabuthemen mehr, sondern werden aktiv angegangen. Gerade in den USA werden derzeit, wie wir gesehen haben, die neuesten, (polit-)ökonomischen Erkenntnisse in der Praxis umgesetzt. Während wir in Europa die Einhaltung von Regeln diskutieren, die ihren geistigen Höhepunkt im 19. Jahrhundert hatten, machen die Amerikaner das, was derzeit so dringend benötigt wird: Es wird investiert, investiert und investiert. Der Staat agiert als Ma nager der schöpferischen Zerstörung und die Löhne werden nicht mehr nur als Kostenfaktor, sondern auch als Nachfragedeterminante und Produktivitätspeitsche gesehen. Die dafür notwendigen theoretischen Werkzeuge wurden dabei insbesondere in den Jahren seit der Finanzkrise zur Genüge ausgearbeitet und populär gemacht.

So radikal, wie das Umdenken in den USA ist – eine Entwicklung, die man vor den Wahlen im November 2020 nicht für möglich gehalten hätte –, so sehen wir auch in den Forschungsabteilungen internationaler Institutionen wie dem IWF, der OECD oder der EZB teilweise fast schon einen Paradigmenwechsel. In Kapitel 3 zum Beispiel stammten viele der angeführten Forschungsarbeiten aus den Federn ebenjener Institutionen. Das hätte man vor einigen Jahren in der Form ebenfalls niemals erwartet.

Die stete Kritik der »anders« denkenden Ökonomen – das stete Tropfen auf den Stein – wirkt zunehmend überzeugender und relevanter als die intellektuellen Glasperlenspiele der neoklassischen Ökonomie. Mittlerweile wehren sich selbst viele junge Ökonomiestudenten gegen die Monokultur ihres Studiums, weil sie merken, dass es einen zu starken Widerspruch zwischen Theorie und Wirklichkeit gibt. Es ist eine Art Aktivismus, der zur Gründung von Netzwerken und Denkfabriken führte, die in Deutschland enorm viel Bewegung in den wirtschaftspolitischen Diskurs gebracht haben. Selbst wenn die akademische Ökonomik noch einige Zeit im neoklassischen Gleichgewichtsdenken und in einer dogmatischen Marktliebe fest verankert bleibt – denn die Strukturen innerhalb des Systems sind wie geschaffen für eine Reproduktion der immergleichen Ideen und Modelle (hier und da mal modifiziert) –, so wird die langfristige Zukunft der Ökonomie eine andere sein. Sobald die Politik merkt, dass die herrschende Lehre im Hinblick auf eine dynamische wirtschaftliche Entwicklung nichts Relevantes zu sagen hat, wird sie sich vermehrt anderen Denkschulen widmen müssen, um die eigene Wiederwahl zu sichern oder die vielen Fehlentwicklungen der letzten 40 Jahre zu korrigieren.

Dieses »sich anderen Denkschulen zuwenden« erleben wir derzeit in den USA, wo ein mit schönen Worten geschmücktes »weiter so!«, wie es nach der Finanzkrise unter Obama der Fall war, den Demokraten endgültig den Garaus gemacht hätte. Selbst in Europa haben wir, bei aller Kritik, die in dem Buch geäußert wurde, einige positive Tendenzen sehen können. Was vor der Coronakrise unmöglich schien, zum Beispiel, dass die Zentralbank uneingeschränkt Staatsanleihen aufkauft und damit die Länder gegen Spekulanten schützt, ist eine temporäre Realität geworden. Länder wie Italien, die im Februar 2020 noch als überschuldet galten, konnten einen Monat später Anleihen mit negativen Renditen ausgeben (was auch darlegt, wie falsch die Behauptung ist, Deutschland hatte nur Geld ausgeben können, weil es vorher sparsam gewesen wäre). Zur gefürchteten Inflation kam es nie, abgesehen von einigen kurzfristigen durch Basis-, Rohstoff- und Sondereffekten bedingten Preisanstiegen im zweiten Halbjahr 2021, die aber noch im Rahmen blieben und die sich im Laufe des Jahres legen dürften.

Was die wirtschaftspolitischen Maßnahmen angeht, so waren es ebenfalls nicht mehr die üblichen Verdächtigen, die in den letzten 20 Jahren immer wieder gefragt und immer wieder dieselben Rezepte vorgelegt haben. Zwar tönten noch aus der konservativen Ecke die üblichen Parolen nach Sparsamkeit, doch angesichts der Herausforderungen unserer Zeit und einer komplett kaputtgesparten Infrastruktur auf allen Ebenen nimmt man auch diese Stimmen nicht mehr wirklich ernst. Tatsächlich kann man – für deutsche Verhältnisse – fast schon von einem Hauch Revolution in der wirtschaftspolitischen Debattenkultur sprechen. Ja, sogar die heiligste aller Kühe wurde in Deutschland angegangen: die Schuldenbremse. Einer ihrer maßgeblichen Architekten, der Leiter des Instituts der Deutschen Wirtschaft, Michael Hüther, forderte bereits Lockerungen, denn in ihrer derzeitigen Form würde sie nur dringend benötigte Investitionen abwürgen.[9] Der langjährige Kanzleramtschef Helge Braun (CDU) schloss sich Hüther an und forderte eine Aussetzung der Schuldenbremse aus den uns mittlerweile bekannten Gründen.[10] Zwar folgten aus der konservativen Presse und den konservativ-liberalen Parteien direkt die Strohmänner der Generationengerechtigkeit und Disziplin, doch dass diese

Diskussionen in Deutschland überhaupt geführt werden, war noch vor kurzer Zeit undenkbar. Auch im Hinblick auf Industriepolitik – ein Begriff, für den man noch vor wenigen Jahren in die Anstalt für planwirtschaftliche Reflexe abgeschoben worden wäre – ist man mittlerweile viel weiter. Hier diskutiert man offen, welche Hebel der Staat nutzen sollte, um eine dynamische Entwicklung in Gang zu bringen und die strukturelle Transformation unserer Wirtschaft voranzutreiben. Je mehr die Politik ihre Beratung diversifiziert, sodass andere Denkschulen mehr Gehör und Gewicht erhalten, desto irrelevanter werden die Neoklassiker mit ihrer Zombieökonomie. Endlich, nach 50 Jahren Neoliberalismus, *müssen* sie sich mit der weitreichenden Kritik an ihrem wirtschaftspolitischen Verständnis auseinandersetzen, das mit der Realität nichts zu tun hat. In den Sozialwissenschaften außerhalb des ökonomischen Elfenbeinturms war dies schon lange klar – und nun sickert das auch so langsam in der Politik und Gesellschaft durch, da die Kluft zwischen Theorie und Empirie mittlerweile erdrückend ist. Dass dies über den Hebel der Politikberatung und öffentlichen Aktivismus ging und weniger über einen rationalen Diskurs innerhalb der Ökonomie – dem sich die Profession jahrzehntelang verschlossen hat –, zeigt nur, wie lange man sich im klassischen Mainstream die Ohren zuhalten, am alten Weltbild festhalten und die eigene Machtposition zementieren konnte.

## Zeit, dass sich was dreht

Wir sehen anhand der Entwicklungen der letzten Jahre, dass sich mehr und mehr das Verständnis durchzusetzen scheint, welches auch in diesem Buch deutlich geworden ist: Staat und Markt kann man nicht voneinander trennen. Die Frage lautet immer: Was für einen Markt wollen wir? Wie können wir dafür sorgen, dass wir mit unseren marktwirtschaftlichen und wirtschaftspolitischen Instrumenten den Weg hin in eine Gesellschaft entwickeln, in der es sich gut leben lässt?

Diese Fragen können letztendlich nur in einem demokratischen Diskurs beantwortet werden, der seit der Finanzkrise erodierte und vor allem in der Coronakrise nur durch seine Abwesenheit auffiel. Es ist höchst beängstigend zu sehen, wie sich grundsätzliche Formen des Respekts und anständigen Miteinanders im scheinbaren Nichts aufgelöst haben, denn die anstehenden Herausforderungen können wir nur als Gesellschaft bewältigen. Was die wirtschaftspolitischen Maßnahmen nach Corona angeht, so stehen wir zweifellos an einer Weiche: Wirtschaftskrise, Klimakrise, Demografie, technologischer Wandel. Unsere politische Antwort, die wir in den kommenden Jahren auf diese Herausforderungen geben, wird entscheiden, ob wir den Übergang reibungslos oder mit vielen Beulen und Dellen managen – und in welche Richtung der Zug insgesamt fahren wird. Sollten wir mit den einzelwirtschaftlichen und neoliberalen Rezepten der letzten 50 Jahre reagieren, dann rast der Zug mit vollem Karacho gegen die Wand. Sollten wir jedoch weiterhin – Schritt für Schritt – den wirtschaftspolitischen Diskurs aufweichen und in die richtige Richtung lenken, das heißt weg vom technokratischen und statischen Marktdeterminismus hin zu einem dynamischen Verständnis, bei dem die Politik den Markt gestaltet, dann können wir das Ruder noch herumreißen. Davon bin ich überzeugt.

So bleibt uns allen noch viel Arbeit zu tun. Auf der einen Seite in der Politikberatung, auf der anderen in der Öffentlichkeitsarbeit. Je aufgeklärter die Gesellschaft wird, desto weniger werden sich die Menschen mit alten und nicht mehr haltbaren Dogmen abspeisen lassen. Sei es im Hinblick auf staatliche Investitionen (Stichwort schwarze Null), die Rolle sozialer Absicherung und guter Löhne für die wirtschaftliche Entwicklung oder die Untrennbarkeit von Staat und Markt – die einzelwirtschaftlichen Stammtischparolen à la schwäbische Hausfrau, die uns die Probleme eingebrockt haben, vor denen wir stehen, werden in Zukunft selbst in bayrischen Bierzelten hoffentlich nicht mehr ernst genommen werden.

Trauen auch Sie sich deshalb, sich in wirtschaftspolitische Debatten einzuschalten, zu ihnen beizutragen, mitzudiskutieren und mitzulernen. Die Diskussionen sind lebendig, die Argumente klar auf progressiver Seite. Und doch sollten wir bei all dem Streit nicht vergessen, dass es um den Austausch von Meinungen geht. Selbst wenn es so scheint, als ob mehr und mehr Menschen den Unterschied zwischen der eigenen Meinung und dem eigenen Ich nicht mehr erkennen und sich teilweise sogar über ihre eigenen Ansichten identifizieren, so sollten wir nicht den gleichen Fehler begehen. Die Meinung und der Wert eines jeden Menschen sind zwei verschiedene paar Schuhe, denn unabhängig vom Ersteren ist Letzterer *immer* gegeben und gleich. Im heftigen Streit sachlich zu bleiben und die Würde des jeweils anderen zu wahren – das mag womöglich die größte Herausforderung unserer Zeit sein. Und wie schön wäre es, wenn wir da wieder hinkämen, dass wir unser Ego nicht zu wichtig nehmen, respektvoll und ehrlich miteinander umgehen, und auf dieser Basis eine neue, bessere und gerechtere Politik in Deutschland, Europa, und der Welt gestalten. Die wirtschaftspolitischen Werkzeuge dazu haben wir.

# Danksagung

Da dieses Buch auf meiner Promotionsarbeit beruht, sind die Danksagungen womöglich etwas umfangreicher als gewöhnlich. Um ein solches Projekt erfolgreich zu bewältigen und in Buchform zu bringen, ist man nämlich in vielerlei Hinsicht auf Hilfe von außen angewiesen.

In erster Linie gehört mein Dank meiner Familie, insbesondere meinen Eltern, Jan und Joanna. Ohne ihre Liebe, Hingabe und Unterstützung wäre ich Lichtjahre davon entfernt gewesen, überhaupt studieren zu können. Auch meinem Bruder Martin danke ich herzlichst.

Ein großer Dank gebührt ebenso meinen besten Freunden, die ich fast zur Familie zähle. Dazu gehören Felix Schulz und Julian Heise, Rachid Bouhia, Beulah Chelva, Andreas Ditges, Cord Wirries, Patrick Sinn und Leandra Seiter. Das Vertrauen, das ich in diese Menschen setzen kann, sowie ihre Offenheit, Ehrlichkeit und Empathie sind für mich absolute Stützen. Dasselbe gilt für den Kreis meiner engsten Freunde. Hierzu gehören Jane Zlatkov, Friederike Brusch, Robin Schädler, Alexander Person sowie der Rest des »Traum-Ökonomen Quartetts«: Richard Senner, Michael Paetz und Sascha Bützer.

Ferner gebührt ein Wort des Danks an Maurice Höfgen, Lukas Scholle, Roman Mummenthey, Mark Wittenberg und Nele Pasch, die die Zeit der Finalisierung des Buches in Berlin bereichert haben. Michael, Maurice und Richard danke ich ebenfalls für das Gegenlesen einiger Teile dieses Buches und ihre Kommentare. Ein Dank gilt auch Bernd Westphal, der ein toller wirtschaftspolitischer Gesprächspartner geworden ist. Und schließlich danke ich noch der Familie Bauchard-Joanny, die meine Zeit in Paris unglaublich bereicherte, sowie Klemens Teichert, der im Laufe der Jahre durch seine Ratschläge und Impulse im Glauben immer wieder eine Orientierungshilfe und eine Stütze zugleich ist.

Nebst meinem persönlichen Umfeld trugen viele Kolleginnen und Kollegen dazu bei, dass das Buch als solches entstehen konnte. Als Erstes möchte ich die Beiträge Heiner Flassbecks hervorheben. Seine Werke und Analysen waren ein entscheidender Faktor, dass ich mich für wirtschaftspolitische Fragen zu interessieren begann. Ich könnte nur schwerlich in Worte fassen, wie stark die Arbeit mit einem der weltbesten Theoretiker mein Wissen vertiefte. Teilweise finden sich die Ergebnisse und Papiere unserer Arbeit auch in diesem Buch wieder. In dem Zusammenhang danke ich auch Stephanie Flassbeck, die mit ihrer liebenswerten Art und Gastfreundschaft die Aufenthalte in Genf oder im Saarland immer zu einem Highlight machte.

Des Weiteren gebührt meinen Supervisoren an der Universität in Sheffield, Owen Parker und Matthew Bishop, sowie meiner Supervisorin an der Sciences Po, Cornelia Woll, ein tiefer Dank. Ebenso danke ich dem gesamten Team des Sheffield Political Economy Research Institutes (SPERI) und der INET-YSI Community. Ein weiterer Dank geht an die britische Regierung und das Economic and Social Research Council (ESRC), die meine Promotion großzügig finanzierten.

Und zu guter Letzt sage ich selbstverständlich noch ein ganz großes Dankeschön an den Westend Verlag und seine Mitarbeiter, insbesondere an meinen Lektor, Philipp Hadermann, und Lea Eßer, die das Projekt vom ersten Tag an betreute.

# Anmerkungen

## 1. Einführung und Überblick

1 Um etwaigen Missverständnissen vorzubeugen, wird der Begriff »sparen« hier als eine Situation bezeichnet, in der die Einnahmen die Ausgaben übersteigen. Diese Definition des Sparens macht es unmöglich, dass die Welt als Ganzes spart. Gemäß der Volkswirtschaftlichen Gesamtrechnung (VGR) ist der Begriff des Sparens anders definiert, nämlich als die Summe, die vom volkswirtschaftlichen Gesamteinkommen (BIP) übrigbleibt, wenn man von der Summe des privaten und staatlichen *Einkommens* die Summe des privaten und staatlichen *Konsums* subtrahiert. Für eine geschlossene Volkswirtschaft muss die Höhe der Ersparnisse, also des Teils des Gesamteinkommens, der nicht für Konsum ausgegeben wird, der Summe der Investitionen entsprechen. Streng genommen kann die Welt also sparen, nämlich genau in Höhe der Investitionen. Die Tatsache, dass nicht alle mehr einnehmen, als sie ausgeben können, hingegen bedeutet, wollte man fachsprachlich korrekt argumentieren, dass die Welt ihr Nettogeld- beziehungsweise Reinvermögen nicht steigern oder verringern kann. Um jedoch eine möglichst einfache Sprache zu benutzen und das Verständnis der Grundzusammenhänge in den Vordergrund zu stellen, werden wir die gewöhnliche Alltagssprache verwenden. Das heißt: Sparen bedeutet, mehr einzunehmen, als auszugeben. Investieren wiederum bedeutet, mehr auszugeben, als einzunehmen, und impliziert somit eine Neuverschuldung oder einen Abverkauf von Vermögenswerten.

2 Ulrike Hermann: *Deutschland, ein Wirtschaftsmärchen – Warum es kein Wunder ist, dass wir reich geworden sind*. Westend, 2019.

3 Patrick Kaczmarczyk: *Growth models in a world of international trade and capital flows: A Schumpeterian, firm-centric analysis of European economic development* (Doktorarbeit). University of Sheffield, 2022.

## 2. Wettbewerb als Entwicklungsmotor

1 Europäische Kommission: »Competition & you«, online unter: https://ec.europa.eu/competition-policy/consumers_en.

2 Thomas Deschorner: »Die Beziehungskrise – Ökonomen lieben den Markt, betonen vier Wirtschaftsweise, weil der fünfte mit der Industriepolitik fremdgegangen ist.«, in: *DIE ZEIT* Nr. 38/2017.

3 Jonathan D. Ostry et al.: »Neoliberalism: Oversold?«, 06.2016, online unter: https://www.imf.org/external/pubs/ft/fandd/2016/06/ostry.htm.

4 Ulrike Herrmann: *Kein Kapitalismus ist auch keine Lösung. Die Krise der heutigen Ökonomie oder Was wir von Smith, Marx und Keynes lernen können*. Westend, 2016.

5 Adam Smith: *Wohlstand der Nationen*. Anaconda Verlag, 2013 [1776], S. 429.

6 Bundeszentrale für politische Bildung: »unsichtbare Hand«, online unter:

https://www.bpb.de/nachschlagen/lexika/lexikon-der-wirtschaft/20914/unsichtbare-hand.

7 Adam Smith: *Wohlstand der Nationen*. Anaconda Verlag, 2013 [1776], S. 451.

8 Adam Smith: *Wohlstand der Nationen*. Anaconda Verlag, 2013 [1776], S. 466.

9 David Ricardo: *Principles of Political Economy and Taxation*. Martino Fine Books, 2016 [1817], S. 83.

10 Ebd.

11 Ebd.

12 Herbert Hoover: *The Memoirs of Herbert Hoover: 1929–1941 the Great Depression*. McMillan, 1952, S. 30.

13 Edmund L. Andrews: »Greenspan Concedes Error on Regulation«, 23.10.2008, online unter: https://www.nytimes.com/2008/10/24/business/economy/24panel.html.

14 The Federal Reserve Board: »Remarks by Governor Ben S. Bernanke«, 20.02.2004, online unter: https://www.federalreserve.gov/BOARDDOCS/SPEECHES/2004/20040220/default.htm.

15 Peter T. Larsen: »Goldman pays the price of being big«, 13.08.2007, online unter: https://www.ft.com/content/d2121cb6-49cb-11dc-9ffe-0000779fd2ac.

16 Kevin Dowd et al.: »How Unlucky is 25-Sigma?«, 24.03.2008, online unter: https://www.researchgate.net/publication/50869904_How_Unlucky_is_25-Sigma.

17 Robert M. Solow: »Growth Theory and After«, 08.12.1987, online unter: https://www.nobelprize.org/prizes/economic-sciences/1987/solow/lecture/.

## 3. Entwicklung und Wirtschaftspolitik nach Schumpeter

1 Joseph Schumpeter: *Theorie der wirtschaftlichen Entwicklung*. Duncker & Humblot, 1911, S. 471.

2 Ebd.

3 Zitiert nach: Ulrike Herrmann: *Kein Kapitalismus ist auch keine Lösung. Die Krise der heutigen Ökonomie oder Was wir von Smith, Marx und Keynes lernen können*. Westend, 2017, S.146.

4 Ebd.

5 Joseph Schumpeter: *Theorie der wirtschaftlichen Entwicklung*. Duncker & Humblot, 1911, S. 161.

6 Ebd.

7 Ebd.

8 Ebd., S. 163.

9 Ebd., S. 57.

10 Ebd., S. 193.

11 Ebd., S. 208.

12 Ebd.

13 Ebd., S. 198.

14 Ebd.

15 Ebd., S. 538.

16 Ebd., S. 539.

17 Ebd.

18 Ebd.
19 Joseph Schumpeter: *Capitalism, Socialism and Democracy*. Routledge, 2003 [1942], S. 80.
20 Ebd.
21 Ebd.
22 Ebd., S. 100.
23 Ebd., S. 101.
24 Ebd., S. 100–101.
25 Ebd., S. 101.
26 Ebd., S. 84.
27 Ebd.
28 Ebd.
29 Leonardo Burlamaqui: »Schumpeter, the entrepreneurial state, and China«, 2020, online unter: https://www.ucl.ac.uk/bartlett/public-purpose/sites/public-purpose/files/final_iipp-wp2020-15-schumpeter-the-entrepreneurial-state-and-china_29_oct_0.pdf.
30 Joseph Schumpeter: »The Crisis of the Tax State«, 1991 [1918], S. 101 (in Swedberg, ed.); das Essay selbst zielt jedoch darauf ab, das Argument zu entwickeln, dass ein gesunder Staat auf einen gesunden Privatsektor angewiesen ist, aus dem er seine Steuereinkünfte bezieht.
31 Joseph Schumpeter: *Theory of economic development*. Routledge, 2017 [1934], S. 254.
32 Joseph Schumpeter: *Capitalism, Socialism and Democracy*. Routledge, 2003 [1942], S. 90.
33 Joseph Schumpeter: »Economic Theory and entrepreneurial History«. 2005 [1949], S. 260 (in Clemence, ed.).
34 Leonardo Burlamaqui: »Schumpeter, the entrepreneurial state, and China«, 2020, online unter: https://www.ucl.ac.uk/bartlett/public-purpose/sites/public-purpose/files/final_iipp-wp2020-15-schumpeter-the-entrepreneurial-state-and-china_29_oct_0.pdf.
35 Trading Economics: »Japan General Government Gross Dept to GDP«, Stand: 28.04.2021, online unter: https://tradingeconomics.com/japan/government-debt-to-gdp.
36 Jörg Bibow: »Währungshüterin oder Hüterin von Währungsmythen«, 24.09.2021, online unter: https://makroskop.eu/wahrungshuterin-oder-huterin-von-wahrungsmythen/.
37 Heiner Flassbeck und Paul Steinhardt: *Gescheiterte Globalisierung. Ungleichheit, Geld und die Renaissance des Staates*. Suhrkamp, 2018.
Vgl. auch AMECO Datenbank: https://ec.europa.eu/info/business-economy-euro/indicators-statistics/economic-databases/macro-economic-database-ameco/ameco-database_en.
38 Die Grafik zeigt die Daten der Länder: Belgien, Bulgarien, Tschechien, Dänemark, Deutschland, Estland, Griechenland, Spanien, Frankreich, Kroatien, Italien, Zypern, Lettland, Litauen, Luxemburg, Ungarn, Malta, Niederlande, Österreich, Polen, Portugal, Rumänien, Slowenien, Slowakei, Finnland, Schweden, Vereinigtes Königreich, USA, Japan, Schweiz und Norwegen.
39 Heiner Flassbeck: »Herrschende Irrlehre«, 01.2012, online unter: http://www.flassbeck.de/pdf/2012/Jan2012/Die%20Mythen%20der%20Krise_Capital.pdf.

40 Rachel Siegel: »Fed chair, treasury secretary's message to Congress: Recovery has a long way to go«, 23.03.2021, online unter: https://www.washingtonpost.com/us-policy/2021/03/23/powell-yellen-congress-testimony-inflation/.
41 Rachel Siegel: »Once Trump's ›enemy,‹ Fed emerges as White House ally in rejecting concerns about overdoing stimulus«, 28.02.2021, online unter: https://www.washingtonpost.com/us-policy/2021/02/28/fed-biden-inflation-19-trillion-stimulus/.
42 Ebd.
43 Federal Reserve: »Review of Monetary Policy Strategy, Tools, and Communications – 2019–2020 Review«, 27.08.2020, online unter: https://www.federalreserve.gov/monetarypolicy/review-of-monetary-policy-strategy-tools-and-communications.htm.
44 Rachel Siegel: »Fed changes its approach to inflation, as leaders aim to navigate future crises and reach full employment«, 27.08.2020, online unter: https://www.washingtonpost.com/business/2020/08/27/powell-jackson-hole-inflation/.
45 Rachel Siegel: »Once Trump's ›enemy,‹ Fed emerges as White House ally in rejecting concerns about overdoing stimulus«, 28.02.2021, online unter: https://www.washingtonpost.com/us-policy/2021/02/28/fed-biden-inflation-19-trillion-stimulus/.
46 Robert Armstrong: »The bond market says ›meh‹«, 11.06.2021, online unter: https://www.ft.com/content/9687e99c-f930-42cc-835d-8d5f3724b3b5.
47 Robert Armstrong: »If you must worry, worry about wages«, 01.06.2021, online unter: https://www.ft.com/content/4b8774b3-8276-48a4-8f1d-946baa33890c.
48 Elena Bobeica et al.: »The link between labor cost and price inflation in the euro area«, 02.2019, online unter: https://www.ecb.europa.eu/pub/pdf/scpwps/ecb.wp2235~69b97077ff.en.pdf.
49 Chie Aoyagi: »IMF Working Papers – Minimum Wage as a Wage Policy Tool in Japan«, 28.11.2016, online unter: https://www.imf.org/en/Publications/WP/Issues/2016/12/31/Minimum-Wage-as-a-Wage-Policy-Tool-in-Japan-44412.
50 International Labour Organization: »Wages, productivity and labour share in China«, 04.2016, online unter: https://www.ilo.org/wcmsp5/groups/public/---asia/---ro-bangkok/documents/publication/wcms_475254.pdf.
51 Ebd., ILO-Produktivitätswachstum zwischen 2000–2012.
52 Ebd.
53 Ebd.
54 Ebd.
55 Ebd.
56 Das Beispiel entstammt dem Arbeitspapier von Patrick Kaczmarczyk und Heiner Flassbeck: »Foreign direcht investments and the dynamics of trade and capital flows: Schumpeterian insights for sustained development«.

## 4. Darwin vs. Schumpeter

1 Institut für Mittelstandsforschung: »Unternehmensbestand«, online unter: https://www.ifm-bonn.org/statistiken/unternehmensbestand/kmu-insgesamt/deutschland.

2 Expertenkommission Forschung und Innovation: »Jahresgutachten zu Forschung, Innovation und technologischer Leistungsfähigkeit Deutschlands 2016«, S. 35, online unter: https://www.e-fi.de/publikationen/gutachten.
3 Ebd.
4 ACEA: »Employment trends in the EU automotive sector«, 22.10.2021, online unter: https://www.acea.be/statistics/article/employment.
5 Thomas Fischermann: »Die Welt ist ein Markt«, in: *DIE ZEIT* Nr. 46/2007.
6 Paul Hirst und Grahame Thompson: *Globalization in Question. The International Economy and the Possibilities of Governance*. Polity Press, 1999;
Jeffrey Frankel: *Regional Trading Blocs in the World Economic System*. Peterson Institute for International Economics, 1997;
Jeffrey Frankel: *The Regionalization of the World Economy*. University of Chicago Press, 1998.
7 Colin Hay: »Globalization's Impact on States«, S. 309, in: John Ravenhill (ed.): *Global Political Economy*. Oxford University Press, 2016.
8 Anne-Célia Disdier, Keith Head: »The Puzzling Persistence of the Distance Effect on Bilateral Trade«, 01.02.2008, online unter: https://direct.mit.edu/rest/article/90/1/37/58643/The-Puzzling-Persistence-of-the-Distance-Effect-on.
9 UNCTAD, online unter: https://unctadstat.unctad.org/EN/.
10 Eurostat: »International trade in goods«, 09.2021, online unter: https://ec.europa.eu/eurostat/statistics-explained/index.php/International_trade_in_goods#The_three_largest_global_players_for_international_trade:_EU.2C_China_and_the_USA
11 Eurostat: »Extra-EU trade in goods«, 03.2021., online unter: https://ec.europa.eu/eurostat/statistics-explained/index.php/Extra-EU_trade_in_goods.
12 Bundesregierung: »Rede von Bundeskanzlerin Merkel beim Jahrestreffen 2013 des World Economic Forum«, 24.01.2013, online unter: https://www.bundeskanzlerin.de/bkin-de/aktuelles/rede-von-bundeskanzlerin-merkel-beim-jahrestreffen-2013-des-world-economic-forum-336072.
13 Interviewee 16, in: Patrick Kaczmarczyk: *Growth models in a world of international trade and capital flows: A Schumpeterian, firm-centric analysis of European economic development* (Doktorarbeit). University of Sheffield, 2022.
14 Eric Harwit: »The Impact of WTO Membership on the Automobile Industry in China«, S. 655–670, 09.2001, online unter: https://www.jstor.org/stable/3451065.
15 Martin Posth: *1000 Tage in Shanghai. Die abenteuerliche Gründung der ersten chinesisch-deutschen Automobilfabrik*. Hanser, 2006, S. 10.
16 Ebd., S. 3.
17 Martin Posth: *1000 Tage in Shanghai. Die abenteuerliche Gründung der ersten chinesisch-deutschen Automobilfabrik*. Hanser, 2006, S. 216.
18 VDA: »Annual figures – Export«, 05.05.2020, online unter: https://www.vda.de/en/services/facts-and-figures/annual-figures/exports.html.
19 Die hier benutzten Daten stammen von den Automobilverbänden ACEA und OICA.
20 Handelsblatt: »Autobauer erwarten weiter Absatzflaute – Autojahr 2005 bereits abgehakt«, 01.03.2005, online unter: https://www.handelsblatt.com/unternehmen/industrie/autobauer-erwarten-weiter-absatzflaute-autojahr-2005-bereits-abgehakt/2479516.html?ticket=ST-1394531-rH4MTkakTvoYBlCHHojj-cas01.example.org.

21 Ebd.
22 Ebd.
23 Tommaso Pardi: »Beyond overcapacity: the new rules of the European automobile game«, 06.02.2015, online unter: http://www.bbk.ac.uk/innovation/news-events/docs/pardi.pdf.
24 EEA: »New registrations of electric vehicles in Europe«, 18.11.2021, online unter: https://www.eea.europa.eu/data-and-maps/indicators/proportion-of-vehicle-fleet-meeting-5/assessment.
25 VDA: »First global e-mobility ranking«, 23.04.2021, online unter: https://www.vda.de/en/press/press-releases/210423-First-global-e-mobility-ranking.html
26 Par Jean-Michel Normand: »Le SUV, champion des ventes et des émissions de CO2«, 04.04.2021 online unter: https://www.lemonde.fr/economie/article/2021/04/04/le-suv-moteur-controverse-de-l-automobile_6075547_3234.html#xtor=AL-32280270.
27 Statista: »Durchschnittliche Motorleistung neu zugelassener Personenkraftwagen in Deutschland von 2005 bis 2020«, 30.09.2021, online unter: https://de.statista.com/statistik/daten/studie/249880/umfrage/ps-zahl-verkaufter-neuwagen-in-deutschland.
28 VW Corporate History Department: »From the Beetle to a Global Player. Volkswagen Chronicle«. 2015, online unter: https://www.volkswagenag.com/presence/konzern/documents/history/englisch/Heft9_EN.pdf.
29 Handelsblatt: »Piechs umstrittenes Geburtstagsgeschenk«, 17.04.2012, online unter: https://www.handelsblatt.com/unternehmen/management/ducati-piechs-umstrittenes-geburtstagsgeschenk/6516206.html?ticket=ST-952415-fmecrUzKkVa3CRwGWhg9-ap1.
30 Lukas Bay: »Audi-Chef zum Ducati-Kauf – ›Kein Geschenk an Piech‹«, 19.04.2012, online unter: https://www.handelsblatt.com/unternehmen/industrie/audi-chef-zum-ducati-kauf-kein-geschenk-an-piech/6528696.html.
31 Florian Brückner: »Mit Premium-Preisen in die Autokrise«, 21.11.2008, online unter: https://www.handelsblatt.com/unternehmen/industrie/branchenblick-mit-premium-preisen-in-die-autokrise/3058240.html?ticket=ST-3621007-9FyQzfQHqdMMEmfCImMs-cas01.example.org.
32 Handelsblatt: »Ausblick 2012 – Deutsche Autobauer peilen Rekordjahr an«, 28.12.2011, online unter: https://www.handelsblatt.com/unternehmen/industrie/ausblick-2012-deutsche-autobauer-peilen-rekordjahr-an/5999454-all.html.

## 5. Die Hauptakteure im Wettbewerb: Die deutschen und französischen Konzerne unter der Lupe

1 Stephen Dunn: *The Economics of John Kenneth Galbraith: Introduction, Persuasion, and Rehabilitation*. Cambridge University Press, 2011.
2 Die Daten sind dem Bloomberg Terminal entnommen.
3 Es gibt leichte Unterschiede zwischen den Daten zu F&E von der Datenbank S&P Global Market Intelligence und denen der Eikon Refinitiv Datenbank, vor allem für die Zahlen ab 2010. Bei Refinitiv gibt es jedoch nur Daten zu Daimler, PSA und Renault (und BMW bis ins Jahr 2007), weshalb die Zahlen von Stan-

dard & Poor's aufgrund der Vollständigkeit besser geeignet waren. Die Zahlen der französischen Hersteller sind bei Refinitiv etwas niedriger, allerdings gibt es zwischen Daimler und seinen beiden französischen Konkurrenten über den Zeitverlauf hinweg keine Tendenz dafür, dass die F&E-Aufwendungen bei den Stuttgartern signifikant höher gewesen wären. Bis zur Finanzkrise lagen die Aufwendungen auf ähnlich hohem Niveau (bei Renault waren sie am höchsten), während danach Daimler tendenziell höhere Ausgaben hatte – normalerweise zwischen 3 und 3,5 Prozent des Gesamtumsatzes, während Renault meistens bei circa 3 Prozent lag.

4 Siehe die vorherige Anmerkung. Den Refinitiv-Daten zufolge könnte man höchstens dahingehend relativieren, dass man sagt, Volkswagen und BMW sind die Investitionsvorreiter, der Rest folgt mit einigem Abstand.

5 Daten entstammen Eikon Refinitiv.

6 Daimler: »Corporate Presentation«, 12.07.2019, online unter: https://www.daimler.com/dokumente/investoren/praesentationen/daimler-ir-corporatepresentation-july-2019.pdf.

7 VW: »Vielfalt erfahren – Geschäftsbericht 2012«, S. 127–128, 14.03.2013, online unter: https://www.volkswagenag.com/presence/investorrelation/publications/annual-reports/2013/volkswagen/deutsch/GB%202012_d.pdf.

8 Die Daten zum Cashflow aus Investitions- und Finanzierungstätigkeit zeigen den Daimler-Wert für 2007 nicht vollständig, um die Grafik lesbarer zu gestalten. Daimlers Mittelzufluss von knapp 26,5 Milliarden Euro aus der Investitionstätigkeit und der Mittelabfluss von 25,2 Milliarden Euro aus der Finanzierungstätigkeit in diesem Jahr stehen im Zusammenhang mit der Trennung von Chrysler und sind daher ein einmaliges Ereignis, das die Skala verzerrt, aber keinen inhaltlichen Mehrwert bringt.

9 Siehe Daimler Geschäftsberichte 2012 (S. 108), 2013 (S. 96), 2014 (S. 92), 2015 (S. 96), 2016 (S. 114), 2017 (S. 112), 2018 (S. 96) und 2019 (S. 83), online unter: https://www.daimler.com/investoren/berichte-news/geschaeftsberichte/download/.

10 Siehe BMW-Geschäftsberichte 2012 (S. 56), 2013 (S. 52), 2014 (S. 53), 2015 (S. 53), 2016 (S. 69), 2017 (S. 79), 2018 (S. 73) und 2019 (S. 59), online unter: https://www.bmwgroup.com/de/investor-relations/unternehmensberichte.html#acedown-244145661.

11 Interviewee 34, in: Patrick Kaczmarczyk: *Growth models in a world of international trade and capital flows: A Schumpeterian, firm-centric analysis of European economic development* (Doktorarbeit). University of Sheffield, 2022.

## 6. Jeder gegen jeden: Darwin in Aktion

1 Handelsblatt: »Der starke Euro belastet – Zuversicht bei Autoherstellern schwindet«, 26.06.2003, online unter: https://www.handelsblatt.com/archiv/der-starke-euro-belastet-zuversicht-bei-autoherstellern-schwindet/2254878.html.

2 Handelsblatt: »Starker Euro schmälert Absatzchancen – Deutsche Autos werden unerschwinglich«, 08.02.2005, online unter: https://www.handelsblatt.com/unternehmen/industrie/starker-euro-schmaelert-absatzchancen-deutsche-autos-werden-unerschwinglich-seite-2/2472194-2.html.

3 Mark C. Schneider: »Der starke Euro erschwert den Erfolg«, 14.12.2007, online unter: https://www.handelsblatt.com/unternehmen/industrie/waehrungsabsicherung-der-starke-euro-erschwert-den-erfolg-seite-2/2905378-2.html; Carsten Herz: »Starker Euro setzt deutsche Autohersteller unter Druck«, 16.01.2008, online unter: https://www.handelsblatt.com/unternehmen/industrie/autoexport-starker-euro-setzt-deutsche-autohersteller-unter-druck-seite-2/2887930-2.html.

4 Georg Meck: »Daimler probt die Auswanderung«, 22.11.2009, online unter: https://www.faz.net/aktuell/wirtschaft/unternehmen/standortverlagerung-daimler-probt-die-auswanderung-1886995.html.

5 Interviewee 34, in: Patrick Kaczmarczyk: *Growth models in a world of international trade and capital flows: A Schumpeterian, firm-centric analysis of European economic development* (Doktorarbeit). University of Sheffield, 2022.

6 Handelsblatt: »VW will Übernahmegefahr bannen«, 15.05.2001, online unter: https://archiv.handelsblatt.com/document/HB__050115278%7CHBPM__050115278?ticket=ST-2714485-wyYfdQb0jNpDbxt4rtDC-cas01.example.org.

7 Handelsblatt: »Mercedes droht mit Abzug der C-Klasse«, 13.07.2004, online unter: https://www.handelsblatt.com/unternehmen/industrie/hubbert-setzt-ultimatum-bis-monatsende-bremen-und-suedafrika-sind-alternative-standorte-mercedes-droht-mit-abzug-der-c-klasse-seite-2/2362442-2.html.

8 IG Metall: »Tariflexikon – Pforzheimer Vereinbarung«, online unter: https://www.igmetall.de/tarif/tariflexikon?buchstabe=P&begriff=Pforzheim%20Vereinbarung#:~:text=Mit%20dem%20Tarifergebnis%2C%20das%20am,spricht%2C%20redet%20%C3%BCber%20diesen%20Tarifvertrag. Heute ist die Vereinbarung Teil des Tarifvertrags zur Beschäftigungssicherung und Beschäftigungsaufbau, dem TV BeSch.

9 Handelsblatt: »Arbeitgeber geben Daimler-Chrysler Rückendeckung – Auslegungsstreit zwischen Arbeitgeber und IG Metall«, 15.07.2004, online unter: https://www.handelsblatt.com/politik/deutschland/arbeitgeber-geben-daimler-chrysler-rueckendeckung-auslegungsstreit-zwischen-arbeitgeber-und-ig-metall/2363864.html.

10 Ebd.

11 Handelsblatt: »Vorstand strebt ›Abschluss im Dialog‹ an: Streit bei Daimler spitzt sich zu«, 15.07.2004, online unter: https://www.handelsblatt.com/unternehmen/industrie/vorstand-strebt-abschluss-im-dialog-an-streit-bei-daimler-spitzt-sich-zu-seite-2/2364130-2.html.

12 Handelsblatt: »Einigung ist Steilvorlage für VW und Opel: Daimler setzt die Konkurrenz mit Sparpaket unter Druck«, 26.07.2004, online unter: https://archiv.handelsblatt.com/document/HBON__516933.

13 Ebd.

14 Ebd.

15 Ebd.

16 Handelsblatt: »Clement: Einigung ist gut für den Standort Deutschland – Kanzler: Kompromiss auch bei VW«, 23.07.2004, online unter: https://www.handelsblatt.com/unternehmen/industrie/clement-einigung-ist-gut-fuer-standort-deutschland-kanzler-kompromiss-auch-bei-vw/2369168.html.

17 Ebd.

18 Handelsblatt: »Die Magie des Standorts – Die Automobilindustrie drehte 2004 an der Kostenschraube«, 23.12.2004, online unter: https://www.handelsblatt.

com/archiv/die-magie-des-standorts-die-automobilindustrie-drehte-2004-an-der-kostenschraube/2458214-all.html.

19 Ebd.

20 Handelsblatt: »Streit um Leiharbeiter«, 20.02.2012, online unter: https://archiv.handelsblatt.com/document/HB__021220429%7CHBPM__021220429

21 Handelsblatt: »Ärger im Paradies der Arbeitnehmer«, 02.09.2013, online unter: https://archiv.handelsblatt.com/document/HB__14A54595 6050-4842-8D20-71955A650ED9%7CHBPM__14A54595-6050-4842-8D20-71955A650ED9; Handelsblatt: »Daimler reagiert auf Kritik an Werkverträgen«, 27.11.2013, online unter: https://www.handelsblatt.com/unternehmen/industrie/mehr-leiharbeitsplaetze-daimler-reagiert-auf-kritik-an-werkvertrae gen/9138976.html.

22 Les Echos: »Le groupe serre la vis chez ses équipementiers«, 18.10.2005, S. 26.

23 Interviewee 01, in: Patrick Kaczmarczyk: *Growth models in a world of international trade and capital flows: A Schumpeterian, firm-centric analysis of European economic development* (Doktorarbeit). University of Sheffield, 2022.

24 Handelsblatt. »Jeder Dritte Metaller ist Leiharbeiter«, 17.11.2013, online unter: https://archiv.handelsblatt.com/document/HBON__HB%209089016.

25 Interviewee 31, in: Patrick Kaczmarczyk: *Growth models in a world of international trade and capital flows: A Schumpeterian, firm-centric analysis of European economic development* (Doktorarbeit). University of Sheffield, 2022.

26 Ebd.

27 Mt 25, 29 LUT.

28 Les Echos: »Le groupe PSA confronté à plusieurs difficultés, selon Jean-Martin Folz«, 04.04.2005, S. 19;
Les Echos: »PSA et Renault réduisent leur production en France«, 11.03.2005, S. 21.

29 Les Echos: »Carlos Ghosn dévoile son plan pour faire redémarrer Renault«, 09.02.2006, S. 17.

30 Handelsblatt: »Arbeitskosten gesenkt – Kapazitätsgrenze erreicht, VW arbeitet am Limit«, 05.05.2007, online unter: https://archiv.handelsblatt.com/docu ment/HBON__HB%201452377.

31 Annina Reimann et al.: »Tesla in der Wachstumsfalle«, 25.02.2021, online unter: https://www.wiwo.de/my/unternehmen/auto/elektroautos-tesla-in-der-wachstumsfalle/26948992.html.

32 Les Echos: »Carlos Ghosn commence à imprimer son style chez Renault«, 29.11.2005, S. 28.

33 Les Echos: »PSA Peugeot Citroën n'a pas tenu ses objectifs de bénéfices en 2005«, 12.01.2006, S. 19.

34 Les Echos: »La baisse de la production en France s'accélère pour PSA et Renault«, 21.11.2006, S. 28.

35 Interviewee 32, in: Patrick Kaczmarczyk: *Growth models in a world of international trade and capital flows: A Schumpeterian, firm-centric analysis of European economic development* (Doktorarbeit). University of Sheffield, 2022.

36 Interviewee 19, in: Patrick Kaczmarczyk: *Growth models in a world of international trade and capital flows. A Schumpeterian, firm-centric analysis of European economic development* (Doktorarbeit). University of Sheffield, 2022.

37 Jack Ewing und Bill Vlasic: »Europe's Auto Industry Has Reached Day of Reckoning«, 25.07.2012, online unter: https://www.nytimes.

com/2012/07/26/business/global/europes-auto-industry-has-reached-day-of-reckoning.html.

38 Siehe Handelsblatt: »VW verschärft die Rabattschlacht«, 29.05.2012, online unter: https://archiv.handelsblatt.com/document/HBON__HB%206683114 sowie Handelsblatt: »Rabattschlacht in der Golfklasse«, 27.09.2012, online unter: https://archiv.handelsblatt.com/document/HBON__HB%207181972.

39 Handelsblatt: »VW verschärft die Rabattschlacht«, 29.05.2012, online unter: https://archiv.handelsblatt.com/document/HBON__HB%206683114.

40 Handelsblatt: »Rabattschlacht in der Golfklasse«, 27.09.2012, online unter: https://archiv.handelsblatt.com/document/HBON__HB%207181972.

41 Ebd.

42 Tobias Döring und Frank G. Heide: »Rabattdiskussion: VW geht ›Autopapst‹ Dudenhöffer an«, 02.11.2012, online unter: https://www.handelsblatt.com/mobilitaet/motor/rabattdiskussion-vw-geht-autopapst-dudenhoeffer-an/7330742.html.

43 Carsten Herz: »Preisnachlässe: VW Hält Rabatt-Vorwurf für ›Quatsch‹«, 30.05.2012, online unter: https://www.handelsblatt.com/mobilitaet/motor/preisnachlaesse-vw-haelt-rabatt-vorwurf-fuer-quatsch/6688698.html.

44 Ebd.

45 Les Echos: »PSA mise gros sur un nouveau châssis modulaire», 24.01.2013, S. 18; Les Echos : »Renault et Peugeot, deux accords différents pour un même impératif«, 21.10.2013, S. 18.

46 Handelsblatt: »Sanfter Jobabbau bei Renault«, 21.02.2013, S. 20, online unter: https://archiv.handelsblatt.com/document/HB__0191D503-01B0-4973-8109-04D97B4FAC3C%7CHBPM__0191D503-01B0-4973-8109-04D97B4FAC3C; Les Echos: »La France tourne la page de la crise«, 15.03.2018, S. 1.

47 Les Echos: »Renault et PSA généralisent le recours à l'intérim dans leurs usines françaises«, 10.12.2015, S. 18.

48 Leonardo Burlamaqui: »Schumpeter, the entrepreneurial state, and China«, 2020, S. 10, online unter: https://www.ucl.ac.uk/bartlett/public-purpose/sites/public-purpose/files/final_iipp-wp2020-15-schumpeter-the-entrepreneurial-state-and-china_29_oct_0.pdf.

49 Handelsblatt: »Industriepolitisches Déjà-vu«, 02.10.2009, S. 10.

50 Handelsblatt: »Elektroauto – Frankreich gibt Gas«, 27.11.2009, online unter: https://www.handelsblatt.com/unternehmen/mittelstand/aussenwirtschaft/elektroautos-frankreich-gibt-gas-seite-2/3313544-2.html.

51 Handelsblatt: »Industriepolitisches Déjà-vu«, 02.10.2009, S. 10.

52 Französische Regierung: »New Industrial France – Building France's Industrial Future«, 2016, online unter: https://www.economie.gouv.fr/files/files/PDF/web-dp-indus-ang.pdf.

53 Siehe Handelsblatt: »Versteckte Subventionen: Wie Frankreich die Autoindustrie stützt«, 25.07.2012, online unter: https://www.handelsblatt.com/unternehmen/industrie/versteckte-subventionen-wie-frankreich-die-autoindustrie-stuetzt/6919388.html; Les Echos: » L'administration reste fidèle à Renault et PSA«, 01.03.2013, S. 19.

54 Handelsblatt: »Renault schaltet um auf Eroberungsmodus«, 23.07.2015, online unter: https://archiv.handelsblatt.com/document/HB__1423EAEE-C1DD-4DC6-AE65-E2613182F0B4%7CHBPM__1423EAEE-C1DD-4DC6-AE65-E2613182F0B4

55 Statista: »Best-selling plug-in electric vehicle models in Europe between January and September 2021«, 03.11.2021, online unter: https://www.statista.com/statistics/972845/electric-vehicles-leading-models-europe/#:~:text=Renault's%20Zoe%20was%20the%20best,rounded%20off%20the%20top%20three.

56 Financial Times: »Renault´s boss hails EV supremacy on road back from hell«, 18.01.2021, online unter: https://www.ft.com/content/9eb36fad-5f00-4240-a5a0-ae957345db9f.

57 Ebd.

58 GERPISA: »Lessons learned from the Norwegian electric vehicle story«, 09.07.2020, online unter: http://gerpisa.org/en/node/6141.

59 Handelsblatt: CO2-Ausstoss: Verheugen springt für Premiumhersteller in die Bresche«, 12.08.2007, online unter: https://www.handelsblatt.com/politik/international/co2-ausstoss-verheugen-springt-fuer-premiumhersteller-in-die-bresche/2846972.html.

60 Arno Frank und Gerald Traufetter: »ARD-Gerichtsdrama ›Ökozid‹: Merkel-Kitsch«, 18.11.2020, online unter: https://www.spiegel.de/kultur/tv/oekozid-klimawandel-drama-in-der-ard-merkel-kitsch-a-265ef0b2-36ce-419b-82bd-4de9a8f487e0.

61 Les Echos: »CO2 auto : Berlin torpille les objectifs européens«, 15.10.2013, S. 16.

62 Les Echos: »Renault et PSA, nouveaux champions de la rentabilité«, 12.12.2016, S. 9.

63 Les Echos: »Les grands groupes veulent placer la compétitivité au cœur du débat Présidentiel«, 17.06.2011, S. 4.

64 Siehe PSA Geschäftsbericht 2017, S. 2.

65 Handelsblatt: »Die Diesel-Offensive«, 03.03.2006, online unter: https://archiv.handelsblatt.com/document/HB__030603876%7CHBPM__030603876.

66 Da für diese Arbeit keine direkten Daten zu den Renditen der Unternehmensanleihen zur Verfügung standen, beschränken wir uns auf die Daten zu den Preisen sogenannter Credit Default Swaps (CDS). Die Preise dieser »Kreditausfallversicherungen« sind jedoch ein idealer Ersatz, denn sie geben an, wie viel die Anleger in Basispunkten (was dem Hundertstel eines Prozentpunktes entspricht) für die Versicherung eines Zahlungsausfalls des Schuldners bezahlen. Das Risiko des Zahlungsausfalls (»Defaults«) ist unweigerlich mit den Preisen der Anleihen und damit den Renditen verbunden. Die zugrunde liegenden Daten wurden der Datenbank Global Market Intelligence der Ratingagentur Standard and Poor's entnommen. Die p-Werte liegen allesamt bei $p < 0{,}001$. Da Normalverteilung gegeben war, wurde der Pearson-Korrelationskoeffizient ermittelt.

67 Handelsblatt: »Die tödliche Spirale in der Autoindustrie«, 20.11.2012, online unter: https://archiv.handelsblatt.com/document/HB__EEA13F5E-535C-4B2A-A8D5-F48F4E0FA890%7CHBPM__EEA13F5E-535C-4B2A-A8D5-F48F4E0FA890?ticket=ST-878931-fCkRIqgZpm1dzV5axIWt-cas01.example.org.

## 7. Entwicklungsfreundliche Wirtschaftspolitik

1 Senator Marco Rubio: »American Investment in the 21st Century«, 15.05.2019, online unter: https://www.rubio.senate.gov/public/_cache/files/94fcb79c

eedd-4496-a262-7091647563e6/B68DE3EF858700E482305C9ED26AEC72.5.14.2019.-final-project-report-american-investment.pdf.

2 Avi Shlaim: *Israel and Palestine. Reappraisals, Revision, Refutations*. Verso, 2009, S. 24.

3 Senator Marco Rubio: »American Investment in the 21st Century«, 15.05.2019, online unter: https://www.rubio.senate.gov/public/_cache/files/94fcb79e-eedd-4496-a262-7091647563e6/B68DE3EF858700E482305C9ED26AEC72.5.14.2019.-final-project-report-american-investment.pdf; S. 19–20: »corporate net financial lending / borrowing« wurde zur allgemein besseren Verständlichkeit mit Sparen/ Verschulden des Unternehmenssektors übersetzt.

4 KfW: »Zu früh für Entwarnung: Corona Kann die Kommunalfinanzen noch empfindlich treffen«, 05.2021, online unter: https://www.kfw.de/PDF/Download-Center/Konzernthemen/Research/PDF-Dokumente-KfW-Kommunalpanel/KfW-Kommunalpanel-2021-Kurzfassung.pdf.

5 Ebd.

6 Wirtschaftsforum der SPD: »Wege in den Neustart – Weichen für die Zukunft stellen«, 04.2020, online unter: https://www.spd-wirtschaftsforum.de/wp-content/uploads/2020/04/PositionspapierFinal.pdf.

7 Wirtschaftswoche: »BDI-Studie: Mehrinvestitionen in Höhe von 860 Milliarden Euro für Klimaziele 2030 nötig«, 21.10.2021, online unter: https://www.wiwo.de/politik/deutschland/bdi-studie-mehrinvestitionen-in-hoehe-von-860-milliarden-euro-fuer-klimaziele-2030-noetig-/27725788.html.

8 Fran Boait: »The Truth Behind the ›Magic Money Tree‹«, online unter: https://positivemoney.org/2017/06/magic-money-tree/.

9 Bank of England: »Money creation in the modern economy«, 2014, S. 14, online unter: https://www.bankofengland.co.uk/-/media/boe/files/quarterly-bulletin/2014/money-creation-in-the-modern-economy.pdf.

10 Deutsche Bundesbank: »Monatsbericht April 2017«, 04.2017, S. 20, online unter: https://www.bundesbank.de/resource/blob/665284/d226f46518f875047c6f83c65ad707fe/mL/2017-04-monatsbericht-data.pdf.

11 Deutsche Bundesbank: »Wie Geld entsteht«, 25.04.2017, online unter: https://www.bundesbank.de/de/aufgaben/themen/wie-geld-entsteht-665288.

12 Interessierte Leser verweise ich auf den Onlinekurs des Hamburger Ökonomen Michael Paetz (https://was-ist-geld.de/), ebenso empfehle ich zur weiteren Vertiefung Maurice Höfgen: *Mythos Geldknappheit. Modern Monetary Theory oder warum es am Geld nicht scheitern muss*. Schäffer-Poeschel, 2020; eine kürzere, sehr gelungene Übersicht finden Sie bei Michael Paetz: »Das Innenleben der Zentralbanken«, in: Makroskop: »Der Staat – seine Macht und Ohnmacht«, Herbst 2019, S. 14–19.

13 Michael Paetz: *Makroökonomie für Betriebswirte*, Wintersemester 19/20, online unter: https://www.wiso.uni-hamburg.de/fachbereich-vwl/ueber-den-fachbereich/mitglieder/paetz-michael/daten/makro/makro2019-kapitel-1-18.pdf.

14 Es gibt noch zwei weitere Möglichkeiten, wie Geld entstehen kann. Entweder eine Bank kauft Vermögenswerte und schreibt dem Verkäufer die Summe gut oder der Staat tätigt Ausgaben und die Zentralbank weist die Geschäftsbank des Zahlungsempfängers an, seinen Kontostand zu erhöhen. Wir bleiben beim einfachen Beispiel der Kreditvergabe an ein Unternehmen, um im Rahmen

dessen zu bleiben, was die ökonomische Theorie grundlegend annimmt, nämlich, dass der Unternehmenssektor die Schulden macht.

15 Stanislas Jourdan: »ECB Debt Cancellation: A Last Resort, Not A First-Best Strategy«, 17.12.2020, online unter: https://www.positivemoney.eu/2020/12/ecb-debt-cancellation-not-best-strategy/.

16 Mark Schieritz: »Die Bilanz des Mario Draghi«, 24.10.2019, online unter: https://www.zeit.de/wirtschaft/2019-10/ezb-chef-mario-draghi-bilanz-zinspolitik-sparer-inflation.

17 Interviewee 33, in: Patrick Kaczmarczyk: *Growth models in a world of international trade and capital flows: A Schumpeterian, firm-centric analysis of European economic development* (Doktorarbeit). University of Sheffield, 2022.

18 Interviewee 34, in: Patrick Kaczmarczyk: *Growth models in a world of international trade and capital flows: A Schumpeterian, firm-centric analysis of European economic development* (Doktorarbeit). University of Sheffield, 2022.

## 8. Ausblick

1 Gramsci war einer der bedeutendsten Staatstheoretiker und Philosophen des 20. Jahrhunderts, der trotz parlamentarischer Immunität 1926 vom italienischen Diktator Benito Mussolini verhaftet und ein Jahr später angeklagt wurde. Der Staatsanwalt Isgrò bemerkte in seiner Anklagerede, dass man »für 20 Jahre verhindern« müsse, »dass dieses Hirn funktioniert«. Während der Zeit im Gefängnis verfasste er die berühmten Gefängnishefte, welche zu einem Schlüsselwerk der politischen Philosophie des 20. und 21. Jahrhunderts wurden.

2 Antonio Gramsci: *Gefängnishefte*. Heft 28, §11, 1935.

3 Tagesschau: »Studie zum Mindestlohn: Millionen verdienen weniger als 12 Euro«, 28.10.2021, online unter: https://www.tagesschau.de/wirtschaft/unternehmen/mindestlohn-wsi-stundenlohn-ampel-koalition-einzelhandel-gesundheitswesen-101.html.

4 Koalitionsvertrag 2021–2025: »Mehr Fortschritt wagen – Bündnis für Freiheit, Gerechtigkeit und Nachhaltigkeit«, S. 159.

5 Ebd.

6 Ebd.

7 Tweet von Adam Tooze, 09.11.2021, online unter: https://twitter.com/adam_tooze/status/1458042435368636417.

8 FT: »FT Interview: Emmanuel Macron says it is time to think the unthinkable«, 16.04.2020, online unter: https://www.ft.com/content/3ea8d790-7fd1-11ea-8fdb-7ec06edccf84.

9 IW: »Corona-Schulden: Schuldenbremse lockern, langsam tilgen«, 13.04.2021, online unter: https://www.iwkoeln.de/presse/pressemitteilungen/martin-beznoska-tobias-hentze-michael-huether-schuldenbremse-lockern-langsam tilgen.html.

10 Süddeutsche Zeitung: »Kanzleramtsminister Braun will Schuldenbremse für Jahre aussetzen«, 28.01.2021, online unter: https://www.sueddeutsche.de/politik/schuldenbremse-helge-braun-coronavirus-1.5185960.

ISBN: 978-3-86489-295-0
128 Seiten

**Ein Atlas für alle, die zunehmend komplexen Zusammenhängen auf den Grund gehen und Weltwirtschaft wirklich verstehen wollen!**

Warum kommen so viele Entwicklungsländer nicht von der Stelle? Wie hängen Ungleichheit und Arbeitslosigkeit mit Zinsen, internationalem Handel und der Lohnpolitik zusammen? Welche Folgen hat die Klimakatastrophe für unsere Art zu wirtschaften? Wie wirkt sich der Corona-Schock auf die Wirtschaft aus und was muss die Wirtschaftspolitik jetzt tun?

In nie dagewesener Weise bietet der Atlas Zahlen, Fakten und Analysen zur Weltwirtschaft. Die Daten werden anschaulich aufbereitet und verständlich analysiert.

Der Atlas der Weltwirtschaft:

- Aktuelle und ungeschönte Zahlen zu allen wesentlichen weltwirtschaftlichen Bereichen
- Nationale und internationale Wirtschaftsthemen
- Fundierte und faktenorientierte Texte
- Anschauliche Infografiken

- jährliche Erscheinungsweise!